Raus ins Weite ...

gemeinsam gottesdienst gestalten (ggg) 36

Susanne Paetzold | Uwe Herde (Hrsg.)

Raus ins Weite ...

Liturgische Spielorte unter freiem Himmel

EVANGELISCHE VERLAGSANSTALT
Leipzig

Bibliographische Information der Deutschen Nationalbibliothek
Die Deutsche Nationalbibliothek verzeichnet diese Publikation in der
Deutschen Nationalbibliographie; detaillierte bibliographische Daten
sind im Internet über http://dnb.dnb.de abrufbar.

© 2024 by Evangelische Verlagsanstalt GmbH · Leipzig
Printed in Germany

Das Werk einschließlich aller seiner Teile ist urheberrechtlich geschützt.
Jede Verwertung außerhalb der Grenzen des Urheberrechtsgesetzes ist
ohne Zustimmung des Verlags unzulässig und strafbar. Das gilt insbesondere für Vervielfältigungen, Übersetzungen, Mikroverfilmungen und die
Einspeicherung und Verarbeitung in elektronischen Systemen.

Das Buch wurde auf alterungsbeständigem Papier gedruckt.

Gesamtgestaltung: makena plangrafik, Leipzig/Zwenkau
Druck und Binden: CPI books GmbH

ISBN 978-3-374-07519-5 // eISBN (PDF) 978-3-374-07520-1
www.eva-leipzig.de

stell dich an die frische Luft,
atme und berühre den Himmel
stell dich unter den Himmel,
mache dich weit und spüre:

du bist frei

schließe die Augen,
lausche auf Worte und Klänge,
nimm andere mit,
schenke ihnen Weite im Licht Gottes

Einleitung

Raus ins Weite ... Liturgische Spielorte unter freiem Himmel
... ein Buchtitel, der neue Türen aufstößt:
Kirche geht raus. Raus ins Freie. Raus zu den Menschen. Kirche setzt sich in Bewegung. Endlich.

Damit knüpfen wir an den letzten Band der Reihe ggg an (Band 35: Gottesdienst neu denken und feiern). Er hat die Zeichen und kreativen Entwicklungen der Corona-Pandemie aufgenommen und unter anderem drei räumliche Dimensionen des Gottesdienstes beschrieben:

Drinnen – draußen – digital.

Um Gottesdienste draußen geht es in diesem Buch. Was ist daran neu oder ungewöhnlich? Open-Air-Formate kennen wir längst vom Kirchentag oder von Gottesdiensten an Himmelfahrt, von Tauffesten am Fluss, von sommerlichen Reihen wie »Gottesdienst im Grünen« oder auch von Wallfahrten im katholischen Bereich.

Diese Feier-Erfahrungen im Rücken gelingt es Susanne Paetzold und Uwe Herde in ihrem Buch, Erfahrungen aus der liturgischen Tradition aufzunehmen und sie buchstäblich neu ins Spiel zu bringen. Leicht und spielerisch ist es, weil die Natur mitspielen darf, ohne dabei »flach« oder »oberflächlich« zu werden. Stets sind Kinder als mögliche Akteur:innen im Blick, aber nicht nur sie. Auch die großen Erzählungen der Bibel nehmen eine zentrale Rolle ein, werden aber neu inszeniert, ins Tun gebracht. Story-doing heißt das Zauberwort. Stets münden die »Bibel-Wanderungen« bzw. Feiern, die am Kirchenjahr und an Taufe und Abendmahl ausgerichtet sind, ins Tun. Die Bibel berührt und bewegt.

Anliegen der Autor:innen und des Herausgebers ist es einerseits, genug konkretes Material zu bieten, damit solche Gottesdienste oder Wanderungen inszeniert werden können. Andererseits wollen wir aber auch genug Freiräume lassen, damit vor Ort – oft ganz spontan aus er Situation heraus – etwas eigenes

Neues entstehen kann: ganz nach dem biblischen Motto aus Psalm 31,
Du stellst meine Füße auf weiten Raum.

Ich wünsche Ihnen eine anregende und inspirierende Lektüre und gute Erfahrungen mit generationenübergreifenden Outdoor-Gottesdiensten, die garantiert in Bewegung setzen.

Zögern Sie nicht mehr. Machen Sie mit! Gottesdienst TO GO! Raus ins Weite!

Jochen Arnold,
Mariae Lichtmess 2024

Inhalt

I Raus ins Weite ... – Grundsätzliches

Natur wirkt — **13**
Natur und Bibel — **16**
Natur und Gottesdienst — **17**
Spiritualität und Alltag — **18**
Natur und Klang — **19**
Natur und Kind — **19**
Susanne Paetzold

Gottesdienste in Bewegung — **24**
Spiel an besonderen Orten:
(1) Erzählen und Feiern – auf dem Weg – nach draußen — **26**
(2) »mahlganzanders« — **27**
Uwe Herde

II Mit biblischen Geschichten wandern

Persönliche Hinführung: Meine erste Bibelwanderung — **33**
Bibelwandern – eine Einführung — **35**
Bibelwandern – eine Erzählform in der Natur — **42**
Baustein: Gehe hin! – Solo mit Emotionen — **48**
Bibelwandern – eine Geschichtensammlung — **52**
Susanne Paetzold

III Gebetsorte unter freiem Himmel

Psalm 23 erleben – Auf einer Wanderung durch
die Liechtensteinklamm — **143**
Ulf Elmhorst und KFS-Team

Die Natur betet mit: Das Echo-Gebet — **150**
Johanna Bierwirth

Natürlich. Kirche. Weidenkirche. — **154**
Wolfgang Popp

IV Raus in die Nachbarschaft

Bollerwagen-Gottesdienst am Ostermontag — 171
Irmela Büttner in Zusammenarbeit mit Jorit Gøbel

Draußen ist mehr drin – Gartenkirche Lüneburg — 181
Stephan Jacob

TO GOdehard – Bei Brot und Wein, zwischen Krippe und Oase das Leben feiern — 208
Susanne Paetzold

»Du stellst meine Füße auf weiten Raum« – Impulse mit Schuhen — 216
Sandra Heiting

V Liturgische Blüten und himmlisches Spiel

A Gebete und Psalmen — 223
B Rituale in der Natur — 231
C Spaziergänge — 238
D Schwellengang — 259
E Spielen und beten — 261
F Segen — 263

Abkürzungsverzeichnis — 265
Literatur — 267

I Raus ins Weite ... – Grundsätzliches

Natur wirkt

Susanne Paetzold

Sich spüren – gegen einen sinnlich armen Alltag

Naturerfahrungen haben positive Wirkungen auf die seelische Entwicklung, Gesundheit und das Wohlbefinden. Mit der Entfremdung und dem Verlust des alltäglichen Kontaktes zur Natur wurden Phänomene und Naturerfahrungen in den letzten Jahren verstärkt in pädagogische und therapeutische Handlungsfelder einbezogen, etabliert und weiter erforscht. Unterschiedliche Naturräume haben vielfältige Reize und Herausforderungen. Unser genetischer Bauplan ist an ein Leben in der Natur ausgerichtet. Es steckt also *in uns* drin. Sobald die Sonne scheint, zieht es die Menschen nach draußen in die Natur. Ein Spaziergang an frischer Luft tut gut. Und da ist mehr: *Viriditas* (»Grünkraft«) nennt es die Mystikerin Hildegard von Bingen, die im Mittelalter aus ihrer Schöpfungsspiritualität und den Beobachtungen der Natur- und Pflanzenwelt eine Heilkunde entwickelt hat. Eine Grundkraft, die uns körperlich und seelisch stärkt und in die eigene Kraft finden lässt, in der wir wieder spielen und schöpferisch aktiv werden.

Die Natur überrascht mit ihrer Vielfalt und ihrer Ästhetik

Die Anordnung von Blättern in einer Blüte, das Farbspiel von Licht und Wasser im Regenbogen, die Morgensonne, die gülden leuchtet, die blaue Stunde am Abend, die sternklare Nacht – und die gewaltigen Kräfte von Wasser, Gewitter, Erdbeben und Stürmen. Es gibt unzählig mehr sinnliche Eindrücke zwischen Himmel und Erde. Unmittelbare, elementare Erfahrungen wecken eigene innere Bilder. Dem Lebendigen begegnen und dem, was vergeht, verändert den Moment: Ein Marienkäfer auf dem Schoß einer alten Dame im Altenheim, das Futterhäuschen im Garten oder Pflanzen, die vertrocknet sind, lösen Emotionen aus und führen ins Erzählen.

Zwischen Entdeckerfreude und Angst

Natur weckt eine Entdeckerfreude in uns. Im Wahrnehmen und Staunen, wie alles wächst, wollen Naturräume und Zusammenhänge entdeckt werden. Die in uns angelegten Fähigkeiten zum Jagen und Sammeln werden aktiviert. Sammeln und Forschen sind nicht nur für Kinder interessant.

Neben den Entdeckungen, die ins Staunen führen, gibt es viele Reize und Erfahrungen, die im Körper negativ abgespeichert werden. Reize, die Angst, Ekel oder Schrecken auslösen, können in eine Krise führen. Sie hemmen Sprache und Bewegung. Aus dieser Erfahrung in eine neue Kraft, in eine neue Handlung zu kommen, wieder aktiv zu werden und sich zu wandeln; auch das kann eine Wirkung sein.

Körperlichkeit und Leiblichkeit

Körperliche Bewegung in der Natur wirkt gegen einen Arbeitsalltag im Sitzen, gegen eine Atmosphäre von schnellen Arbeitsabläufen, reduziert Stress und wirkt entspannend. Bei einem Gang in die Natur werden im Körper biochemische Prozesse in Gang gesetzt. Die Muskeln werden gekräftigt und Ausdauer trainiert. Glückshormone werden ausgeschüttet und sorgen für Wohlbefinden. Frische Luft stärkt eigene Abwehrkräfte und wirkt positiv auf die Konzentration, das Arbeitsgedächtnis und auf die Psyche. Ebenso hat Sonnenlicht viele positive Effekte.

Ätherische Öle nehmen wir als wohltuend wahr, Pollen bescheren dagegen Allergikern Leidenszeiten. Sie sind körperlich müde und verschnupft.

Weite erleben – gegen räumliche Begrenzungen, fertige Entwürfe und eingeschränkte Blickrichtungen.

Der Gang in die Natur ändert den Blick auf Dinge und auf Arbeitsabläufe, die in unserem Gehirn gerade verarbeitet werden. Die äußerliche Weite eröffnet eine andere Perspektive. Im Gehen und in der Weite vollziehen sich innere Bewegungen, die in kreativen Prozessen zu Lösungen führen.

Wir können uns kaum entziehen. Die Natur weckt unsere Sinne, und die Sinne machen Natur zu einem leiblichen Erlebnis. Diese sinnlichen Erlebnisse zu reflektieren und zu deuten, macht daraus eine Naturerfahrung. Sich selbst spüren – das Leben spüren. Dafür können Elemente des Gottesdienstes und das Kreuz mit Materialien des Ortes eine Gestaltung finden und in eine Spiritualität im Alltag führen.

Jahreszeiten – Rhythmus des Lebens

Natur wandelt sich und kann ein Spiegel für das Leben sein. In der ästhetischen Wahrnehmung rühren äußere Entdeckungen innere Bewegungen an. Naturerfahrungen bekommen eine symbolische Bedeutung.

Im Winter ruht die Welt, Pflanzen ziehen sich zurück und überwintern in der Erde. Tiere verkapseln sich, kriechen ins Holz oder in die Erde, ruhen sich aus oder »verschlafen« den Winter. Atemluft wird sichtbar. Kälte ruft Schmerzen hervor. Die Tage werden kürzer. In unsere Winterstille kommt Gott in die Welt. Formate müssen kurz und kurzweilig sein. Heiße Getränke und die Feuerschale haben eine besondere Wirkung.

Fastenzeiten sind im Kirchenjahr verortet, wenn die Natur ruht. Es ist eine elementare Qualität, Übergänge im Leben bewusst zu gestalten.

Im Frühling ist die Energie in der Natur zu spüren. Auch wenn es nicht sichtbar ist, vollzieht sich inneres Wachstum. Ja, die Natur explodiert förmlich. Ein wunderbares, ästhetisches Schauspiel ist zu beobachten, wenn Pflanzen aus der Erde brechen und sich dem Licht zuwenden. Wir hören, wenn die Zugvögel zurückkehren. Es sind besondere Klangerfahrungen, wenn die Kapseln von Blättern aufplatzen und das Grün sich ausbreitet. Kräftiges Blattgrün. Die ersten Blüten. Die ersten Bienen. Moos legt sich in Bruchkanten von Hölzern und auf Steine. Seine weiche Textur fordert zum Streicheln heraus. Aus etwas scheinbar Totem, Gebrochenem wird etwas Schönes. Und es wächst anders, als wir vermuten.

Im Sommer ist Erntezeit. Die Fülle ist spürbar. Die Hitze macht durstig. Wirkungen des Klimawandels werden im Sommer allen sichtbar. Die Themen Ernte, Feuer, Wasser und Sturm bestimmen die Medien.

Im Herbst bilden sich Samen aus. Trockenes hat seine eigene Schönheit. Die Samen sammeln, trocknen und aussäen.

> **Heilig Abend**
> Gottesdienst an der Outdoor-Krippe im Regen. Die inneren Bilder und romantischen Vorstellungen vom Stall wandeln sich in der Kälte. Die Botschaft, Gott kommt in unsere Welt, und der Wunsch nach Frieden klingen echt. An diesem Ort ist es still.

Natur und Bibel

Die Bibel nimmt diese Ur-Erfahrungen in ihrer Bildwelt auf: In den Weisheitserzählungen, in den Psalmen, in den Verheißungen, in Prophetenworten, in Gotteserfahrungen, in Wüstenzeiten, Reinigung im Taufwasser, in den Gleichnissen vom Reich Gottes und der Neuschöpfung am Ostermorgen. Gotteserfahrungen der Menschen sind eingebettet und erzählt in die Lebenswelt und Erfahrungen der Menschen im weiten Schöpfungsraum.

Jede Kultur hat religiöse Rituale mit Elementen der Natur entwickelt. In der Bibel sind andere Kulte beschrieben. Sie erzählt von einem Gott, der nicht ortsgebunden ist und von einem Schöpfer-Gott, der Beziehungen sucht zu seinen Geschöpfen. Gott stellt sich Mose am Dornbusch mit seinem Namen vor: Jahwe JHWH = Ich werde sein – Ich bin da.

Das erste Buch der Bibel selbst beginnt mit dem Lied der Schöpfung und der Erzählung von einem Garten. Ordnungen und Ruhe sind von Gott geschaffen und gesegnet. Gottes Geschichte mit den Menschen beginnt im Garten mit adama »Erde« und dem Auftrag an seine Geschöpfe, die Schöpfung zu bearbeiten und zu bewahren. Gott spielt im Garten und schenkt Fülle. Gott lässt Menschen im Garten spielen und seine Früchte genießen: »Du darfst essen«, lautet die Zusage.

Elemente aus der Natur entwickeln sich zu Zeichen und finden Eingang in sakramentalen Vollzügen.

Im Neuen Testament (NT) kommt Gott auf die Erde und pflegt Verbindungen. Jesus ist zu Fuß unterwegs. Er zeigt: Wasser ist Zeichen der Neuschöpfung in der Taufe, Brot und Wein sind Gaben der Schöpfung im Abendmahl. Das Öl als Zeichen der königlichen Salbung im Ersten Testament wird zur Salbung des Lebens.

Schließlich zeichnet das NT in seinem letzten Buch ein Bild von der neuen Schöpfung, dem neuen Himmel und der neuen Erde. Gott ist für das Leben. In alle Finsternisse. Gott ist zutiefst erdverbunden, ja verbunden mit dem Leben.

Natur und Gottesdienst

Es ist alles da, und das Unverfügbare spielt mit!

Gottesdienste in der Natur, in Scheunen, in Trümmern, an sogenannten Passionspunkten, d. h. an prekären Orten, oder Freiluftgottesdienste an Himmelfahrt, Schützenfeste oder Tauffeste sind etablierte Anlässe und bewährte Orte. Der Weg des Konziliaren Prozesses zu Gerechtigkeit, Frieden und Bewahrung der Schöpfung prägt unsere Erfahrungen.

In diesem Buch geht es um bewegte Gottesdienste in der Natur: Denn Wandel vollzieht sich nicht allein im Sitzen und Hören.

Ganz ohne unser Zutun werden in einer Weite Momente und Erfahrungsräume spürbar und wirksam.

In der Natur prägen sich neue Erzählformen.

Resonanzen entstehen und lassen die Menschen die Wirksamkeit Christi in ihrem Leben spüren.

Die positiven Effekte der Naturerfahrungen stehen für sich und wirken in einer gottesdienstlichen Tiefe.

In allem spielt das Unverfügbare mit und wird mit dem biblischen Text verwoben und gedeutet. Worte und Texte führen in Handlungen, die wir noch nicht kennen. Das lebendige Wort wird relevant für den Moment und darüber hinaus. Biblische Texte mit Naturbildern wirken tiefer, wenn das Licht der Sonne zu spüren ist und der Staub an den Schuhen klebt.

Achtsamkeit in der Vorbereitung und Offenheit in der Durchführung

Motorisierter Verkehrslärm ist aufdringlich. Ein Baum ändert mit seinem Schatten im Sommer das Klima-Gefühl. Wind sorgt einerseits für erfrischende Momente und Wohlbefinden, andererseits trägt er Worte und Zettel davon. Der Turmfalke zieht seine Kreise und feiert mit. In aller Gleichzeitigkeit beobachten Kinder Insekten auf Picknickdecken, essen und krümeln, sammeln auf, was da ist und bauen damit. Das Bild vom Zelt findet seine Gestalt ganz unmittelbar mit kleinen Stöcken, führt die Architekten in eine andere Geschichte und in ungewollte Kommunikation mit den Begleitenden. Bänke wackeln und haben keine Lehne.

Wie wirken die vielen Faktoren auf die Verkündigungssituation? Was braucht Gottesdienst?

> Die Natur wirkt. Die Schöpfung wird gefeiert.
> Tor, Kathedrale, Schwellen – spirituelle Orte entdecken.
> Tod und Auferstehung finden ihre Gestalt.
> Braucht die Natur eine Predigt?
> Wo stehst, sitzt, liegst, bist du im Gottesdienst?

Spiritualität und Alltag

Raus, wenn ich will ...

Menschen gehen in die Natur mit ihrer je eigenen Verfasstheit, in ihrem eigenen Tempo und am liebsten dann, wenn sie es wünschen. Die Begegnung mit der Natur ist eine Konfrontation mit der eigenen Person. Die eigene Verfasstheit bestimmt die Wahrnehmung der Natur. Dieser Eindruck kann irritieren und in eine Auseinandersetzung oder einen Ausdruck führen. Wilde Naturräume bieten eine Fülle an Erfahrungsräumen, in denen Lob und Klage sich ausdifferenzieren, ja, sie führen ins Kyrie und Gloria, als Geschöpf und Teil der Schöpfung. Sie führen in ein Nachdenken über eigene Verantwortung, bilden neue Perspektiven aus und führen in neue Handlungsweisen. Im Spüren der Natur liegt ein Empfinden des Selbstwirksam-Werden. Hier kann ich weglaufen, schreien, stolpern und wieder

> Das Naturschöne beglückt.
> Das Leben ist gut.
>
> In Kontakt kommen und in Beziehung sein.
>
> Wie steht es um den Kontakt zu mir selbst, zu meinem Glauben, zu Gott und zur Welt?
>
> Wo kann ich selbst wirksam sein?

aufstehen und singen. In allem Spüren ist Gottes zuwendendes, fürsorgliches Handeln sichtbar.

In der Pandemie waren Formate erfolgreich, die temporär eingerichtet und zu allen Zeiten erlebbar waren. Ich konnte entscheiden, wann ich losgehe und mit wem. Im Wissen: ich bin verbunden mit anderen Christ:innen auf dem Weg. Ich gehe mit anderen diesen Weg und doch ohne sie. Gemeinsame Gebete und Lieder und Segensworte begleiten mich und die anderen.

Natur und Klang

Klangraum Schöpfung – Die Natur klingt

Alle Elemente haben ein großes Klangspektrum. Luft, Wasser, Feuer und Erde: vom Rauschen des Windes bis zum Plätschern eines Baches. Vom Knistern des Feuers bis zum rollenden Knall eines Erdrutsches. Alles, was ist, ist verbunden mit Klang, schwingt und ist spürbar.

Pflanzen und Tiere haben ihren Klang. Die Vögel singen im Frühjahr mehr und im Winter etwas weniger.

Mit dem Schnee wird die Welt ein bisschen stiller.

Klangreise in der Natur

Ein Lauschspaziergang sensibilisiert für die Geräusche der motorisierten Welt und den Klang der Schöpfung. Mit jedem Schritt wird ein Klang hörbar. Füße gehen über Schotter und Splitt, durchs Gras, stoßen an Äste und Steine. Wasser rauscht mit unterschiedlicher Klangqualität, Autolärm drängt sich auf, Wind bewegt Blätter und Regen prasselt.

> Ich klinge.
> Ich höre mich am besten, wenn ich summe und mir selbst dabei die Ohren zuhalte.

Natur und Kind

Raus mit euch ...

Naturerfahrungen aus erster Hand sind in den Generationen der Gesellschaft und regionalen Zusammenhängen unterschiedlich verankert. Die Kindheit ist häuslicher geworden. Naturerfahrungen werden institutionalisiert und in Bildungsprozesse eingebunden. Eine Kindheit mit Freiheiten, eigenen Grenzerfahrungen und Erfolgserlebnissen in der Natur, wie Astrid Lindgren sie in ihren Geschichten erzählt, ist selten geworden. Die einzige Freiheit im Alltag der Kinder in der Natur ist unter Umständen der Schulweg.

> Raus, wenn ich will ...
>
> Gestatten wir Kindern, in aller Freiheit aus der Zeit zu fallen und in einem »Urspiel« zu versinken?
>
> ... ohne es zu fotografieren und in Social Media zu teilen ...

Kinder und Erwachsene sind mit unterschiedlichen Perspektiven, Bildern und Spielen in der Natur unterwegs. Die politischen Veränderungen wirken sich unmittelbar auf die Gestaltung von Kindheit aus. Die Begegnungen in der Natur verändern sich mit dem gesellschaftlichen Wandel. Eltern hatten andere Spiele und Begegnungen in der Natur als ihre Kinder.

Raus aus der Komfortzone

Inzwischen sind Perspektiven und Naturkonzepte erforscht und benannt[1]. Menschen begegnen der Natur als Ressource, die nützt und aus der neue Erkenntnisse gewonnen werden. Sie begegnen ihrer Vielfalt und Ästhetik, die ins Staunen bringt und von der sie lernen können. Natur spiegelt Weltsichten und lässt ins Fragen kommen. Natur wird als spirituelle Kraftquelle empfunden oder negativ als Bedrohung eingeordnet. In diesem Spektrum bewegen sich auch Bildungsangebote.

> Gewohnheiten ändern. Verantwortung und Teilhabe gestalten.

Schon Kinder begegnen den Begriffen »Klimawandel« und »Energiekrise«. Sie lernen früh, dass alles zusammenhängt. »Klimakleber« machen Angst. Sie lernen auch, dass unser Lebensstil sich auf die Umwelt auswirkt und dass ihre kleinen Beiträge auf die große Welt wirken und jede und jeder etwas tun kann.

---

[1] Späker, Natur, 44f.

Rausgehen mit anderen

Die fortschreitende Individualisierung bedeutet auch eine je individuelle Erfahrung in der Natur. Das hat Auswirkungen auf die Arbeit mit Kindern, denn die Kompetenzen, körperlichen Fähigkeiten und Gewohnheiten in einer Gruppe von Kindern sind unterschiedlich ausgeprägt. Wer wenig im Wald klettert, ist vorsichtiger und kann beispielsweise die Haltbarkeit von Ästen schwer einschätzen, dafür aber viel Neues entdecken.

Für einige Kinder sind angeleitete Erfahrungen in der Kindertagesstätte die ersten intensiven Kontakte mit der Natur. Wilde Ecken, Klettergeräte, Matschkuhlen und Gartenflecken im Außengelände der Kita bieten vielfältige Erfahrungsräume. Waldwochen finden vielerorts im Rhythmus des Jahres ihren Platz. Schulbiologiezentren oder Schulgärten als Lern- und Gestaltungsorte haben sich etabliert.

In der Natur warten »echte« Herausforderungen

Ein Angebot in der Natur stärkt Grundbedürfnisse der Kinder für eine gesunde emotionale Entwicklung[2]. In der Natur erleben Kinder vielfältige Erfahrungsräume, Bewegung und Ruhe. Ihre Neugier wird geweckt, sie können sich einbringen und mitgestalten. Respekt, Achtung und Sicherheit werden eingeübt. Gemeinsame Zeit in der Natur ist vor allem eine Erfahrung der Selbstwirksamkeit, der Wertschätzung und Zuwendung. Hier finden Kinder Rückzugsorte, an denen sie sich verstecken können und echte Herausforderungen. Kinder »erkunden das Leben«[3], und wir dürfen mit ihnen spielen und sie begleiten.

Natur weckt Entdeckerfreude

Bei Kindern ist die Entdeckerfreude direkt abzulesen. Der Blick für die kleinen Dinge und Lebewesen führt in eine unmittelbare Bewegung: Ein Stock in der Hand lässt sie zu Kämpfer:innen werden, viele kleine Stöcke werden schnell zum Zelt aufgestellt und mit der Vogelfeder verziert. Entdeckerfreude ereignet sich auch im Gottesdienst auf der Wiese. Kinder verfolgen Insekten auf der Picknickdecke und Kekse krümeln, während gesungen und gebetet wird.

---

[2] Krenz, Kinder, 114.
[3] Hüther/Quarch, Spiel, 17.

In der Natur sich selbst begegnen

In der Natur sind wir jenseits aller Gewohnheiten unterwegs. Sich selbst auf Lösungssuche zu begeben, zu tüfteln, auszuprobieren, Hindernisse zu überwinden und kreativ zu sein, ist nicht allen Kindern vertraut und selbstverständlich. Ausdauer und Konzentrationsvermögen haben sich verändert. Der Verlust des alltäglichen Kontaktes mit der Natur und mediale Gewohnheiten bringen Kinder an ihre Grenzen. Schnell ist eine Überforderung spürbar, die sich emotional einen Weg sucht. Wut, Angst oder Rückzug blockieren das Denken und Handeln. Aber Kinder helfen und stärken sich gegenseitig. Begleitung der Kinder bedeutet, ihnen in diesem Prozess an der Seite zu stehen: Gefühle wahrzunehmen, zu entdecken, wie man mit ihnen umgeht, sich selbst zu spüren und zu merken: Den anderen Kindern geht es ebenso. Das sind die ersten Schritte.

> »Ich schaffe das nicht« ist eine Resonanz der Kinder.
>
> »Du schaffst es nicht in 45 Minuten, aber du hast Zeit. Probiere es aus.«

Auf Abenteuersuche in der Natur

Die Sinne der Kinder sind weit geöffnet für den Wandel, das Kleine und das Lebendige auf dem Erdboden. Nicht alle Kinder definieren es als schön oder angenehm. Regenwürmer, Insekten oder Mücken wecken bei einigen Kindern Ekel und Schrecken. Sogar traumatisierende Erfahrungen sind im Kindesalter verbreitet. Die Natur öffnet Raum für fantasievolle Spiele und Entdeckergeschichten. Kinder lassen sich schnell auf Abenteuer ein.

Das Leben in der Natur kostet Energie und macht hungrig. Essen in der Natur kann zu einem Abenteuer werden. Für ein Lagerfeuer ist eine gemeinsame Vorbereitung nötig. Kinder werden eingebunden und richten eine sichere Feuerstelle ein mit Steinen und Abstand zum Grün. Andere sammeln trockenes Holz, und wieder andere hüten das Feuer. Brot bekommt eine Bedeutung.

Biblische Geschichten in der Natur erleben

In all dem brauchen Kinder gute Geschichten für das Leben in unserer Zeit. Bibelwanderungen wollen nicht die Natur erklären, sondern die Natur mitspielen lassen. Umgeben von Naturphänomen, geben biblische Erfahrungen Orten eine Bedeutung. Hier erleben Kinder Geborgenheit in aller Unterschiedlichkeit und hören Geschichten gegen die Angst. Geschichten, die Resilienz bewirken, die sie in ihre eigene Kraft bringen und von einem größeren Zusammenhang erzählen:

- Wir sind geborgen in der Schöpfung, geborgen in Gott, der alles erschaffen hat.
- Gott versorgt uns, wie er sein Volk mit Manna und Wachteln versorgt hat (vgl. 2 Mose 16).
- Wir spüren: Alles, was wir brauchen, ist da.
- Wir erinnern uns an Jesus, der sagt: »Sorgt euch nicht.« (Mt 6,25–34)
- Neuschöpfung und Wandel des Lebens

Auf einer Bibelwanderung werden Kindern und Erwachsenen (!) gute Botschaften zugesagt und segnende Zeichen spürbar. Es erwachsen Rituale, die sie durchs Leben tragen und stärken. In der Natur, die so erlebt und gedeutet wird, ist Glaube intensiv spürbar. Hier bildet sich ein Glaube, der mitwachsen kann.

Gottesdienste in Bewegung

Uwe Herde

Kultus und Ritus

Kultus und Ritus sind in der jüdisch-christlichen Geschichte immer beides: die Verortung eines zentralen Heiligtums und die Feier unterwegs (Prozession und Kirche/Gottesdienst auf dem Weg). Das liegt in Gott selbst begründet. Denn Gott zeigt sich so: Gott ist da. Und Gott geht mit. Ja: Gott geht voran. Menschen vollziehen so die Bewegung Gottes mit/nach. Sie versuchen, dabei eine gute Balance zu finden zwischen Erstarrung und Beliebigkeit. Diese Balance ist in den vergangenen Jahren neu entdeckt worden. Im Grunde war sie immer da, nur unterschiedlich ausgeprägt.

Häufig wurde die Erprobung neuer Gottesdienstformate getragen von der Hoffnung, dass mehr Menschen den Gottesdienst besuchen. Diese Hoffnung hat sich nur insofern erfüllt, dass Menschen andere Gottesdienste neu wahrnehmen. Im Blick auf die Häufigkeit von Gottesdienstbesuchen ist dieser Umstand jedoch wenig aussagekräftig. Dennoch ist die Erprobung neuer Formate ein wichtiger Schritt, der Bewegung in die gottesdienstliche Landschaft bringt. Er erinnert Menschen an das biblische Versprechen: »Gott ist draußen bei den Menschen.« Gehen wir ihn suchen.

Mit biblischen Geschichten spielen

Das Spiel ist eine alte Form des Umgangs mit biblischen Geschichten/Texten. Sie verbindet sich mit der Erzählung, der Lesung und der Predigt. Im Gottesdienst findet oft ein Wechsel der verschiedenen Formen statt. Es gibt im Gottesdienst unterschiedliche Orte und Personen, es gibt Haupt- und Nebendarsteller:innen, Auf- und Abgänge auf der Bühne, Bewegungsabfolgen, eine ganz eigene Dramaturgie. So wird das Evangelium inszeniert (vgl. Meyer-Blanck, Inszenierung). Bei dem Wechselspiel der Formen besitzen die biblischen Erzählungen eine Kraft, die aus sich heraus wirkt, auch ohne Auslegung. Ein bekanntes Beispiel hierfür ist die jährliche Inszenierung der Weihnachtsgeschichte, z.B. beim Krippenspiel an Heiligabend. Kaum zu glauben, wie viele Menschen auf diese Weise schon einmal eine Rolle in dieser himmlisch-wunderbaren Geschichte gespielt haben. Was passieren kann, wenn Gottesdienst an einem anderen Ort als in der Kirche gefeiert wird, zeigen vielfältige Beispiele in diesem Buch. Sie illustrieren, wie sich mit dem Ort auch die Dramaturgie verändert und eine neue Inszenierung entsteht. Vertrautes und Neues verbinden sich miteinander. Es öffnet sich der weite Raum des Gottesdienstes neu.

Gottesdienst auf dem Weg

»Kirchliche Spiritualität geht in der Tendenz von der These aus, man müsse die Menschen erst mal aus dem Getöse der Alltäglichkeiten heraus zu sich und Gott gleichzeitig und dann wieder heraus in die eher feindliche Welt geleiten.«[4]

Kirchliche Spiritualität geht von der Annahme aus, dass die Menschen zunächst aus dem Alltag herausgenommen werden müssen, um zu sich und Gott zu finden. Anschließend, d.h. nach dem Gottesdienst, werden sie dann wieder in den Alltag zurück entlassen. Für diese Annahme lassen sich gute Begründungen finden. Es lassen sich aber ebenso viele Gründe für eine andere Art von Spiritualität finden. Dafür gibt es in diesem Buch Beispiele. Sie zeigen, dass Spiritualität sich neue Räume im Alltag und in der Natur sucht. Dort finden Menschen zu sich selbst, und dort lässt sich auch Gott finden.

In einer sich immer schneller wandelnden Welt sieht sich die Kirche vor immer neue Herausforderungen gestellt. Die gerade zu Ende gegangene Corona-Pandemie ist hierfür ein eindrückliches Beispiel. Plötzlich werden neben den analogen auch digitale Räume der Verkündigung bedeutsam. Die Frage danach, was geschieht, wenn Verkündigung, Gemeindegesang oder Abendmahlsempfang nicht mehr in traditioneller Weise stattfinden können, ist während dieser Zeit auf vielerlei Weise beantwortet worden. Neue Gottesdienstmodelle hat es auch vorher schon gegeben. Aber nun haben sie eine besondere Aufmerksamkeit bekommen. Es hat sich gezeigt, dass die Kirche vieles neu zu lernen hat, wenn sie Gottesdienst anders denken und gestalten will/muss. Gottesdienste in der Natur bekommen eine

---

[4] Hirsch-Hüffell, Zukunft, 121.

neue Aufmerksamkeit/Bedeutung im Blick auf die Themen, die mit dem Klimawandel verbunden sind. Gottesdienste in der Nachbarschaft zeigen, wie das Thema Gemeinschaft in einer sich stetig verändernden Gesellschaft aussehen kann. Gottesdienste mit Jugendlichen ermöglichen neue Formen und Räume, in denen kraftvolle Spiritualität entstehen kann. Dazu versuchen die Autor:innen und Herausgeber:innen dieses Buches einen Beitrag zu leisten.

Spiel an besonderen Orten
(1) Erzählen und Feiern – auf dem Weg – nach draußen

Es wird erzählt

Die biblischen Geschichten sind aus einer langen Tradition von mündlichen Erzählungen entstanden, bevor sie ihre schriftliche Form bekamen. Ihr erzählender Charakter zeigt sich deutlich in der Art, wie sie gestaltet sind. Viele Geschichten sind so erzählt, dass sich die Zuhörer:innen ganz nah dabei fühlen. Sie können die Worte in einer Szene belauschen und die Gesten der Handelnden genau beobachten. Es gibt einen weiten Raum in diesen Geschichten. So wird es möglich, dass die Zuhörer:innen sich ihren Platz in einer Geschichte suchen. Das ist ein etwas anderer Zugang als der einer distanzierten Betrachtung oder einer auslegenden Deutung. »Es wird erzählt ...« hat einen anderen Klang als »Es steht geschrieben ...«. Die Tradition der Bibelerzählung ist lebendig und vielfältig. In den Beiträgen dieses Buches verbindet sie sich mit gottesdienstlichen Elementen, lässt biblische Geschichten an besonderen Orten entstehen und verbindet sie so mit der eigenen Lebenserfahrung. Über allem steht die urbiblische Erfahrung: »Gott führte mich hinaus ins Weite. Er riss mich heraus. Denn er hatte Lust zu mir« (Psalm 18, 20), oder schlicht: »Draußen ist mehr drin.«

Diese Erfahrung zeigt sich in vielen biblischen Erzählungen: Ein Mensch sieht während seiner Flucht den Himmel offen und erhält ein Versprechen (vgl. 1. Mose 28). Zwei Menschen sind zusammen unterwegs und trauern. Da werden sie von einem Dritten begleitet und ins Leben zurückgeführt (Lukas 24). Das Versprechen, das über diesen und vielen anderen Erzählungen steht, lautet »Gott ist da – da draußen – in deinem/eurem Leben. Dort zeigt Gott sich. So ist es versprochen. So ist der Name für Gott ›Ich bin da‹.« Später werden Kirchen über den Stätten gebaut, an denen Gott sich gezeigt hat. Dort können Menschen eben solche Erfahrungen machen. Doch das Versprechen geht darüber hinaus ins Leben jedes einzelnen Menschen. Dort lebt, liebt und leidet Gott mit.

Es wird gefeiert

Christlicher Glaube ist von seinem Ursprung her begleitet durch verschiedene Rituale im alltäglichen Leben. Das reicht vom Gebet bei Tisch bis hin zu einer Pilgerwanderung. Die großen Übergänge im Leben wurden zu allen Zeiten begleitet und mit der Bitte um Segen gestaltet. Für die kleinen Übergänge vom Morgen bis zum Abend eines jeden Tages hat es eine reiche Tradition in den Konfessionen gegeben. In der evangelischen Tradition wird gerade vieles davon wiederentdeckt, nachdem es eine Zeitlang verschwunden war. Menschen fragen vermehrt nach Dingen, die sie in ihrem Alltag mit dem Glauben verbinden können. Sie suchen nach neuen Ritualen und Spielformen des Glaubens und jemandem, der/die sie dabei anleitet. Sie freuen sich, wenn sie von den eigenen Lebens- und Alltagserfahrungen erzählen können, ohne dabei belehrt zu werden. Es ist gut, dass die gottesdienstliche Landschaft bunter geworden ist und begleitet wird von zahlreichen Ritualen.

Es ist schön, dass die Kirche ab und zu ihr Häuschen verlässt und sich mit Menschen zusammen auf den Weg macht, um Gott da draußen zu suchen.

(2) Mahlganzanders

Das letzte Abendmahl Jesu. Leonardo da Vinci hat es vor mehr als 500 Jahren als Bild gestaltet. Heute ist es bekannt und berühmt. Es hat einen hohen Wiedererkennungswert. Oft ist auch die biblische Abendmahlsszene dazu bekannt, manchmal allerdings nur bruchstückhaft.

Die Aktion »Mahlganzanders« spielt mit dem Bild und der Abendmahlsszene auf ganz eigene Weise. Sie lässt das Bild lebendig werden. Die Darsteller:innen treten quasi aus dem Bild heraus und spielen die Abendmahlsszene. Das Ganze ereignet sich auf den Straßen einer größeren Stadt. Jedes Jahr neu. Am Gründonnerstag. Die Aktion »Mahlganzanders« gibt es seit vielen Jahren. Sie wird verantwortet von »evangelisch.de« unter der Leitung von Frank Muchlinsky.

Inszenierung

Die Darsteller:innen für die Aktion kommen aus dem gesamten Bundesgebiet. Einige nehmen zum wiederholten Mal an der Aktion teil. Für andere ist dies ihr erster Auftritt. Alle kommen einen Tag vorher zusammen, um sich kennenzulernen und zu proben. Die Rollen der 13 Personen des Bildes werden zugelost. Jesus und Judas sind als Rolle besonders spannend. Am Donnerstagvormittag findet die Generalprobe statt. Dann geht es auf die Straße. 13 Personen schreiten langsam hintereinander durch die Straßen einer Stadt. Alle haben einen Klappstuhl unter dem Arm, einige haben zusätzlich einen Trolli oder eine Sporttasche dabei. Sie sind schlicht und unifarben gekleidet. Von nun an werden sie ca. sechs Stunden unterwegs sein und die Abendmahlsszene auf dem Bild Leonardos an verschiedenen Orten nachstellen. Zum Beginn einer Szene wird ein rotes Seil auf den Boden gelegt. Dahinter stellen sich die Darsteller:innen auf. Nacheinander werden dann zunächst zwei Tapeziertische aufgebaut und mit weißen Tischtüchern versehen. Anschließend wird der Tisch gedeckt mit Tellern, Gläsern und Krügen sowie Schalen mit Weintrauben und Körben mit Brot. Es ist eine eingeübte Choreografie und geschieht ohne Worte. Wenn alles vorbereitet ist, tritt Jesus an den Tisch, legt einen Laib Brot darauf und stellt einen silbernen Abendmahlskelch in die Mitte des Tisches. Es folgen die zwölf Jünger:innen. Das Bild nimmt allmählich Gestalt an. Nun gibt es Tischgespräche, frei geführt, bis die Szene plötzlich angehalten wird. Die Darsteller:innen verharren in der Bewegung. Die Gespräche verstummen. Durch einen Impuls ordnet sich die Szene neu. Die Abendmahlsszene auf dem Bild Leonardos wird nun vollends sichtbar. Alles geschieht in Ruhe und lässt den Betrachtenden Zeit, die wechselnden Bilder nachzuvollziehen. Dann beginnt jemand leise zu tönen. Der Ton wird von den anderen verstärkt, bis er so laut ist wie ein Schrei aus vielen Kehlen. Auf dem Höhepunkt der Szene wirft Judas seinen (Geld-)Beutel auf den Tisch. Danach verlässt er das Bild. Die anderen schauen Judas entsetzt an, wenden sich schließlich ab und verlassen den Tisch.

Zum Schluss bleibt Jesus allein zurück am Tisch. Als er schließlich auch das Bild verlässt, wird die Szene zurückgebaut, wieder mit der eingeübten Choreografie.

Wirkungen

Während der Szene gehen Menschen auf der Straße vorbei, einige bleiben stehen. Manche nur für einen Moment, andere bis zum Schluss.

Das Bild von Leonardo als Postkarte wird von Begleiter:innen während der Szene verteilt und wandert durch die Hände. »Das ist Abendmahl. Hab ich gleich erkannt. Wie schön!«, sagt jemand. Eine meint: »Was machen die da? Hat das was mit dem Klimawandel zu tun? Dürfen die das?« Solche und andere Kommentare sind aus den Reihen zu hören. Manchmal fließen Tränen, weil Menschen berührt werden. Oft gibt es Applaus am Schluss.

Die Darsteller:innen selbst kommentieren nichts. Sie zeigen etwas, das sie selbst berührt und schweigen dazu. Kirche zeigt, was sie liebt, und erinnert Menschen daran, wie es ist, wenn sich jemand ganz hingibt.

Wenn die Darsteller:innen auf die Straße gehen, werden sie begleitet von zahlreichen Medien und Pressevertreter:innen. Es gibt Interviews, Clips in den sozialen Netzwerken sowie Kurzberichte in den lokalen und überregionalen Nachrichten. Eine breite Öffentlichkeit erlebt am Gründonnerstag, dass Kirche sich »Mahlganzanders« darstellt. Weniger von oben herab. Dafür umso eindrücklicher. Das beeindruckt und gefällt vielen. Es erscheint wie eine Mischung aus Prozession und Performance Art und ist gleichzeitig neu und anders.

Die Darsteller:innen werden auf ganz eigene Weise berührt von dem, was sie tun. Eine:r drückt es so aus: »Mir ist beim Abendmahl ein Aspekt besonders wichtig. Der ist heute auch deutlich geworden. Das ist die Gemeinschaft. Zusammen sein. Im Namen Jesu. Mit ihm am Tisch. Auch, wenn es heute nur gespielt war. Doch wir hatten alle das Gefühl, er ist mit dabei. So war es wunderschön und hat uns alle berührt.« Als Abschluss feiert die Gruppe einen Abendmahlsgottesdienst in der örtlichen Kirche. Dazu wird öffentlich eingeladen. Vor dem Gottesdienst gibt es die Möglichkeit, Resonanzen auf das Erlebte in der Gruppe zu teilen. Die Eindrücke sind oft so stark, dass einige Darsteller:innen sich sofort für das nächste Jahr wieder anmelden. Oder sie beginnen mit den Planungen für eine ähnliche Aktion in ihrer eigenen Region.

So kann es gehen, wenn biblische Bilder im öffentlichen Raum inszeniert werden. Die Menschen sehen zu und verbinden eigene Bilder mit dem Erlebten. Ähnliche Aktionen wie diese gibt es im Bereich der Popup-Kirche, wo besondere Aktionen zu kirchlichen Anlässen stattfinden, z. B. eine Fußwaschung unter Menschen auf der Straße am Gründonnerstag. So entsteht eine neue Kultur der Andachtsbilder, analog und digital.

II Mit biblischen Geschichten wandern

Persönliche Hinführung:
Meine erste Bibelwanderung

Susanne Paetzold

Auf dem Kirchentag in Hamburg sind Menschen unterwegs mit dem Motto »Soviel du brauchst« und der Geschichte vom Volk Israel auf ihrem Weg in die Freiheit. 200 Personen holen sich ein Ticket und werden mit dem Bus zum Parkplatz in den Boberger Dünen gefahren. So weit die Planungen des Kirchentages. Alles ist organisiert. Ein Team von Mitarbeitenden hat Wasserkisten, Teppiche, Nahrungsmittel und Fliesen samt Stiften im Gelände deponiert. Die Lautsprecherbox ist geladen und in einem Rucksack verstaut. Die Gitarre ist gestimmt. Alle sind bereit. Doch die Gruppe kommt nicht. Die Zeit geht dahin. Es gibt keine Kontaktmöglichkeiten. Immer wieder der Blick auf die Uhr und die Frage »Was wird jetzt?«

Nach einer halben Stunde kommt eine Frau angelaufen. »Ja, das habe ich mir gedacht. Es gibt Probleme mit dem Bus. Der darf in die Straße nicht hineinfahren, und die Pfadfinderinnen kennen sich hier nicht aus. Keiner weiß, wo es losgeht.«

Jetzt kommt die Gruppe. Sie sind unterwegs und gehen in einem langen Treck an der Straße entlang.

So stelle ich mir das vor, wenn die Sippen als Volk durch die Wüste ziehen und den Weg nicht kennen.

Als wir die Menschen in einem großen Kreis sammeln, wird klar: Sie sind schon auf dem Weg. Wir nehmen ihren Ärger und ihre Fragen auf. Das Murren wird nicht inszeniert, es ist da. Die Menschen haben ihre eigene Auszugserfahrung. Und sie sind angekommen. Miriam nimmt die Menschen mit und tanzt. Es ist geschafft. Der Weg des Volkes Israel durch die Wüste beginnt. Die Menschen sind offen für die Erlebnisse, die noch kommen werden.

Es sollte so sein.

Bibelwandern – eine Einführung

Mitspieler:innen einer Bibelwanderung sind die Natur, die Orte, der Weg und das Wetter, die biblischen Texte mit konkreten Aussagen und Leerstellen, Kinder und Mitarbeitende mit ihrer Spielfreude, das Unverfügbare des Momentes, die Öffentlichkeit und die Kraft der Reduktion.

Viele biblische Erfahrungen und Ereignisse finden draußen statt. Eine biblische Geschichte in der Natur zu verorten, hat seinen besonderen Reiz, da Kinder mit allen Sinnen bewegt beteiligt sind. Die Entdeckerfreude der Kinder überträgt sich auf das Entdecken von Geschichten. Auch scheue oder ängstliche Momente der Kinder spielen mit.

Eine Bibelwanderung ist auch Wandern in einem biblischen Textraum. Die Natur dient als Resonanzraum der biblischen Texte. Auf dem Weg werden Schritte gegangen und Standpunkte erlebt. Zum äußerlichen Weg kommen Emotionen und innere Bewegungen, je nach Lebenssituation.

Dem Schweren Raum geben

Auch Kinder stecken unter Umständen in schwierigen Lebenssituationen. Es gibt nicht viele Orte im Alltag eines Kindes, an denen das Schwere Raum hat und zur Sprache kommt. Eine Bibelwanderung kann den Raum dafür öffnen. Durch die Reize der Natur und durch die Erfahrungen der biblischen Personen kann sie zu einer heilsamen Erfahrung werden.

In der Natur ist (fast) alles da, und es gilt das Prinzip »weniger ist mehr«. Das »Weniger« lässt *mehr* Raum für eigene Entdeckungen, innere Bewegungen und Gestaltungen. Vertraut darauf: Es ist alles da! Nur Mut: Besonders eindrücklich sind Erfahrungen in wilden, unbekannten Naturräumen.

Einsatz und Dauer

Eine Bibelwanderung eignet sich in der Arbeit einer Kirche mit Kindern in ganz unterschiedlichen Zusammenhängen. In der Kita oder im Religionsunterricht, im Kindergottesdienst, als Kinderbibelwoche, als Ferienprojekt, in KU3-Modellen, als Tagestour oder auf einer Freizeit. Die Dauer kann von ca. 20 Minuten bis zu einer Tagesveranstaltung reichen, je nach zeitlichen und personellen Möglichkeiten und der Spielfreude. Eine Heldenreise, wie z. B. bei Josef, lässt sich auf mehrere Tage verteilen.

Je länger der Weg, desto mehr Zeit ist einzuplanen. Für drei Kilometer benötigen Kinder im Grundschulalter eine Stunde reine Wanderzeit. Zusätzlich einzuplanen sind, je nach Gestaltung der Wanderung, Zeiten für Rasten, Erzählen, kooperative Spiele, kreatives Gestalten, freies Spiel und Zeit für Resonanzen der Kinder. Zeit ist ein wertvolles Zeichen der Zuwendung an die Kinder; ihrem Tempo und ihrem Spiel zu folgen, ist ein Geschenk.

Auswahl des Ortes

Für eine kurze Bibelwanderung eignen sich das Gelände der Kirchengemeinde oder der Pfarrgarten ebenso wie ein ungewöhnlicher Ort in der näheren Umgebung. Ein Bach, Wallanlagen oder ein Geschäftsviertel bieten ebenfalls interessante Erlebnisräume und Begegnungsmöglichkeiten. Hier ist eine größere Öffentlichkeit in Bewegung. Bei einer Tagesveranstaltung kann ein Ausflug an einen für die Kinder unbekannten Ort reizvoll sein. Ein Wechsel von übersichtlichen Plätzen und nicht einsehbaren Naturräumen ist empfehlenswert. In einem offenen Gelände um die Kirche/Gemeindezentrum ist der Gestaltungsaufwand für kreierte Erlebnisse etwas höher. Wilde Naturräume erhöhen den Abenteuer- und Spielfaktor.

Die Natur spielt mit

In der Planung einer Bibelwanderung ist eine Ortsbegehung im Vorfeld sinnvoll. Es gilt, die Orte mit ihrer Atmosphäre und Objekten wahrzunehmen und die Erlebnismöglichkeiten zu erkunden. Die Natur birgt eine Fülle an Materialien, in denen sich Geschichten beginnen lassen. Holz und Kreuz, Steine und Altäre, Blumen des Feldes, Bänke oder Skulpturen …

Mancher Platz im Wald hat mit seinen hohen Bäumen die Anmutung einer Kathedrale.

Manche gestalteten Orte regen an, weil sie in der Zwischenzeit verwahrlost und wild geworden sind, eine Bühne bilden oder zum Rasten einladen. Manche Orte sind geprägt. Ein Denkmal-

Ort erzählt von Ereignissen, ein Kunstwerk will beachtet werden, eine Skulptur tritt in Beziehung, Zeichen markieren einen Weg, Kreuzwegstationen erzählen die Passionsgeschichte. Die Denkmal-Orte weisen über das Ereignis hinaus auf etwas, das unsere Lebenssituation betrifft, dessen Erfahrungen sich auch in der Bibel finden. »Hier piekst etwas. Wenn ich den Dornenstrauch sehe, denke ich an die Dornenkrone. Wer hatte eigentlich die Idee, aus diesen Dornen einen Kranz zu binden?«

Achtsamkeit in der Durchführung

Es sind die heiligen Momente, wenn Atmosphären in der Natur die Geschichte verstärken. Wind, Vogelstimmen, Tiere auf einer Weide, Autolärm usw. Die Leitenden nehmen diese Wahrnehmungen mit in das Spiel hinein. Vogelstimmen: »Hört ihr das auch? Der Vogel ruft uns doch ...« Am Bach: »Wenn ich das Wasser spüre, denke ich an ...« Wind in den Bäumen: »Ich glaube, es liegt etwas in der Luft. Es kommt etwas auf uns zu.« Absichtlich am Hang ausrutschen und den Schreckmoment nutzen: »Reicht euch die Hand und stützt einander.«

Der Text spielt mit

Die Erzählung folgt dem biblischen Text und erzählt nicht dagegen. Offenes bleibt offen und Widersprüche bleiben widersprüchlich. Die Handlungen und Perspektiven der biblischen Texte werden in ihren Bewegungen wahrgenommen und nachempfunden.

Zum Beispiel: Jesus kommt. Jesus bleibt stehen. Jesus sieht Zachäus. Drei Bewegungen, die die Gruppe mitgehen kann. Kommen – stehen – sehen. Jede einzelne Sequenz bietet Möglichkeiten, ins Spiel zu kommen.

Biblische Texte können interkontextuell verwoben werden. Eine Person in Angst könnte Klageworte aus den Psalmen sprechen. Menschen, die Jesus begleiten, könnten sich erinnern und erzählen, was sie schon vorher mit Jesus erlebt haben.

Die frohen Botschaften der biblischen Texte sind uns zugesprochen und wirken in unseren Alltag hinein. Bieten wir Kindern viele Geschichten an! Worte, die mit ihnen gehen und mit denen sie in ihre eigene Kraft kommen.

Alle Menschen spielen mit

Mitarbeitende können in Rollen schlüpfen und die Geschichte in der Rolle zu einem Abenteuer weitertreiben. Die Kinder spielen auf ihre Weise mit. Die Resonanzen der Kinder werden in die Erzählung eingebaut und mit diesen Erfahrungen geht die Geschichte weiter. Manchmal muss es leise sein. Für die nächsten Schritte werden Geheimzeichen verabredet.

Im öffentlichen Raum können zufällige Bewegungen in dem Moment zu Mitspielern der Geschichte werden: Autos, die wegfahren, Türen, die zufallen, Passanten, die vorbeigehen, Schafe, die blöken, ein toter Vogel, volle Mülleimer o. ä.

Der Weg spielt mit

Eine Bibelwanderung lebt von achtsamen Entdeckungen der Reiseleitung auf dem Weg. Auf dem Weg eröffnen sich Spielräume: Treppen, Kreuzungen, Plätze, Bänke u. a. Am Wegesrand lassen sich Dinge entdecken, die in die Geschichten hineinspielen können. Sie treiben das Spiel voran und lassen die Menschen in der Geschichte verweilen. Es kommt zu Wendepunkten in den Geschichten. Die Gruppe geht den Weg in einer anderen Stimmung zurück. Vielleicht rennen alle schnell zurück in die Kirche/das Gemeindezentrum.

Ein Beispiel: Die Geschichte von den Emmausjüngern (Lukas 24) erzählt eine klassische Weg-Geschichte. Die Jünger gehen nach der Kreuzigung Jesu den Weg von Jerusalem nach Emmaus. In ihrer Trauer sehen sie nur Dinge am Weg, die sie an die Ereignisse in Jerusalem denken lässt. Zum Beispiel zwei Äste, die mit dem Schatten ein Kreuz auf den Weg werfen, Dornensträucher erinnern an die Dornenkrone, und große Steine am Weg lassen sie an den Stein vom Grab denken. In dieser Weise lassen sich die Weg-Qualitäten erkunden und die Beschaffenheit des Weges einbauen und für die Geschichten nutzen.

Gott spielt mit

Mit den Ritualen Sendung und Segen ist die Gruppe im Segensraum Gottes unterwegs. Die Begleitenden rechnen mit dem Wirken des Heiligen Geistes auf der Wanderung. Sollte sich ein Moment ergeben, sich eine besondere Erfahrung ereignen, dann gilt es, eine Form zu finden. In der Bibel ist vom Lobpreis die Rede, in dem Menschen gemeinsam ihren Dank ausdrücken. In den Psalmen finden sich Lob- und Dankworte. Andere biblische Worte können zu einer Deutung werden »Sorgt euch nicht« oder »Soviel du brauchst« oder das Wort aus dem Psalm 91 »..., dass du deinen Fuß nicht an einen Stein stoßest« oder ... Die Begleitenden halten inne, erzählen diesen Moment und finden einen gemeinsamen Ausdruck.

Eine echte Bibelwanderung. Begegnung an einer Taufstelle am Jordan mit dem Gartenschlauch.

Der Jordan hat Hochwasser.

»Ich spüre das Wasser.« Auch das ist Tauferinnerung.

Grundbedürfnisse der Kinder

Auf einer Bibelwanderung ist Zeit auf die Bedürfnisse der Kinder zu achten. Nach Anstrengungen ist es gut, Pausen einzulegen, sie handeln und reden zu lassen. Kinder brauchen Geheimnisse, unbeobachtete Momente und Möglichkeiten, sich zu verstecken. Eine wertschätzende Zuwendung ist ein wesentlicher Bestandteil dieser Arbeit. Eine Bibelwanderung ermöglicht und stärkt auf vielen Ebenen eigene Erfahrungen der Selbstwirksamkeit.

Werdet wie die Kinder

Spielen, spielen und spielen ... spielt mit den Kindern und lasst biblische Erfahrungen unter euch wirksam sein. Von der Weisheit der Kinder lässt sich viel lernen (vgl. Mk 10,15). Auf dem gemeinsamen Weg können sich theologische Gespräche entwickeln, wenn den Kindern eine offene Frage angeboten wird. Von den Kindern, mit den Kindern und für die Kinder. Es ist einfach: Öffnet eure Sinne für das, was Kinder spielen, fragen und sagen. Öffnet den Kindern den Raum auch für die schweren Themen

des Lebens und weitet den Horizont auf Hoffnung hin. Ermutigt sie über die Grenzen zu gehen. Zeigt ihnen, wie ihr betet. Singt mit ihnen und segnet sie.
Werdet ihnen geistliche Begleiter:innen!

Wirkfaktoren

Kinder
- spüren mit allen Sinnen: freuen sich an Sinnesübungen, lassen sich ein auf einen Lausch- oder Tastspaziergang
- spüren sich: hungrig, durstig, müde, voller Energie, wollen etwas anfassen, sind neugierig
- entfalten sich: sind selbstwirksam, entwickeln Spiele
- bewegen sich: äußerliche und innerliche Bewegungen, heilsame Erfahrungen
- verbinden sich mit dem Draußen-Ort, Jungen manchmal schneller als Mädchen

Natur regt an
- zur Begegnung mit dem Lebendigen
- Hindernisse zu überwinden
- Balance zu finden
- schwierige Passagen zu suchen, die Kinder herausfordern
- die Natur Spiegel sein zu lassen
- Weiten, Höhlen, Kathedralen, lange Wege, Wasser, Steine, Sträucher,
- dunkle Orte zu erspüren

Gemeinsam unterwegs
- jeder hat sein Tempo
- andere können helfen und stärken, führen und leiten
- keiner will Letzter sein

Begleitet unterwegs
- Jesu Jünger:innen werden zu zweit ausgesendet
- Mitarbeitende teilen ihre Glaubenserfahrungen, sind achtsame Begleiter:innen, kennen die Geschichte, den Weg und ihre Aufgabe

Mit einer Geschichte unterwegs
- Bibelgeschichten sind Geschichten mit Hindernissen: Sie fordern heraus, gemeinsam nach Möglichkeiten zu suchen.
- Bibelgeschichten bekommen eine Bedeutung durch die Erfahrung, die ich mache.
- Im Text- und Naturraum werden Erlebnisse zu echten Erfahrungen.
- Worte tragen: »Du bist bei mir.«
- tastend und kletternd sprachfähig werden im Glauben

Glaube wächst. Es ist das Vertrauen: Alles ist da!
- Seht die Vögel unter dem Himmel!
- Geheimnis des Glaubens
- Wir fragen uns: Was würdest du jetzt beten?
- Wir spüren: Gott geht mit!
- geteilte Ewigkeit
- Dankbarkeit findet Ausdruck: im Tanzen, Singen, Staunen, in Gesten
- am Ende: Zuspruch und Segen

Bibelwandern ist eine Erzählform
- Bibelgeschichten sind narrative Theologie
- Kinder und Erwachsene theologisieren im Spiel

Bibelwandern – eine Erzählform in der Natur

Den Bibeltext wahrnehmen – In der Geschichte wandeln

Die Wandergruppe wird in dem Moment zu einer Gemeinschaft von Zeuginnen und Zeugen, wenn der biblische Textraum eröffnet wird. Es ist ein Wandeln im biblischen Textraum. Dann gilt: Geh hin und sieh ...

Die jüdische Schriftauslegung kennt das Bild vom *schwarzen* und *weißen Feuer*[5]. Das »schwarze Feuer« sind die Buchstaben, die geschriebenen Worte, die uns Informationen geben. Die Orte werden genannt, der Naturraum erwähnt und manchmal die Tageszeit. Im Text lodert auch das »weiße Feuer«. Es sind die Leerstellen im Text, wo der Text schweigt, wo etwas im Text offen bleibt oder wo es einen Bruch gibt. Hier öffnen sich Spielräume für Atmosphäre und Emotionen oder es entwickeln sich Räume, gemeinsam Strategien und Lösungen zu finden. Dabei können biblische Texte interkontextuell eine Bedeutung finden. Einer Figur in Angst können Klageworte aus den Psalmen in den Mund gelegt werden. Menschen, die Jesus begleiten, können sich erinnern, was sie schon vorher mit Jesus erlebt haben.

Ortsbeschreibungen im Text wahrnehmen – Erfahrungsräume und Emotionen entdecken.

Welche Erfahrungsräume öffnen sich den Personen, die in der Geschichte benannt werden? Waren noch andere Personen anwesend? Welche Emotionen sind spürbar und könnten sich entwickeln? Was wandelt sich in der Geschichte? Wo gibt es eine räumliche Veränderung? Wo gibt es eine innere Veränderung? Wer handelt? Wirkworte und Handlungen korrespondieren. Mit Gesten die Handlung nachahmen.

In welchem Natur-Raum ereignet sich die Geschichte? Liege ich auf der Wiese und höre die Worte des Psalms? Knirschen meine Schuhe auf dem Schotterweg, wenn das Volk Israel durch die Wüste zieht? Das Rauschen der Blätter ...?

---

[5] Pohl-Patalong, Bibliolog, 35f.

Was es braucht, ist ein Verinnerlichen der Geschichte. Die Geschichte muss in der Erzählerin drin sein. Innere Bilder, Worte und Handlungen müssen präsent sein. Den Begleitenden sollte der Rahmen und die Perspektive der Geschichte vermittelt werden, damit sie zu Mitspielenden werden.

Wie kleine Splitter werden kurze Momente aus dem biblischen Text lebendig. Die Bibelworte werden wirksam im Spiel.

Erzählen in der Natur

Mit diesen Eindrücken und einer achtsamen Perspektive wirkt der Bibeltext ganz ohne gut komponierte Erzähltechnik. Jeder einzelne Moment wird betrachtet und erspielt. Der Bibeltext wirkt. Eine gut verständliche Bibelübersetzung wie die BasisBibel oder eine Übertragung in Leichte Sprache ist zu empfehlen.

Beim Erzählen in der Natur herrschen unter Umständen erschwerte Bedingungen. Der Wind ist laut und trägt die Worte davon. Der Untergrund ist uneben, sodass nicht alle einen guten Platz zum Zuhören finden. Regen ist laut, und Regenschutz versperrt die Sicht. Wenn die Gruppe sich im Regen unter einer Plane sammelt und in dieser geschützten Atmosphäre den Moment aushält, braucht es nicht viele Worte. Dann ist es gut, sicher ins Trockene zu kommen und im Rückblick die Erlebnisse zu deuten.

Gelingt es, eine Sozialform zu finden, die die Situation des biblischen Textes aufnimmt? Gibt der Text schon eine Position an? Z. B. Jesus im Boot und die hörenden Personen am Ufer. Der Erzählende sollte eine Position einnehmen, in der alle sehen und hören können. Gegebenenfalls Plätze zuordnen.

Erzählen mit einfachen Sätzen

Kurze Sätze, möglichst in Leichter Sprache, vermindern Hörfehler. Kurze Sätze, bis hin zu Ein-Wort-Sätzen, spielen und beeinflussen gleichsam das Wander-Tempo. Nach einiger Zeit werden prägende Sätze wiederholt, um in der Geschichte weiterzugehen.

Einstieg in eine Geschichte über den Ort

Es hilft Kindern, über das Bild eines Ortes in eine Geschichte zu kommen. Das kann ein realer Ort sein oder ein erzähltes Bild von einem Ort. In der Natur/Stadt lassen sich Objekte oder

Räume finden, die sich mit einem Moment, einem Ereignis oder einem Wort der Geschichte verknüpfen lassen. Die Qualität des Ortes erzählt mit.

Ein Beispiel: Erzählort Mauer

Mauern trennen. Man kann nicht durchschauen. Mauern speichern das Sonnenlicht und bilden ein gutes Klima für Gärten. Sie bieten Schutz und Sicherheit innen.

Hinter den Mauern spielte sich zur Zeit von Jesus das Leben ab. Händler verkauften ihre Waren auf dem Markt, Menschen und Tiere wurden auch verkauft. In den Mauern gibt es Durchgänge: Tore. An den Toren gab es Kontrollen. Menschen wurden eingelassen, Händler und ihre Waren kontrolliert. Zöllner regelten den Alltag am Tor und nahmen Steuern. Manche Städte hatten einen Sicherheitsdienst.

Außerhalb der Mauern könnte es so sein: Das sind wilde Ecken, allein ist man schutzlos. Wer außerhalb der Stadt lebte, ist ausgestoßen aus dem gesellschaftlichen Leben und aus sozialen Verbindungen.

An der Mauer könnte eine Frau wie Rahab ein rotes Seil hinterlassen (vgl. Josua 2), Zachäus (vgl. Lukas 19) im Hintergrund stehen, Jesus und seine Jünger durchlaufen, Maria ihren Sohn suchen (Lukas 2), Joseph (1. Mose 37–50) mit Sklavenhändlern durchgeführt werden. Mit der Mauer im Rücken hält Bartimäus (Markus 10) seine Hand auf, Wein wächst an der Mauer usw.

Erzählen und imaginieren

Manche biblischen Bilder sind so stark, dass sie sich in der Realität nicht ereignen werden oder nachzeichnen lassen. Aber vorstellen können sich Kinder alles, und manchmal sehen Kinder mehr, als uns vor Augen ist.

Damit die Wanderung nicht zu einem Rollenspiel wird, ist es gut, Gott und Jesus nicht leiblich als Person auftreten zu lassen. Es hat eine besondere Qualität, wenn Jesus und Gott unsichtbar den Weg begleiten und ihre Worte hörbar sind. Dazu hilft es, klar auf etwas zu zeigen und das innere

> **Beim Eisessen auf dem Marktplatz**
>
> »Mama, hast du die Frau gesehen?« »Ja, habe ich.« »Die Frau ist jetzt weg. Aber ihr Engel sitzt da noch.«

Bild zu erzählen, zu imaginieren. Die Teilnehmenden müssen wissen, wo Jesus steht oder wo sich der Moment ereignet.

Man kann auf einen Busch zeigen und sagen: »Sieh mal. Siehst du den Busch?« »Es ist ganz heiß vom Feuer.« »Er brennt doch?! Aber er verbrennt nicht.« Es war eine Stimme zu hören, und die rief: »Mose.« (Mose am Dornbusch, vgl. 2. Mose 3)

Man kann in die Ferne zeigen: »Dahinten, da kommt doch einer. Der kommt immer näher. Direkt auf uns zu. Kennst du den? Nein, den habe ich noch nie gesehen. Was will der (Fremde) von uns?« (Berufung der Jünger, vgl. Mk 1,16–20)

Erzählperspektiven und *Storydoing*

Die Rolle des Erzählers weist den beteiligten Menschen eine Rolle zu. Alle Teilnehmenden bilden eine Erzählgemeinschaft, in der sich der biblische Text ereignet. Über die Erzählung kommen die Teilnehmenden ins Spiel. Aus *Storytelling* wird *Storydoing*.

Die Perspektive des Erzählens öffnet verschiedene Möglichkeiten, die Geschichte aktiv mitzuspielen. Es bleibt immer die Freiheit, zu spielen oder als beobachtender Zuschauer in der Menge oder im Volk die Geschichte mitzuerleben.

Eine *allwissende Person* kann irritieren und die Situation in Frage stellen. Sie würde sagen: »Die Mauern von Jericho. Die schöne Stadt. Seht die vielen Palmen, die über die Mauer wachsen. Ich weiß genau, was in diesem Moment hinter der Mauer passiert.«

Eine neutrale Person lässt die Beteiligten zu Zuschauern werden.

Die Erzählung aus der Sicht *einer Person* bringt Emotionen in die Erzählung und weist den Beteiligten Rollen zu.

»Das glaube ich jetzt nicht. Das habe ich schon immer geahnt. Ausgerechnet in diesem Haus ist Jesus eingekehrt. Was steht ihr da unter dem Fenster und schaut? Habt ihr das auch gesehen? Jesus isst Brot mit Zachäus. Ausgerechnet mit dem.« In der Zachäusgeschichte bleiben die Beteiligten Zuschauer oder gehen in die Rolle des meckernden Volkes.

Die Erzählung aus Sicht *eines Kindes* lässt Freiheiten, mit dem biblischen Text und dem Naturraum zu spielen.

> In welcher Atmosphäre nehme ich die Teilnehmenden mit?
>
> Wie viele Emotionen mute ich Kindern zu?

Von der Erzählung ins Spiel

Wörtliche Rede ist der Schlüssel zum Spiel und lädt ein, mit den Beteiligten in den Dialog oder eine Handlung zu gehen. Es ist gut, offene Fragen zu stellen und stehen zu lassen. Passanten kann man mit direkter Rede einbeziehen und in die Erzählung hereinholen.

»Da geht doch einer. Seht ihr den auch? Der, der schaut doch uns an? Was will der? Ach, nicht zu uns ... dann ist er vielleicht ein anderer Fischer und hat jetzt Feierabend ...« (Berufungsgeschichte, vgl. Mk 1,1–16)

»Seit wie vielen Jahren sitzt du hier? Gehörst du auch zu denen, die darauf warten, dass sich das Wasser bewegt? Worauf wartest du?« (Heilung am See Bethesda, vgl. Joh 5,1–9)

»Wir müssen uns beeilen. Das Wasser kommt gleich zurück, und wir dürfen keinen verlieren. Komm schnell mit!« (Durchzug durch das Schilfmeer, vgl. 2. Mose 14f.)

»Na, haben Sie auch Hunger? Nach diesem langen Tag haben alle ihre Sachen zusammengelegt und geteilt. Für Sie ist auch noch etwas da.« (Speisung der 5000, vgl. Mt 14 oder Joh 6)

Nach so einer Anrede entscheiden Passanten unmittelbar, ob sie neugierig sind und zuhören oder ob es ihnen persönlich zu nah kommt und sie ihren Weg weitergehen.

Erzählen von Bibeltexten, die keine Erzählungen sind

Biblische Texte bekommen eine Bedeutung, wenn sie in der Natur gehört werden. Dazu hilft eine Rahmenhandlung, in der die Worte eine Bedeutung bekommen. An einem Bach werden die Wanderleute für einen Moment zu Hirten, die auf einer grünen Aue sitzen, das frische Wasser spüren und Psalm 23 beten.

Auf einer Wiese kommen einzelne Worte der Bergpredigt (vgl. Mt 5–7) an unsere Ohren.

Biblische Briefe können ankommen und verlesen werden. Von David und anderen Königen, von Propheten und Paulus wird berichtet, dass sie Briefe geschrieben haben.

Geschichte in den Sand malen

Einfache Strichbilder, wie *Sketchnotes* oder Sprechzeichen, können die Erzählung und die Bewegung der Geschichte unterstützen. Der Fokus wird auf eine Mitte gelenkt, die sich verändert, wandelt und vergeht. Die Gruppe steht um das Malfeld herum.

Der/Die Zeichner:in sitzt, kniet, hockt auf der Erde. Mit einem Stock werden elementare Zeichen in den Sand gemalt. Für einen nächsten Moment in der Erzählung wird der Sand verwischt und eine neutrale Fläche geschaffen. Dann ist Zeit für Dialoge, Fragen und eigene Zeichnungen. Eine Bewegung, die im Johannesevangelium von Jesus erzählt wird: »Jesus bückte sich nieder und malte mit dem Finger in die Erde.« (Johannes 8,6)

Erzählen mit Figuren

In der Natur liegen unzählige Stöcke und Holzstücke herum. Jedes Stück Holz hat eine eigene Struktur und ist einzigartig. Spuren sind zu finden und können biblischen Personen zugeordnet werden. Viele Stellen können für Aussatz stehen, Jakob und der Kampf am Jabbok hinterlassen (vgl. 1. Mose 32) Spuren an der Hüfte, manche Rinde bildet einen Mantel oder ein Fell usw. Bei einer Rast kann zu einer Aufstellung der Figuren eingeladen werden. Mit den Holzfiguren wird das Erlebte nachempfunden.

Bearbeitung

Die Holzstücke werden nach der Wanderung veredelt: mit Sandpapier geschliffen, eine Standfläche gesägt und zum Schluss mit Wachs bearbeitet. Sie werden zu Handschmeichlern.

Baustein: Gehe hin! – Solo mit Emotionen
Ein Stück des Weges alleine gehen.

Organisatorische Überlegungen

Die Kinder brauchen die Sicherheit, dass sie sich auf die Mitarbeitenden verlassen können. Es braucht am Anfang und am Ende der Wegstrecke zwei eindeutige, schattige Rastplätze, an denen wartende Kinder verweilen können, zum Beispiel eine Wiese oder ein langer Baumstamm zum Sitzen. An jedem Rastplatz begleitet mindestens ein:e Mitarbeitende:r die Kinder.

Der Weg ist ein Hauptweg ohne Abzweigungen. Die Herausforderungen der Wegstrecke orientieren sich am Alter und dem Geschick der Kinder und sollten gut bedacht sein. Die Wegstrecke soll fordern, ein Stück alleine zu gehen, aber nicht so lang sein, dass ein Fluchtreflex einsetzt. Für jüngere Kinder reicht eine Kurve. Jedes Kind hat sein eigenes Tempo. Es ist spannend, die Kinder auf ihrem Weg zu beobachten. Eine Hinführung bereitet die Gruppe auf die nächste Wegstrecke vor. Kinder, die sich nicht allein bewegen lassen, gehen begleitet mit den Mitarbeitenden als Letztes. Sind alle am zweiten Rastplatz angekommen, ist Zeit für Resonanzen und Erfahrungen der Kinder.

Hinführung

Die Formel »Gehe hin« lässt Menschen in der Bibel losziehen. Manche Situation im Leben ist nicht leicht. Manche Personen gehen mit unterschiedlichen Gefühlen auf den Weg. Jetzt geht jede und jeder die nächste Wegstrecke allein. Ich flüstere euch den Namen einer Person ins Ohr. Ihr müsst die Person nicht kennen. Ihr könnt dabei nichts falsch machen. Nur »Geh hin«. Hinter der Kurve wartet die Person N. N. auf euch und nimmt euch in Empfang.

Gesendet werden

Jedes Kind bekommt einen eigenen biblischen Text mit einer emotional berührten Person, z. B. Jona, Hagar, Maria o. Ä.
Der Text wird ins Ohr geflüstert.

Gehe in die Emotion.
Fühlst du es? Wie sieht dein Gesicht aus? Wie ist die Körperhaltung in dem Gefühl?
Dann gehe jetzt los. Text wird wiederholt.
Gehe hin. Gott ist mit dir!

Empfangen werden

Mitarbeitende nehmen das Kind in der Rolle in Empfang.
Shalom. Friede sei mit dir! Da bist du ja. Oder: Ruhe dich aus, hier bist du sicher / ... hier darfst du sein / ... ich habe dich erwartet.

Resonanzen einsammeln – Nachgespräch

Du hast es ganz alleine geschafft!
Was habt ihr gesehen? Was habt ihr gespürt, als jemand losging?
Was habt ihr gesehen/gespürt, als jemand ankam?
Die Kinder erzählen ihre Beobachtungen.

Wie war es für dich, alleine loszugehen?
Wie wurdest du empfangen?

Was änderte sich auf dem Weg?
Warst du den ganzen Weg lang in der Emotion?
Was ging dir durch den Kopf?
Die Kinder erzählen ihre eigenen Erfahrungen.

Wir sind eine Weggemeinschaft und können in der Gemeinschaft auch für uns sein. Jeder bringt sich auf seine Weise ein. Jede hat ihr eigenes Lauftempo. Gefühle ertragen wir.
Was würde Gott über dich sagen, wenn er deinen Weg sieht?

Optional

Kinder gehen die Wegstrecke zu zweit.
Jesus sendet seine Jünger aus: Nehmt außer einem Wanderstock nichts mit auf den Weg: kein Brot, keine Vorratstasche und auch kein Geld im Gürtel. Ihr dürft Sandalen anziehen, aber nehmt kein zusätzliches Hemd mit.
Markus 6,8–10
Geht hin. Gott sei mit euch!

Impulse für ein Solo mit Emotionen

Ein Stück des Weges alleine gehen.

Du bist wütend ... wie Jona ...
Jona ärgerte sich sehr darüber. Der Zorn packte ihn.
Jona 4,1

Du bist verzweifelt ... wie Hagar ...
Sarai behandelte Hagar so schlecht, dass sie ihr davonlief.
1. Mose 16,6

Du bist müde ... wie Jakob ...
Er nahm einen von den Steinen dort und legte ihn neben seinen Kopf. Dann schlief er ein.
1. Mose 28,11

Du bist sauer ... wie Esau ...
Als Esau die Worte seines Vaters hörte, klagte er laut und verbittert.
1. Mose 27,34

Du bist fröhlich ... wie Miriam ...
Miriam nahm ihre Pauke in die Hand und sang vor ihnen her.
2. Mose 15,20

Du bist schön ... wie Josef ...
Jakob liebte Josef mehr als seine anderen Söhne ... und ließ ihm ein prächtiges Gewand machen.
1. Mose 37,3

Du bist eifersüchtig ... wie die Brüder von Josef ...
Josefs Brüder sahen, dass ihr Vater ihn lieber hatte als sie alle. Daher hassten sie Josef und konnten kein friedliches Wort mehr mit ihm reden.
1. Mose 37,4

Du bist mutig ... wie David ...
David legte seine Rüstung ab. »Ich kann so nicht gehen ...« David steckte seine Hand in die Tasche, zog einen Stein heraus und schleuderte ihn.
1. Samuel 17,39.49

Du bist wütend ... wie Saul ...
Das gefiel Saul ganz und gar nicht. Er kochte vor Wut ...
1. Samuel 18,8

Niemand hält dich auf ... wie Zachäus ...
Er wollte unbedingt sehen, wer dieser Jesus war.
Lukas 19,3

Du bist berührt ... wie Andreas ...
Sofort ließen sie ihre Netze liegen und folgten ihm.
Markus 1,18

Du bist traurig ... wie Jairus ...
Jairus, deine Tochter ist gestorben. Sie weinten alle und trauerten um das Mädchen.
Lukas 8,49.52

Du bist erfreut ... wie die Leute, die das Wunder sahen ...
Da stand der Mann auf, nahm rasch seine Matte und ging weg – vor ihren Augen. Sie gerieten außer sich, lobten Gott und sagten: »So etwas haben wir noch nie erlebt.«
Markus 2,12

Du bist eifersüchtig ... wie Marta ...
Herr, macht's dir nichts aus, dass meine Schwester mich alles alleine machen lässt? Sag ihr doch, dass sie mir helfen soll!
Lukas 10,40

Du bist begeistert ... wie die Emmausjünger ...
»Brannte unser Herz nicht vor Begeisterung, als er unterwegs mit uns redete?« Sofort brachen sie auf und liefen nach Jerusalem zurück.
Lukas 24,32f.

Bibeltexte nach der Übertragung der BasisBibel.

Bibelwandern – eine Geschichtensammlung

Auf dem Weg zur Erarbeitung einer eigenen Bibelwanderung vor Ort folgen in der Geschichtensammlung kurz gefasste Anregungen und liturgische Impulse. Eine exemplarisch ausgearbeitete Bibelwanderung zum Exodus ist auf Seite 131 zu finden: *Gott befreit, begleitet und bewahrt sein Volk.*

In einer Geschichte wandeln – dahinter verbergen sich theologische Vorüberlegungen.

Die Natur spielt mit – Spielräume in der Natur – sind Hinweise zu Naturphänomenen und/oder Spielaktionen in der Natur.

Sich gürten – ist ein liturgischer Impuls. Mit dem Umbinden des Gürtels, werden einstimmende Worte als Wegbegleitung zugesprochen.

Vorschlag für eine Erzählung – hier sind die Erzählungen meist aus der Perspektive eines Erzählenden verfasst. Kursiv gedruckte Sätze sind zum Teil Regieanweisungen oder denkbar von einer zweiten Person, der Reiseleitung oder weiteren Teamenden, gesprochen zu werden. Der Vorschlag für eine Erzählung verzichtet auf weitere Anweisungen. Hier wird die Erzählung zu Story doing in dem Moment.

Verweilen und schöpferisch tätig werden – sind kurz gefasste Anregungen für kreative Momente auf der Wanderung.

Rasten – weist auf eine gestaltete Rast hin. Der Rhythmus von Rasten und Gehen ist Bestandteil einer jeden Wanderung und hängt ab von der Stimmung der Gruppe.

Vom Ort verabschieden – ist ein liturgischer Impuls. Es geht nicht darum, den Ort aufgeräumt zu verlassen, sondern führt in eine spirituelle Tiefe.

Lieder – einige Liedvorschläge

Ideen für Unterricht/für die Nachbarschaft – sind ebenfalls kurz gefasste Anregungen, die über die Wanderung hinaus in eine Handlung führen können.

»Sieh hin!« – Eine Bibelwanderung mit dem Schöpfungslied

1. Mose 1,1–2,4

In der Geschichte wandeln

Der Text vom Anfang des Lebens, vom Beginn der Welt ist literarisch als Lied gedichtet. Das Lied ist die Antwort des Volkes Israel auf die bestehenden Schöpfungsmythen der Nachbarvölker und bekennt: Gott ist der Ursprung allen Lebens. Die Erkenntnisse über das Leben sind verwoben mit dem Glauben an Gott, dem Schöpfer des Himmels und der Erde. Auf sein Wort hin ist alles geschaffen. In sieben Strophen zeichnet der Text Zusammenhänge in der Natur, die unseren heutigen Erkenntnissen sehr nah sind. Aus dem »Und Gott sah« wird während der Bibelwanderung der Auftrag an die Teilnehmenden: »Sieh hin!« Das Lied lädt ein, die Schöpfung bewusst wahrzunehmen und mit einzustimmen: »Ja, es ist gut.« In allen Veränderungen, die in der Natur sichtbar sind und unseren Alltag berühren, sind Menschen gesandt, fürsorglich und verantwortungsvoll in und mit Gottes Schöpfung zu handeln.

Die Bibelwanderung folgt den Strophen des Liedes. Die Beschaffenheit der Naturräume kann einen Wechsel der Strophen nach sich ziehen. Der Refrain lässt die Gruppe verweilen und innehalten. Es ist Zeit für Entdeckungen und kreative Spiele.

Nach jedem Schöpfungstag wiederholt sich die Formel: »Gott sah, dass es gut war. Es wurde Abend und wieder Morgen – der ... Tag.« Nach der sechsten Strophe kommt es zu einer Steigerung: »Gott sah an alles, was er gemacht hatte: Es war sehr gut.«

Die Natur spielt mit – Spielräume in der Natur

Die einzelnen Schöpfungswerke in der Natur suchen und Haltepunkte finden. Für den ersten Abschnitt wäre ein kühler, dunkler, schattiger, wilder Ort eindrucksvoll, an dem »wüst und leer« spürbar ist. Ist so ein Ort nicht zu finden, dann kann es auch bewusst ein *Gegenort* sein. Ein Ort, an dem diese Worte irritieren und ein Schmunzeln auslösen. Weitere Haltepunkte: ein Ort am Wasser, zwei Orte mit unterschiedlichen Pflanzen und Bäumen, ein lichter Ort und eventuell eine Anhöhe mit einem weiten Blick in die Schöpfung.

Rhythmus und Bewegung der Wanderung: »Es wurde Abend« – Kinder legen, setzen sich hin.

Nach der Betrachtung eines Schöpfungswerkes und Spielzeit folgt ein Ritual siehe unten *Vom Ort verabschieden*. Die Formel »Es wurde Morgen« beendet den Erfahrungsraum, und die Wanderung geht weiter.

Mit Licht und Schatten spielen.
Wasser spüren und trinken.
Den Vögeln lauschen und Nester suchen.
Schuhe ausziehen und barfuß gehen.

Nach dem sechsten Tag kann es festlich werden. Gott hat den Tisch gedeckt: Wir dürfen die Gaben der Schöpfung essen und trinken. Steht mehr Zeit zur Verfügung, kann der Tag in einem Schöpfungsfest mit Blumenkränzen, Lagerfeuer und Tanzparty enden.

Mit älteren Kindern ein Fotoshooting in der Natur. Denn: »Ihr seid sehr gut.«

Sich gürten

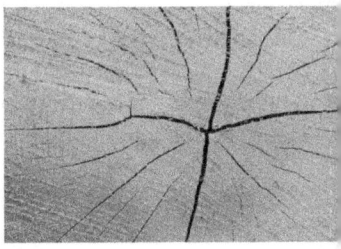

Aufbruch.
Wir brechen auf in ein Lied.
Gott, du schaffst das Leben.
Hört hin. Seht hin. Geht hin.
Begleite uns.
Geh mit uns auf unserm Weg ...

Verweilen und schöpferisch tätig werden

Windspiele aus Naturmaterialien machen.
Sterne aus Ästen gestalten. Dünne Stöcke und Äste werden vom Erdboden aufgesammelt und auf eine Länge geschnitten. Die Äste werden zu einem Stern mit den Enden übereinandergelegt und mit Sisalschnur verbunden.

Baumrindenstücke suchen und als Rindenschiffchen fahren lassen.

Gürtel gestalten
Mit Stoffmalkreide an jedem Haltepunkt aus den Schöpfungswerken ein Zeichen malen:
Tag 1: Wasser und Licht, Tag 2: Wolken und Himmel, Tag 3: Erde und Meer, Pflanzen und Bäume, Tag 4: Sonne und Mond, Tag 5: Fische und Vögel, Tag 6: Tiere und Menschen, Tag 7: Ruhe

Vom Ort verabschieden
....
An dem entsprechenden Schöpfungswerk halten wir inne und betrachten es. Bevor es weitergeht, ist Zeit für einen Gebetsvers.

L »Es wurde Abend.« *Kinder kommen an einem Platz zur Ruhe*
Schaut hin, es ist gut!
Hört, riecht und spürt ...

- Tag 1 ... Wir stehen im Licht. Gott, in deinem Licht.
- Tag 2 ... Wir schauen in den weiten Himmel. Gott, mit Wolken malst du Bilder. Wir spüren den Wind auf unserer Haut.
- Tag 3 ... Mit beiden Beinen stehen wir fest auf der Erde. Sie gibt Halt. Hier ist Platz zum Spielen.
- Tag 3 ... Pflanzen wurzeln in der Erde. Wundervolle Farben und Formen bilden sich. Einige Blüten duften. Jede Blüte bildet Samen. Gott, du sorgst für uns.
- Tag 4 ... Wir spüren die Sonne. Sie ist so hell, dass wir nicht reinschauen können. Sie wärmt. Licht bringt Leben.
- Tag 5 ... Die Vögel bauen ihre Nester. Eier werden gehegt und gepflegt. Die jungen Vögel piepsen und werden gefüttert. Eines Tages verlassen sie das Nest und lernen fliegen.
- Tag 6 ... Wir stehen zusammen mit beiden Füßen in deiner Schöpfung.
Atmen ein und atmen aus.
Du segnest das Leben.
- Tag 7 ... Wir werden still und kommen zur Ruhe. Du segnest die Stille.

L Danke, Gott, du Ewige!
Du segnest das Leben.
Liedstrophe singen
»Es wurde Morgen. Ein neuer Tag.« *Gruppe geht weiter.*

Lieder

Für das Licht und für die Erde (LH 1, 76)
Dank für die Sonne (LH 1, 73)
Ich glaube, dass Gott mich geschaffen hat (LH 2, 268)
Heyanga (LH 2, 271)
Eine Handvoll Erde (LH 1, 74)

Ideen für Unterricht/für die Nachbarschaft

Ein eigenes Schöpfungslied schreiben und komponieren.

Eine Fotoaktion mit dem Hashtag #siehhin
Der biblische Text wird kreativ im Unterricht erarbeitet. Zu jedem Schöpfungswerk werden Steine bemalt. Die Bibelwanderung bildet den Abschluss. Kinder/Konfirmanden legen die Steine in den öffentlichen Raum. Schöpfungssteine. Fotos mit den Steinen in Naturräumen werden auf Social Media gepostet, verbunden mit einem Impuls für eigenes Tun. Das kann zu einer öffentlichen Kampagne werden, die in ein größeres Handeln führt.

Ein Beispiel: Ein Stein, bemalt mit einer blühenden Blume, wird neben einer verblühten Blume fotografiert. #siehhin-Impuls: Sammelt Samen und pflanzt neue Bienenwelten.

Nachbarschafts-/Schulaktion: Im Sommer gibt es eine öffentliche Einladung, dass alle Menschen in ihren Gärten Samen sammeln, sie in Papiertüten verpacken und beschriften. Ein Pflanzenmarkt im Schulgarten, auf der Straße in der Nachbarschaft mit selbstgebackenem Brot oder Pflanzaktionen in Schul- und Kirchengärten sind denkbar.

Material:
- *Gartenschere, Sisalschnur, Handbohrer*
- *Teppichfliesen, Flasche Trinkwasser, Handtücher zum Füßetrocknen*
- *Steine, Butterbrottüten*

»Du bist ein Gott, der mich sieht« – Eine Bibelwanderung mit Hagar in der Wüste

1. Mose 16

Nach der Urgeschichte setzt Gott mit Abraham einen Neubeginn. Aufbruch und Verheißung in einer Zeit, als Menschen als Nomaden umherzogen und alte Erfahrungen neu gedeutet werden. Die Erzählung von Abraham ist auf Zukunft ausgelegt. Ein Volk ist verheißen, und Israel soll sich als Segen für die Völker erweisen.

In der Geschichte wandeln

Doch die großartigen Verheißungen drohen zu scheitern, denn Sara bleibt kinderlos. Ungeduldig will sie nachhelfen. Ihre ägyptische Magd Hagar soll als »Leihmutter« dienen. In dieser Gesellschaftsordnung ist das durchaus üblich, und rechtlich gehört das Kind Sara. Abraham folgt gehorsam der Stimme Saras und lässt sich mit Hagar ein. Sie wird schwanger. Aber Saras selbst gewählter Weg führt zu Spannungen und Komplikationen. In der stolzen werdenden Mutter Hagar sieht Sara ihre Stellung als Ehefrau und Herrin gefährdet. Abraham soll die angespannte Lage entschärfen. Er entzieht sich der Verantwortung und überlässt Hagar dem verletzten Stolz seiner Frau. Hagar wird erniedrigt und flieht. Gott geht ihr nach und hört die Demütigungen. In der großen Heilsgeschichte ist ihr Sohn kein Nebenprodukt. Das drückt sein Name aus »Gott erhört«. Ismael ist ein Kind der Verheißung. Hagar bekommt den Auftrag, an ihren Platz als Sklavin zurückzukehren. Sie findet Trost und erfährt Gott als »El-Roi« – du bist ein Gott, der mich liebevoll sieht.

Die Natur spielt mit – Spielräume in der Natur

Trockene Wege, dornige Sträucher und sonnige Plätze suchen. Hitze und Durst spüren.

Die Geschichte führt uns an einen Brunnen. Gestaltete Brunnen erzählen mit ihren Formen und Bildern viele Geschichten. Während der Wanderung setzen wir heute Hagar und ihre Geschichte an diesen Brunnen.

Wasser schöpfen. Abkühlen.

Der Gürtel kommt ins Spiel. Den Stoffstreifen durch das Wasser ziehen und wie einen Wickel auf die Haut legen. Anschließend eine Leine spannen und Gürtel zum Trocknen aufhängen.

Brunnen mit Naturmaterialien schmücken. Aufpassen, dass nichts in den Brunnen fällt und verstopft.

Blätter mit einem Kescher aus dem Wasser holen.

Sich gürten

Es muss schnell gehen.
Es muss leise sein.
Niemand soll mitbekommen, dass wir gehen.
Beeilt euch. Schleicht euch raus.
Gott, schleiche mit uns.

Vorschlag für eine Erzählung

Langsam geht Hagar den Weg entlang.
Viele Gedanken kreisen in ihrem Kopf.
Sie hält es nicht mehr aus.
Sie ist müde und kraftlos.
Eigentlich weiß sie nicht, wo sie hingehen soll.
Nur noch weg, weg von der Sippe, weg von Sara.
Sie geht in die Wüste.
Überall sind Sand und viele Steine.
Es ist heiß. Die Sonne steht hoch am Himmel und brennt auf der Haut.
Hagar bindet sich das Kopftuch vor das Gesicht.
Sie sucht Schutz vor der Hitze.

Kinder binden sich ebenfalls einen Sonnenschutz um.

Wie gerne würde sie etwas trinken.
Hagar sinkt zusammen.
Sie liegt auf dem Boden im Sand.
Sie ist verzweifelt und weiß nicht mehr weiter.
Nanu, ist da hinten etwa ein Brunnen?
Hagar blinzelt und schaut. Ja, das muss ein Brunnen sein.
Sie richtet sich auf und macht sich auf den Weg.
Das Wasser glitzert von der Sonne.

Sie schöpft Wasser und trinkt.

Kinder prüfen das Wasser und reinigen es mit Kescher.
Kinder schöpfen Wasser, ziehen ihre Gürtel durch das Wasser und kühlen sich.
Trinkwasser wird ausgeschenkt.

Ein Engel findet Hagar.
»Hagar, wo kommst du her? Wo willst du hin?«
»Ich bin geflohen vor Sara. Ich habe Angst vor ihr.«
Der Engel spricht zu ihr:
»Geh zurück zu deiner Herrin. Hab keine Angst, Gott ist mit dir. Du sollst dein Kind Ismael nennen. Ismael bedeutet: Gott hat gehört.«
Hagar kommt zu neuen Kräften. Ein Engel bei ihr in der Wüste.
Sie dankt Gott und singt »Du bist ein Gott, der mich sieht«.

Du bist ein Gott, der mich sieht

T + M Susanne Paetzold

Ja, du bist El-Roi, Gott, der mich sieht.
Seitdem heißt der Brunnen in Schur:
Brunnen des Lebendigen, der mich sieht.

Kinder gestalten ein Schild und geben dem Ort einen Namen

Noch einmal schöpft Hagar Wasser aus dem Brunnen.
Der Engel ist nicht mehr zu sehen, aber vielleicht ist er trotzdem da.
Hagar geht zurück.
Sie weiß, Gott ist ein Gott, der sie sieht.

Bibelwandern – eine Geschichtensammlung

Verweilen und schöpferisch tätig werden

Kopfschutz-Tücher oder großes Sonnensegel gestalten.

Steine sammeln und daraus einen Brunnen bauen. Ein Joghurtbecher dient als Form. Steine in Gips drücken und trocknen lassen.

Hagar gab der Wasserstelle einen Namen »Brunnen des Lebendigen«. Ein Holzbrett mit Wachsmalstiften gestalten. Das Holzbrett bekommt einen Platz am Rastplatz.

Rasten

Frisches Trinkwasser wird ausgeschenkt.

Vom Ort verabschieden

Gott hat viele Namen.
So viele Namen, wie Menschen auf unterschiedliche Weise Gott nahe waren. Hagar hat einen Namen für sich gefunden: »El-Roi«. Das bedeutet »Du bist ein Gott, der mich sieht«. Wir haben viel erlebt. Finde einen Namen für Gott. Male mit dem Finger einen Namen in den Sand.

Lieder

Du bist ein Gott, der mich sieht (Susanne Paetzold)
Du bist ein Gott, der mich anschaut (fT 1)
Du, Gott, siehst mich. Du, Gott, hörst mich. Du, Gott, bist mir nah.
(nach der Melodie von: Du, Gott, stützt mich in: LH 1, 66 von Dorothea Schönhals-Schlaudt)

Ideen für den Unterricht/für die Nachbarschaft

Eine Wasserstelle planen und im Kirchengarten einrichten.
Brunnenfeste mit allen Generationen feiern.
Schöpfgefäße herstellen und für ein Wasserprojekt verkaufen.

Über die Bedeutung von Wasser und Klimawandel arbeiten. Organisationen bieten vielfältiges Material für Kita und Schule, z. B. Brot für die Welt.

Material:
- *Kescher*
- *Trinkwasser, Gefäße zum Schöpfen*
- *Kopfschutz-Tücher, Sisalschnur, Batikfarbe, Eimer und Wasser*
- *Steine, Gips, Joghurtbecher*
- *altes Holzbrett, Wachsmalstifte*

»Mache dich auf. Sei mutig und stark!« – Eine Bibelwanderung mit Josua

Josua 1

In der Geschichte wandeln

Mose hatte Josua die große Aufgabe übertragen, das Volk zu führen, und Gott bestätigt diesen Weg. Mose ist tot. In alle Trauer hinein spricht Gott. Die Weisungen und Gesetze Gottes sind Orientierung und Handlungsanweisung. »Denk Tag und Nacht darüber nach!« Gottes Gesetze sind kein Machtinstrument, sondern Gabe für das Leben. Darauf gibt Gott das Versprechen: »Es wird dir alles gelingen. Fürchte dich nicht und schrecke vor nichts zurück.« Gottes Worte machen Mut für den nächsten Schritt durch den Jordan in das Gelobte Land. Gottes Worte führen das Volk zusammen und geben Kraft für den Weg durch das Chaos.

Die Natur spielt mit – Spielräume in der Natur

Die Szene der Geschichte ereignet sich am Fluss Jordan. Ein Bach oder schmaler Fluss mit Steinen ist ideal für das Erlebnis. Die Gruppe steht am Gewässer und überlegt gemeinsam, wie sie auf die andere Seite kommen kann. Trittsteine am Fluss suchen. Eventuell stehen zu beiden Seiten Bäume am Ufer, an denen ein Führungs- bzw. Halteseil gespannt werden kann.

Füße im Wasser baden und erfrischen.

Sich gürten

Fürchte dich nicht.
Sei mutig und stark!

Vorschlag für eine Erzählung

Da steht das ganze Volk – *Armbewegung zu allen Kindern* – und alle Menschen sind traurig. Der alte Mose ist tot. Den ganzen Weg durch die Wüste sind sie gemeinsam gegangen. Haben sich gestritten, gelitten und sich wieder vertragen. Sie hatten Hunger und haben Himmelsbrot gegessen. Gott hatte ihnen den Weg gezeigt.

Josua erinnert die letzten Worte Mose. Mose stand auf dem Berg, vor ihnen das Jordantal, und schaute nach Norden und Westen, nach Süden und Osten. Jetzt steht er da nicht mehr. Aber seine Worte gehen mit ihnen:»Denn der Herr hat das Wandern durch die Große Wüste auf sein Herz genommen.« Ja, so war es. Mose hatte eine lange Rede gehalten. Und einige Worte können inzwischen alle mitsprechen: Höre, Israel. Der Herr ist unser Gott, der Herr allein! Du sollst Gott, deinen Herrn, lieben mit deinem ganzen Herzen, mit deiner ganzen Seele und mit deiner ganzen Kraft.

Alle sind traurig. Die Wolkensäule war nicht mehr zu sehen. Nach 30 Tagen war die Zeit des Weinens und der Trauer vorbei. Wie sollte es weitergehen?

Josua wusste, mit ihm würde es weitergehen. Mose hatte ihm die Hände aufgelegt und ihn mit Weisheit gesegnet. Doch Josua ahnte nicht, dass Gott mit ihm sprechen würde.

»Die Gesetze sind dir ins Herz geschrieben. Denk Tag und Nacht darüber nach!«

»Es wird dir alles gelingen. Fürchte dich nicht und schrecke vor nichts zurück. Sei mutig und stark und überquere den Jordan.«

So stehen wir vor dem Jordan. In drei Tagen werden wir den Fluss überqueren.

Seid mutig und stark und fürchtet euch nicht.

Verweilen und schöpferisch tätig werden

Die Flussüberquerung ist geschafft.

Die Steine geben Halt. Was gibt Halt auf dem Weg? Was gibt Mut?

Als Ausdruck des Dankes legen die Kinder aus vielen Steinen ein Wort. Sie überlegen zusammen: Welches Wort kann das sein? Mutig, stark, danke, Gott, ...

Josua führt das Volk mit den Weisungen Gottes. Ein breites Stoffband wird angemalt und wie eine Schärpe gebunden. Wenn ein Kind die Rolle des Josua übernimmt, bekommt es die Schärpe umgelegt.

Vom Ort verabschieden

Die Seile werden mitgenommen.
Das Wort wird wieder aufgelöst.
Legt die Steine an ihren Ort zurück.
Fürchte dich nicht. Sei mutig und stark.
Erfrischt gehen wir zurück.

Lied | *Sei mutig und stark* (KKL, 336)

Ideen für den Unterricht/für die Nachbarschaft

Josua ist gebunden an die Gesetze Gottes, geht mutig voran und schreckt vor nichts zurück. Das kann ein Impuls sein, Kinderrechte in den Blick zu nehmen und Ideen für den Alltag zu sammeln.

Gottes Gesetze dienen dem Leben.

Was braucht es im Leben?

Kinder gestalten Möbel, die als Ausstellung durch die Nachbarschaft wandern oder an öffentlichen Orten ausgestellt werden. In einem Geschäft, in der Schule oder auf dem Marktplatz.
Holztisch gestalten, den Tisch decken und zu einem Abendbrot einladen.
Stühle, Bänke, XXL-Spiel bauen.
Teppich weben für einen gemütlichen Ort der Geborgenheit.
Stoffstreifen beschriften mit Worten, die für ein Zuhause stehen, und einweben.
Kissen beschriften. Was raubt den Kindern den Schlaf?
Füße waschen für frischen Mut für neue Wege. Barfußpfad anlegen mit einem Wasserbecken.

Jesus erweitert das Sch'ma Israel. Du sollst Gott lieben und deinen Nächsten wie dich selbst (vgl. Mk 12,32f.).

Was braucht es für ein Leben in Freiheit?

Material:
- *breites Stoffband, Stoffmalkreide*
- *Handtücher zum Abtrocknen*
- *Kletterseil*

»Da kam der Geist Gottes zu David« –
Mit David auf dem Weg

In der Geschichte wandeln

David wird gesalbt *(1. Samuel 16,1–13)*
Von Anfang an ist David von Gott erwählt. Das erzählen uns diese Geschichten. David ist vor allem als König und Psalmenbeter bekannt. Doch schon früh ist sein Lebensweg mit Gott verbunden. Die Boten Gottes warten auf den jungen David, der doch gerade bei den Schafen arbeitet. Während die Geschwister nur zuschauen. David geht seinen Weg im Vertrauen auf Gott. Gott hat Großes mit ihm vor: David wird gesalbt – ein spürbares Zeichen der Nähe und Erwählung Gottes.

Ein Harfenspieler wird gesucht *(1. Samuel 16,14–23)*
David wird an den Königshof gerufen. Seine musikalischen Fähigkeiten gehen tief und beruhigen die Seele Sauls. Der König braucht Hilfe, um aus seiner Traurigkeit, seiner Depressionen zu kommen.

David besucht seine Brüder *(1. Samuel 17)*
David gerät zwischen die Fronten. Seine Brüder sind involviert in den Stellungskrieg der Philister. Über 40 Tage stehen sie dem Heer der Philister gegenüber und rasseln mit den Waffen. Eigentlich will David nur Proviant bringen und bekommt eine große Rolle zugeschrieben. Der junge David steht zwischen den Fronten. Sein Gegner ist der große Goliath, bewaffnet. David verzichtet auf ein Wettrüsten und braucht keine Schutzrüstung. Er vertraut auf Gott, und in seiner Hirtentasche ist alles, was er braucht. Eine Resilienz-Geschichte.

David verschont Saul *(1. Samuel 24)*
Nach dem Sieg über Goliath und die Philister ist Saul neidisch auf David. Er will ihn töten. In einem schutzlosen Moment in einer Höhle schneidet David ein Stück von Sauls Gewand ab. Ein Zeichen der Überlegenheit. Saul ist zu Tränen gerührt. David hat ihn verschont und sich nicht gerächt. Saul weiß, David wird der nächste König Israels sein.

Die Natur spielt mit – Spielräume in der Natur

Hirtenjunge David – auf der Weide hütet der Hirte die Schafe. Stecken und Stab sind seine Werkzeuge und eine Hirtentasche. Der Stab diente dem Führen und Stützen der Tiere. Der kürzere Stock war eher eine Waffe als Schutz vor Tieren.

Königlicher Garten – exotische Pflanzen und angelegte Wege, gespickt mit ein paar Skulpturen und vielleicht mit einem Pavillon als Rückzugsort.

Kriegsplatz – in der Erzählung ist es ein Hin und Her zweier Truppen. Es ist gut zu überlegen, ob und wie von Kriegsgeschehen in diesen Zeiten erzählt werden sollte. Neben den Kriegsschauplätzen der Welt sind Kinder in ihrem Alltag umgeben von Entscheidungen und Auseinandersetzungen, in denen sie »kämpfen«. Zum Großwerden gehören Grenzen, das sich Reiben mit Eltern und anderen Kindern sowie innere Kämpfe. Ein Weg kann zu einer Grenze werden. Die Gruppe wird geteilt und stellt sich stumm gegenüber. Überlegenheit wird in der Körperhaltung sichtbar. Jede Gruppe erhält die heimliche Anweisung und den Zuspruch: Ihr werdet gewinnen. Stellt euch an die Grenze und zeigt es den anderen …

Eine Steinschleuder kommt nicht zum Einsatz. Stattdessen wird der Blick auf die Hirtentasche gelenkt: Was hast du in deinen eigenen Taschen? Was kann dir helfen, das du schon mitbringst?

Für kleine Kinder kann eine Hirtentasche mit Sachen vorbereitet sein: Taschentuch für Tränen, Flummi zum Spielen, Liederbuch zum Singen. Wer singt, hat keine Angst, das ist neurobiologisch erforscht. Wer mit anderen singt, ist nicht allein.

Höhle – ein dunkler Ort. Man muss sehr vorsichtig sein, denn jeder Schritt und jede Bewegung hallt. Etwas finden oder bauen, dass sich Kinder wie in einer Höhle fühlen.

Sich gürten

Gott wird mit euch sein.
Vertraut darauf.

Vorschlag für eine Erzählung

Auf der Weide
Die Sonne stand hoch am Himmel. David saß unter einem Baum im Schatten und stützte sich auf den Stecken. Die Schafe grasten. Die Grillen zirpten. Seine Brüder ließen ihn alleine zurück. Es hatte sich Besuch angekündigt. David hatte keine Wahl und musste bei den Schafen bleiben. Was seine Brüder nicht ahnten, er blieb gerne allein mit den Tieren und genoss die Ruhe. Es ließ ihm Zeit, seine Gedanken treiben zu lassen. Und es dauerte nicht lange, da kamen schöne Worte zu ihm. Mit der Leier in der Hand wurde daraus ein Lied. *Saitenharfe spielen.*

Wunderbar sind deine Werke. Licht ist dein Kleid.
HERR, **deine** Güte reicht, so weit der Himmel ist, und **deine Wahrheit**, so weit die Wolken gehen.
Sein liebstes Lied war aber über das Hirtenleben.

»Daaaviiid«, hörte er schon von Weitem. Da rannte jemand genau auf ihn zu. Und eilig hatte er es. Es war einer der Knechte seines Vaters Isai.
»Was ist denn los?«
»Das kam überraschend. Samuel war gekommen, um den neuen König zu salben. Aber keiner von deinen Brüdern kam in Frage. Alle deine sieben Brüder gingen stolz an ihm vorüber, aber der neue König war nicht unter ihnen. Es musste noch einen geben und der hütete die Schafe ... Los, geh schon David, Samuel verlangt nach dir! Ich bleibe hier bei den Schafen.«
David nahm den Stab und machte sich auf den Weg nach Bethlehem. Er machte eine Rolle vorwärts die Wiese hinunter. Er sprang über die Steine die Hügel hinauf bis auf den Weg.
Seine Brüder sahen wütend aus. Das spürte er. »Der Mensch sieht nur auf das Äußere ...« Sie waren sich sicher: Einer von ihnen würde der neue König werden. Und dann kam der kleine Hirtenjunge angelaufen. Das sollte der neue König sein?
Samuel sah David und hörte Gottes Stimme: »Das ist er! Salbe ihn.« Samuel nahm das Horn mit dem Öl und salbte David. Seine Brüder standen um ihn herum. David spürte, es war ein besonderer Moment. Es war, als kehrte Gott bei ihm ein. Die Familie setzte sich um den Tisch und aß.
Samuel ging zurück.

Auf dem Weg zum König

Der König Saul ließ nach David rufen. Es hatte sich herumgesprochen, dass der Hirtenjunge David auf der Harfe spielte und fröhlich war. Vielleicht sorgte seine Musik für bessere Stimmung am Königshof. David war seine letzte Hoffnung gegen die Angst und Traurigkeit.
Isai packte Brot, einen Krug Wein und ein Ziegenböckchen. Sein kleiner David trat in den Dienst des Königs. Und er spielte und sang und fand neue Lieder. Ja, manches Lied war wie ein Gebet. Saul konnte aufatmen. Und David sollte bleiben.
Am Hofe des Königs lernte David, mit dem Schwert zu kämpfen. Seinen Stecken und Stab brauchte er hier nicht.

David besucht seine Brüder

Die Lage spitzte sich zu im Terebinthen-Tal. Die Philister und die Männer aus Israel hatten dort ihre Lager aufgeschlagen. Es kam zum Kampf. Davids Brüder waren auch in diesem Kampf. Eines Tages rief Isai seinen Sohn David zu sich. David bekam zehn Brote und einen Sack geröstetes Korn. »Nimm das und bring es schnell deinen Brüdern. Schau, wie es ihnen geht. Und noch zehn Laibe Käse für den Hauptmann. Ich brauche ein Lebenszeichen von ihnen.«
Am nächsten Morgen machte sich David auf den Weg. Seine Schafe übergab er einem Knecht. Er nahm seinen Stecken und Stab und ging durch die Berge. David sah schon von Weitem das Lager im Tal. David beeilte sich, gab die Vorräte den Wachposten und suchte seine Brüder.
»Wie geht es euch? Vater macht sich Sorgen und fragt nach euch.«
Doch eine Antwort bekam er nicht. Es ging alles so schnell. Die Männer um ihn herum zuckten zusammen, als der große Mann aus Gat in die erste Reihe trat. Obwohl der König ein Vermögen verschenken würde, traute sich keiner der Männer, gegen ihn zu kämpfen. David fragte die Soldaten: »Was bekommt der Mann, der den Philister besiegt?«
Sein Bruder wurde wütend, als er das hörte. »Warum bist du überhaupt hier? Hast du die Schafe einfach in der Wüste gelassen?«
»Was habe ich denn getan«, fragte David?

Es sprach sich rum, dass David auch im Lager war. König Saul hörte davon. »Verlier nicht den Mut. Ich werde hingehen und kämpfen«, sagte David. »Auf keinen Fall, David. Auf deiner Harfe bist du der Spezialist, aber im Kämpfen fehlt dir die Übung.« »Ich habe gekämpft. Gegen Löwen und Bären. Gott hat mich gerettet vor den Tatzen der wilden Tiere. Gott wird mich auch jetzt retten.« »So geh hin. Der Herr wird mit dir sein.« Saul zog ihm den Helm über den Kopf und den Brustpanzer an. Das Schwert trug David über der Rüstung. Er versuchte zu gehen, aber es ging nicht. Er zog die Rüstung wieder aus, suchte sich fünf Steine aus dem Bachbett und steckte sie in die Hirtentasche. Er nahm seinen Stecken und die Schleuder und machte sich auf den Weg.

David hatte keine Angst. Er summte eines der Lieder und wusste, Gott ist bei ihm.

Die Brüder sahen, wie der große Mann immer näher kam und plötzlich zu Boden fiel.

Wie hatte David das nur geschafft, ohne Schwert und Rüstung?

In der Höhle

David wurde älter. König Sauls Tochter verliebte sich in David. Saul schickte David von Kampf zu Kampf. Und er gewann einen nach dem anderen. Ja, Saul konnte es nicht übersehen: Gott war mit David. Irgendwann würde David tatsächlich König sein. Das ärgerte ihn, und Saul ließ David verfolgen. David konnte fliehen und brachte sich in Sicherheit. David suchte Samuel und erzählte ihm von dieser schweren Lage. Viele Wege musste David gehen. Viele Verstecke musste er finden. Noch immer war Saul hinter ihm her. Eines Tages versteckte sich David in der hintersten Ecke einer Höhle.

Er traute seinen Augen nicht, als Saul sich direkt vor ihm hinhockte und Pipi machte. Die Schafe im Ferch blökten. David schlich sich an und schnitt mit dem Schwert ein Stück des Königsmantels ab.

Als Saul ein Stück gegangen war, trat David mit dem Zipfel in der Hand vor die Höhle und rief: »Mein Herr und König!« David verneigte sich. Saul gestand: »Du hast Gutes an mir getan. Ich habe dir Böses getan. Du bist im Recht. Du hast mich nicht getötet. Du lässt mich im Frieden ziehen. Kein anderer hätte das gemacht. Gott soll dich belohnen, dass du mich an diesem Tag verschont hast.«

David wusste, Gott war mit ihm und hatte ihn gerettet.

Verweilen und schöpferisch tätig werden

Salböl herstellen
Olivenöl dient als Basis für das Salböl. Dazu werden Kräuter aus dem Garten gepflückt, klein gehackt und auf dem Herd langsam erwärmt. Zum Schluss kommt Zimt dazu. Die Kräuter müssen eine Weile ziehen. Die Kräuterrückstände werden mit einem Sieb festgehalten und das Öl in kleine Gefäße gefüllt.

Harfe bauen
David ist am Hofe des Königs, um ihm Musik zu spielen und ihn zu trösten. Mit Klängen spielen. Stöcke in der Natur erforschen. Alte Gitarrensaiten über hohle Äste spannen und Klänge erforschen. Aus dem Rahmen eines Bilderrahmens lassen sich Klangspiele bauen. Sie brauchen noch eine passende Rückwand. Pappelholzzuschnitt mit Leim auf den Rahmen kleben. Auch hier dienen Gitarrensaiten. An einer Seite wird eine Schraube in den Rahmen gedreht und auf der anderen Seite eine Öse mit Schraubgewinde, die für Spannung sorgt.

Hirtentasche knoten
Aus alten T-Shirts lässt sich eine Tasche knoten. Dazu werden der Ausschnitt und die Ärmel ausgeschnitten. Es entstehen zwei Schlaufen zum Tragen der Tasche. Das T-Shirt wird auf links gewendet. Unten werden Schlitze im Rand um Rücken und Bauch geschnitten. Diese Streifen werden mit den gegenüberliegenden Enden verknotet. Tasche noch einmal wenden.

Korn rösten und essen.

Vom Ort verabschieden

Segenskreis mit Salbung
Der Mensch sieht nur auf das Äußere.
Gott sieht auf dein Herz!
Gott ist mit dir.

Lieder

Von allen Seiten umgibst du mich (LH 2, 222)
Halte zu mir, guter Gott (LH 1, 82)

»Mit dir, Maria, singen wir« –
Bibelwanderung mit Maria und Elisabeth

Lukas 1,39–56

In der Geschichte wandeln

Maria bekommt Besuch vom Engel Gabriel. Er fragt sie: »Sollte dem Herrn etwas unmöglich sein?« Maria ist offen für die Botschaft des Engels. Doch diese Nachricht lässt sie nicht ruhig bleiben. Sie packt ein paar Sachen und geht los zu ihrer Cousine Elisabeth. In der Begegnung mit Elisabeth begrüßen sich die Kinder und hüpfen im Bauch. Damit werden die Geschichten von Johannes und Jesus kunstvoll ineinander verwoben. Die innerliche Erfahrung findet im Lobgesang der Maria »Magnificat« einen Ausdruck. »Gott ist da, in Menschengestalt, auch wenn dies vor den Augen der Welt noch verborgen ist.« Das Lied der Maria ist auch eine politische Bestimmung für Gottes Wirklichkeit. In Jesu Wirken wird diese Haltung sichtbar, ob die Worte der Seligpreisungen, die heilsamen Begegnungen mit Ausgestoßenen oder den Gleichnis-Erzählungen.

Die Natur spielt mit – Spielräume in der Natur

Durch die Berge:
Aufstiege inszenieren, klettern und am Gipfel rasten. Von Stein zu Stein gehen. Die eigene Balance finden. Einen Stock suchen und als Stütze nutzen.
Bergab geht es schneller. Maria hat es eilig. An geeigneter Stelle das Tempo steigern.

Sich gürten

Gott, bei dir ist nichts unmöglich.
Beflügele uns auf unserem Weg.

Vorschlag für eine Erzählung

Summen: Mit dir, Maria, singen wir ... (fT 94)

Maria lässt die Tür hinter sich ins Schloss fallen und geht.
Mein Herz ist voll. Übervoll.
Kennt ihr das, das sich in solchen Momenten ein Lied einstellt und es aus euch heraus summt?
Ein Lied hat sich eingepflanzt. Ganz tief. Dabei war mir nicht immer nach Jubeln zumute.
Das war ein großer Schock, als Gabriel in der Küche stand. Ein Engel. Beim Brotbacken hatte er mich besucht. Ich erinnere noch, wie ich mehlverschmiert dastand. Mir fehlten die Worte, und in meiner jugendlichen Art rutschte mir nur ein unverständiges »Häh?« raus. Am Ende dachte ich, ja, warum eigentlich nicht. Sollte Gott etwas unmöglich sein?

Ich war getrieben.
Gut, dass der Engel mir eine Richtung gezeigt hatte.
Ich bin gelaufen, so schnell ich konnte, in die Berge. Zu meiner Cousine Elisabeth.
Ich war getrieben ...
Die Gedanken drehten sich nur so in meinem Kopf.
Gott besucht mich. Mich kleine Maria.
Wie schon Abraham und Sara.
Gott kehrt bei mir ein.
Ein Kind und Retter. Jeder Schritt eine Wüstenzeit. Muttersein.
Das war schon gleich die erste Empörung: ein einfaches Mädchen ohne Mann. Das trieb mich um.
Elisabeth nahm mich in den Arm und hielt mich fest.
Es war als hätte sie auf mich gewartet. »Gesegnet bist du!«
Das Kind in ihrem Bauch hüpfte. Was für eine Begrüßung.
Und dann sprudelten die Worte aus mir heraus, wie ein Mutausbruch. So schön und so klar, wie ein Gebet.
Es war, als wäre Gott in diesem Moment bei mir eingekehrt.
Und ich spürte, es geht nicht nur um mich und meine Zukunft.
Es geht um etwas viel Größeres. Es sind Worte für die Welt und die Weltenzeit.
Diese Worte habe ich in allem mitgehört, was Jesus gesagt hatte: Selig sind, die Leid tragen, die hungert und dürstet nach Gerechtigkeit, die reinen Herzens sind, Frieden stiften, selig sind die, die verfolgt werden.

Diese Worte habe ich gesehen, wenn Jesus barmherzig war und zu den Menschen ging.
Nicht nur einmal ist einem Haus Heil widerfahren. Nicht nur Zachäus und Levi, nicht nur den fremden Frauen, nicht nur den kranken Seelen.
Immer war es auch ein politisches Handeln.
Gegen starre Rechtsvorstellungen und gewohnte Machtstrukturen.
In Jesus ist Gott sichtbar.
Durch ihn ist Gott wirklich.
Aber das habe ich viel später verstanden.
Mir war nicht immer zum Jubeln zumute.
Und wenn da wieder etwas ist, was mich treibt, dann gehe ich.
Dann gehe ich in eine Landschaft, die mir so nah ist wie die Berge meiner Cousine ... Oder ich erinnere den Duft von Thymian und Rosmarin, das Geräusch der Sandalen auf den steinigen Wegen, die Luft und die sonnige Wärme auf meiner Haut.
Und ich erinnere den Mutausbruch von damals. Und ich singe gegen die Angst.
Wie viele Menschen sind getrieben von der Sehnsucht nach Begegnung, nach miteinander essen und teilen?
Wie viele Menschen sind getrieben von der Sehnsucht nach Zuwendung, nach Nähe, nach Gottes Nähe.
Wie viele Menschen sind getrieben von der Sehnsucht nach Frieden, nach innerem Frieden.
Mein Herz ist voll.
Die Worte sind mir Seelenproviant.
Mit dem Kreuz im Rücken stehen wir im Licht der Auferstehung, in der Hoffnung auf Frieden, der noch kommt. Denn bei Gott ist nichts unmöglich.
Mein Lied für euch:

Maria lobt Gott

Da sagte Maria:
»Ich lobe den Herrn aus tiefstem Herzen.
Alles in mir jubelt vor Freude
über Gott, meinen Retter.
Denn er wendet sich mir zu,
obwohl ich nur seine unbedeutende Dienerin bin.
Von jetzt an werden mich alle Generationen

glückselig preisen.
Denn Gott, der mächtig ist, hat Großes an mir getan.
Sein Name ist heilig.
Er ist barmherzig zu denen, die ihm Ehre erweisen –
von Generation zu Generation.
Er hebt seinen starken Arm
und fegt die Überheblichen hinweg.
Er stürzt die Machthaber vom Thron
und hebt die Unbedeutenden empor.
Er füllt den Hungernden die Hände mit guten Gaben
und schickt die Reichen mit leeren Händen fort.
Er kommt seinem Diener Israel zu Hilfe
und erinnert sich an seine Barmherzigkeit.
So hat er es unseren Vorfahren versprochen:
Abraham und seinen Nachkommen für alle Zeit!«

»Und es kommt der Tag, der befreit ...« *(aus fT 94)*

Verweilen und schöpferisch tätig werden

Nichts-ist-unmöglich-Rätsel auf dem Weg spielen.

Lobgesang der Maria: Es singt aus Maria heraus.
Kennt ihr das auch? Es stellt sich eine Melodie in euch ein, und ihr fangt an zu singen, einfach so?
Und dann scheint der Liedtext genau in diese Situation zu passen. Welche Worte sind dir Seelenproviant?
Marias Lied bewegt. Singen und Tanzen mit dem Lied: Trommle mein Herz, für das Leben.

Gibt es Sehnsuchtsorte in der Natur?
Orte, an denen du gerne spielst, liegst, kletterst, Buden baust, an den du dich zurückziehen kannst und ungestört bist? Erzähle von deinem Lieblingsort.

In Vorfreude und in der Vorbereitung auf das Jesus-Kind können die Kinder je eine Stoffwindel gestalten. Welche Liedbotschaften sind euch besonders wichtig? Welche Zeichen für Frieden fallen ein?

Mit welchem Lied gehen die Kinder heim?
Lieblingslieder sammeln und Worte erfinden. Vielleicht wird daraus ein neues Lied!

Lieder

Fürchte dich nicht (Susanne Paetzold)

Fürchte dich nicht

T: Jesaja 43, 1 M: Susanne Paetzold

Fürch-te dich nicht, fürch-te dich nicht, fürch - te dich nicht, du bist mein.

Fürch-te dich nicht, fürch-te dich nicht, fürch - te dich nicht, du bist mein.

Mit dir, Maria, singen wir (fT 94)
Magnificat (fT 103)
Trommle, mein Herz, für das Leben (LuL 40)

Auf dem Weg zur Krippe – Bibelwanderung mit den Weisen aus dem Morgenland

Matthäus 2,1–12 i. A.

In der Geschichte wandeln

Der Evangelist Matthäus überliefert die Geschichte »Die Weisen aus dem Morgenland«. Das griechische Wort »magoi« (eigentlich »Magier«) bezeichnet zunächst die Mitglieder einer persischen Priesterkaste. Sie befassen sich mit Sternkunde und Astrologie. Es sind also Magier aus dem Osten und nicht Könige. Erst Tertullian (160–220) bezeichnet sie als »Könige«, weil die Geschenke Gold, Weihrauch und Myrrhe als Königsgaben gelten. Und aus den drei Geschenken schließt man später, dass es drei Personen sind. Um 500 n. Chr. sind in einem alexandrinischen Text die Namen Caspar, Melchior und Balthasar für die drei »Könige« überliefert. Später werden sie nach Lebensalter typisiert und den drei Erdteilen zugeordnet: Der junge Caspar vertritt als Schwarzer Afrika, der greise Melchior ist geschmückt wie ein europäischer König und Balthasar steht in den besten Jahren und präsentiert den asiatischen Kontinent. Hochgeschätzte Astrologen machen sich auf den Weg und sind offen für den neugeborenen König. Der neue Weltenkönig wird von Osten her erwartet und soll das goldene Zeitalter bringen. Sie wollen vor ihm niederknien und ihn anbeten. Herodes muss erschrecken, als er das hört. Er stammt von den Edomitern ab und sorgt sich um das Königsrecht. Nur ein Davidide darf auf den Thron. Herodes muss handeln. Seine Hohepriester und Schriftgelehrten klären ihn auf. Bethlehem in Judäa (es gibt noch ein Bethlehem) ist Davidstadt und gilt als Geburtsort des Messias. Unklar ist, in welchem Haus er das Licht der Welt erblickt. Herodes benutzt die Weisen. Sie sollen ihm berichten, damit auch er den neuen König anbeten kann. Warum die Weisen einfach losziehen können und nicht von Soldaten begleitet oder verfolgt werden, bleibt offen. Die Weisen ziehen fort. Der Stern weist ihnen den Weg zum Haus des Josef. Übergroße Freude breitet sich in ihnen aus. Sie gehen hinein und finden das Kind und Maria, fallen nieder und beten es an, öffnen ihre Schatzkisten und beschenken das Kind mit Gold (dem König), Weihrauch (dem Gott) und Myrrhe (dem Sterbenden). Im Traum bekommen sie Weisung von Gott, einen anderen Weg einzuschlagen. Diese Erzählung erinnert an die Geschichte des Moses und den Kampf des Pharao. Matthäus versteht Jesus als den neuen Mose, von Gott gesandt zum Heil des Volkes. Jesus ist von Anfang an bedroht durch die Machthaber der Welt.

Diese Deutung macht deutlich: Jesus wird als Weltenkönig zuerst von Fremden angebetet. Egal ob Weise, Magier oder Könige, wir begegnen Menschen, die nur von Gott wissen, was die stummen Sterne sagen.

An dieser Geschichte wird deutlich, dass biblische Geschichten Deutungsgeschichten sind. Sie sind nicht gedacht als Dokumentation vergangener Ereignisse, sie stehen in der biblischen Erzähltradition und bezeugen den Glauben an den einen Gott. Gott setzt sich in dieser Welt auf ganz unterschiedliche Weise durch. Die Geschichten stecken voller Wunder und Hoffnungen, laden ein zum Glauben und wollen wieder und wieder erzählt werden.

Es soll greifbar werden: Wer Gott erkennt, der bleibt nicht stehen, sondern muss ihn anbeten.

Die drei Weisen sind die ersten Wallfahrer, die bei Jesus ankommen!

Die Natur spielt mit – Spielräume in der Natur

Die Erzählung öffnet den Raum für viele unterschiedliche Wege der Weisen. Jeder Weg hat seine eigene Qualität und kann mit einer Erzählfigur in besonderer Weise verbunden werden. An einer Wegkreuzung können sich die Weisen aus unterschiedlichen Richtungen begegnen und aufeinanderstoßen.

Öffentliche Markierungen oder Plakate können zu einer Spur werden, wenn der Himmel bedeckt ist. Ein kleines Leuchten auf dem Weg lässt sich bestimmt finden. Die Kinder werden etwas entdecken.

Der Krippenort ist das Ziel. Gibt es keinen eigens dafür angelegten Ort, kann die Krippe der Kirche das Ziel sein.

Tierische Begleiter der Weisen haben ebenfalls ihren Reiz: Pony, Esel oder Alpaka.

Sich gürten

Willkommen auf dem Weg zur Krippe!
Wir sind Gott auf der Spur.
Wir gehen mit und lassen uns führen und folgen dem Stern.
Gott mit uns!

Weg-Gebet

Gott,
du bist da und wir sind da.
Du bist mit uns auf unseren Wegen,
den leichten und den schweren.
Geh mit uns in diesen Gottesdienst.

Wanderlied | *Alle Sterne zeigen nach Bethlehem*

Vorschlag für Erzählung und Spiel

Material:
- *Klang, Papprollen für Kinder*
- *dezente Umhänge oder Kopfbedeckungen für die Weisen, Königsstuhl*
- *Gaben der Weisen: Kiste, Lederbeutel mit essbaren Goldtalern, Räuchergefäß und Weihrauch*

1. Spielort Kirchplatz

Ein Sterndeuter erzählt

Ich bin mit meinem Kamel durch viele Gebiete gezogen. Meistens in der Nacht. Ein fremdes, fernes Land ist mein Ziel. Dort sieht alles ein wenig anders aus als hier. Die Häuser sind nicht so hoch und nur aus Lehm gebaut. Die Erde ist nicht feucht und dunkelbraun, sie ist sandig und rot. Ja, es ist ein armes Land. Fremde Könige haben das Sagen. Wenn der Abendwind sachte durch die Felder weht, dann ist die Luft erfüllt von diesem Duft. Thymian. Oder mit diesem – Rosmarin. *(Die Zweige werden zum Riechen weitergereicht.)* Eine ganz besondere Duftnote ist auch Oregano. Das riecht schon ganz anders. So riecht es, wenn man abends unterwegs ist in dem fernen Land. Und die Grillen zirpen laut. Ich habe etwas zu essen mitgebracht – getrocknete Feigen. Wer probieren möchte? Ich habe schon genug davon gegessen *(Kinder probieren die Feigen).*

Gruppe geht los
Dieses Tuch hat mich besonders nachts gewärmt, wenn ich unterwegs war. Ich bin Astrologe. Einer, der die Wissenschaft der Sterne versteht. Das können nicht viele Menschen, deswegen gehöre ich zu den Weisen. Und dazu habe ich ein Fernrohr. Mein ganzes Leben habe ich in die Sterne geschaut. Ich habe den Lauf der Zeit beobachtet. Eine ganz besondere Sternenkonstellation ist mir ins Auge gesprungen. Ich hatte keinen Blick mehr für die anderen Sterne am Himmelszelt. Mein Blick blieb an einem großen leuchtenden Stern haften. Was gab es da zu deuten? Jeden Abend schaute ich in den Himmel. Ich malte dieses Bild jeden Abend wieder. Und stellte fest, der Stern lief in die andere Richtung. Die Sterne nehmen ihren Lauf, aber nicht in dieser Richtung ...

Gruppe geht weiter
Und ich wusste, ein neuer König wurde erwartet. Alle Welt sprach davon. Mit diesem König sollte alles anders werden. Keiner wusste so richtig, was das meinte. Und ich ahnte, es ist das Zeichen am Himmel! Dieses Zeichen wird mir den Weg weisen. So zog ich los mit einem Sack Verpflegung, meinem Kamel und einem kostbaren Geschenk. Für den König kann es nur ein wertvolles Geschenk sein. Einen Sack voller Goldtaler. So zog ich nachts in der Kälte durch die vielen Gebiete. Mit jedem Tag strahlte der Stern heller, und ich merkte, es kann nicht mehr weit sein.

Ein Sterndeuter kommt hinzu
»Hast du auch das Zeichen am Himmel gedeutet? Du musst ein Sterndeuter sein. Nur Sterndeuter reisen in der Nacht.«
»Mein Name ist Caspar. Ja, ich bin auf der Suche nach dem besonderen König, von dem man erzählt.«

Caspar erzählt weiter
Der neue König wird unser Leben verändern. Er wird die Welt erlösen, ja, so sagen die Leute. Dieses Strahlen war so deutlich. Auch am Tage war der Stern nun zu sehen.

Wegkreuzung. Ein Sterndeuter kommt hinzu
»Ihr seid dem Ziel schon nah. Ich bin Balthasar.« »Ja, es kann nicht mehr weit sein.«
Inzwischen waren wir in Judäa angekommen. Und das Land musste es sein. Wir drei hatten überlegt, andere Weise aus diesem Land nach ihrem Rat zu fragen.

2. Spielort Königshaus

König Herodes war die erste Adresse. Nur der König braucht Sterndeuter. Die trafen wir nicht. Aber Herodes hatte andere Berater. Schriftgelehrte und Priester wurden sie genannt. Sie wussten, wo der König geboren werden sollte. Sie sprachen gar nicht vom König, sie sprachen von Christus. Diesen Titel gibt es in meinem Land nicht. Christus – König – Christus. Ein Kind sollte geboren werden in Bethlehem in Judäa. Wir wollten uns schon auf den Weg machen, da ließ uns der König rufen.
Es klang alles sehr merkwürdig. Wir wollten endlich weiter.

So kurz vor unserem Ziel nahm uns Herodes in seinen Dienst. Wir sollten für ihn genau erkunden und ihm Mitteilung machen. »Wenn ihr's findet, so sagt mir's, dass auch ich komme und es anbete.« Nun, wir hatten ihn angehört und sind dem Stern gefolgt. Der Stern ging vor uns her. Diesen Stern, den wir schon in unserm Land gesehen hatten. Er blieb stehen. Wir waren am Ziel. Kein Palast eines Königs. Ein altes Haus. Dort blieb der Stern stehen.

3. Spielort Krippe

Ja, dieser König wird die Welt verändern. Wir gingen in das Haus. Wir fanden das Kind mit Maria, seiner Mutter. Was für ein Moment. Es brauchte keine Worte. Wir fielen nur auf unsere Knie. *(Einen Moment Stille.)* Es waren tiefe innige Gebete.
Und wir taten unsere Schätze auf. Geschenke für das Leben.
Ich brachte Goldtaler mit – Zeichen gegen die Armut, Caspar brachte Myrrhe mit – heilende und pflegende Kraft, und Balthasar brachte Weihrauch mit – Zeichen für eine besondere Verbindung zwischen Himmel und Erde. Unsere Sorgen und unsere Freude legten wir hinein.
Es war so viel Liebe im Raum und so viel Frieden. Das hat uns alle sehr bewegt.
Ja, und später erschien ein Engel im Traum. Gott befahl, wir sollten nicht zum König Herodes zurückkehren. Wir sollten einen anderen Weg gehen. Und wir zogen los, jeder in sein Land, aus dem er kam. Wir mussten in unserem Teil der Welt erzählen – die neue Herrschaft ist angebrochen!

Verweilen und schöpferisch tätig werden

Krone aus Holz gestalten
Holz aussägen und mit Schleifpapier glatt schmirgeln.
Die Segensformel der Sternsinger 20*C+M+B*25 mit Wachsmalstiften draufschreiben.
Die Buchstaben C+M+B stehen für die lateinischen Worte »Christus Mansionem Benedicat« und bedeuten »Christus segne dieses Haus«. Juteschnur als Aufhängung für Garten oder Balkon.

An der Krone Löcher bohren: Zwei oben für eine Schnur zum Aufhängen und ein Loch mittig unten zum Aufhängen eines Vogelfutterknödels. Die Kinder verschenken die Krone beziehungsweise nehmen den Segen mit in ihren Garten. Mit dieser kleinen Geste können wir die Welt verändern.

Jahreswechsel gestalten und Schatzkiste füllen
Der Jahreswechsel bietet Gelegenheit innezuhalten, zurückzublicken und nach vorne zu schauen. Mit den Zeichen der Könige den Jahreswechsel wahrnehmen und auf das Weihnachtsereignis beziehen: Ich möchte so offen sein wie die Könige. Ich bin bereit, neue Wege zu gehen. Ich schaue und höre genau hin. Ich mache mich auf die Suche nach Gott in meinem Leben. Das wünsche ich mir für das neue Jahr. An der Stelle will ich mein Verhalten ändern. Ich richte mehr Zeit ein für Gott: im Gebet, wie die Könige oder im Zusammensein mit anderen.
Was sind das für Schätze?
Öffnen wir unsere Schatzkisten und füllen sie mit den Wünschen und Vorhaben für das nächste Jahr und bitten Gott um seinen Segen.

Vom Ort verabschieden

Gebet

Gott ich komme zu dir, so wie ich bin.
Mit meinen Fragen und mit meinen Hoffnungen.
Ich steh an deiner Krippe!
Staune.
Bete.
Verwandle mich.
Vater unser im Himmel ...

Segen

Gott, du krönst uns mit deinem Segen.

Aaronitischer Segen

Lieder

Stern über Bethlehem (EG NSB 544)
Ein Licht geht uns auf (LH 1, 61)
Ein heller Stern hat in der Nacht (LH 1, 62, Str. 6–8)
Zeig uns den Weg, du Gott (Fritz Baltruweit in Krippengeflüster, 157)
Alle Sterne zeigen nach Bethlehem (Kanon in Krippengeflüster, 319)

Mehr Materialien, Lieder und Informationen über Projekte des Kindermissionswerks »Sternsinger« unter: https://www.sternsinger.de/

»Kommt, folgt mir nach!« –
Bibelwanderung mit den ersten Jüngern

Markus 1,16–20

In der Geschichte wandeln

Gott sendet seinen Sohn in die Welt. Sein erster öffentlicher Auftritt ereignet sich am Ufer des Sees Genezareth in Galiläa. Wie ein Wanderprediger ist er unterwegs. Jesus trifft Fischer bei ihrer Arbeit. Mitten im Alltag. Ein inneres Geschehen, ein innerer Antrieb – eine Gottesbegegnung lässt die Fischer ihre Netze fallen und ihrem Leben eine andere Richtung geben. Als hätten sie darauf gewartet. Fischer und Zöllner zählen in der Zeit Jesu nicht zur religiösen oder politischen Elite. Das ist eine erste politische Botschaft. Gottes Gerechtigkeit und Gottes Reich wirken anders. Alle Menschen sind gerufen/berufen in den Dienst Gottes.

Die Natur spielt mit – Spielräume in der Natur

In dieser Geschichte geht es um Sehen und Gesehen-Werden und um Begegnungen. Hinter Steinen und Bäumen verbergen, dass Kinder nicht sofort bemerkt werden.
Verstecken spielen.
Jesus ruft. Hören und einem Klang folgen. Zwei Spielende finden sich und verabreden einen Rhythmus, mit dem Klanghölzer aneinandergeschlagen werden. Ein Spieler hat die Augen verbunden und bewegt sich vorsichtig in Richtung Klangzeichen. Der Klang-Spieler bleibt an seinem Platz stehen und beobachtet und schlägt. Ist der blinde Spielende angekommen, wird gewechselt. Nach dieser Erfahrung unter freiem Himmel Resonanzen einsammeln. Mit all den Zwischentönen in der Welt den verabredeten Klang heraushören.
Wege sind angelegt. Auf den Wegen sind auch andere Menschen unterwegs. Sie sehen uns und sind neugierig. Der öffentliche Raum spielt mit. Passanten indirekt einbeziehen.

Sich gürten

Geht im Frieden Gottes.
Adieu. Gott mit euch.
Vertraut darauf.

Vorschlag für eine Erzählung

Erzähler:in, Andreas und Simon, evtl. Johannes und Jakobus

Wir gehen los.

Wer ist der? Wo kommt der Fremde her? Habt ihr den Fremden gesehen?
Andreas und Simon stehen im Wasser mit ihren Wurfnetzen.
Kinder machen Bewegung nach und werfen Netze aus.

Sie bemerken den Fremden und fragen:
»Der sieht zu uns. Andreas, kennst du den?«
»Nein, Simon, den Fremden habe ich hier noch nie gesehen.«
»Du, der kommt doch auf uns zu ... Meint der uns?«
Jesus schaut sie an.
Worte dringen an ihr Ohr »Kommt, folgt mir nach!«
Andreas und Simon schauen sich an. Sie nicken sich zu.
Ja, sie legen die Netze aus der Hand und folgen dem Mann.
Sie gehen ein Stück hinter ihm.
Es fühlt sich gut an. Andreas und Simon gehen mit.
Der Fremde bleibt stehen und sieht zu den Fischern auf dem See.
Andreas und Simon winken ihnen zu.
 »Das ist das Boot von Zebedäus. Seine Söhne heißen Jakobus und Johannes. Sie flicken ihre Netze.«
Jesus ruft: »Kommt, folgt mir nach!«
Auf dem Boot bewegt sich etwas.
Wir können nicht hören, was sie sagen.
Wir können sehen, dass Jakobus seine Arme ausbreitet – und Zebedäus nickt.
Jakobus und Johannes nehmen ihren Vater Zebedäus in den Arm und drücken ihn.
Ja, sie gehen mit, mit dem Fremden und mit Andreas und Simon.
Sie gehen und wir folgen.
Den Kindern im Gehen zuwenden: Kommt, folgt mir nach!
Nur vier Worte, die so viel bewegen.
Hast du es auch gehört?
In der Stadt:
Jesus ist nicht für die Starken gekommen.
Wir gehen in Stille durch den Ort. Schaut euch die Menschen an.
Wer von ihnen braucht wohl Hilfe? Ob sie die Worte auch schon mal gehört haben?
Wir kommen zurück:

»Kommt, folgt mir nach ...« – vier Worte, die so viel bewegen. Wir sind mit den Jüngern auf dem Weg. Jesus sammelt Menschen an seiner Seite. Menschen, die von Gott erzählen und helfen. Wo Gottes Regeln wirken, wo ich einbringen kann, was ich kann, wo ich auf andere Menschen treffe, wo ich mich an anderen freue, ist Gottes Friede spürbar. Menschen, die Frieden und Freude in die Welt tragen! Folgt mir nach, gilt auch dir.

Verweilen und schöpferisch tätig werden

Spuren hinterlassen. Andere Menschen sehen auf ihrem Weg, dass Kinder hier waren: *Füße umranden mit Kreide auf dem Bürgersteig oder auf Papier.*

Ein Erkennungszeichen der ersten Christen ist der Fisch. Jesus sammelt Menschenfischer.
Fisch auf den Gürtel stempeln

Vom Ort verabschieden

Findet ein Zeichen für diesen Ort.
Oder zeichnet das geheime Zeichen der ersten Christen, den Fisch, mit einem Stock in den Erdboden.

Lieder

Einen Tag mit Jesus (LH 1, 5)
Ich bin bei euch (fT 162)

Ideen für den Unterricht/für die Nachbarschaft

Kommt, folgt mir nach. Vier Worte, die die Jünger tief berühren und in Bewegung bringen. Gott ruft auf seine Weise. Die Kinder finden sich zu zweit zusammen. Auf Abstand entwickeln sie Gesten, rufen mit Blicken und führen und folgen im Wechsel. Anschließend werden die Erfahrungen der Kinder ins Gespräch gebracht: Hat es geklappt? Ist dir die Partner:in gefolgt? Welche Geste, welches Zeichen hat dein:e Partner:in erreicht? Wie fühlt es sich an, Führende zu sein? Welche Kraft spürst du?
Wie fühlt es sich an zu folgen? Kannst du dich zurücknehmen? Wonach sehnst du dich? Worauf wartest du?

Die Speisung der 4.000 – Bibelwanderung auf einer Wiese

Markus 8,1-10

In der Geschichte wandeln

Jesus sieht die Menschen in ihrer Situation und gibt ihnen, was sie brauchen. Im Stil einer Weggeschichte folgen wir Jesus und seinen Jüngern an den See Genezareth. Vielleicht irritieren die Zahlen, denn die Geschichte wird bei Markus doppelt erzählt. In dieser Szene sitzen viele Menschen auf einer Wiese in der »Gegend der Zehn Städte«. Das Gebiet der Zehn Städte (griechisch dekapolis) ist ein Zusammenschluss von unabhängigen Städten südlich und östlich des Sees Genezareth.

Im Gegensatz zur ersten Erzählung (Markus 6,30–44) ereignet sich diese Speisung in einem Gebiet, in dem nicht nur Juden leben. Gottes Fürsorge gilt allen Menschen.

Es liegt etwas in der Luft. Jesus ergreift die Initiative. Er leidet mit den Menschen, die ihm seit Tagen folgen. Die Jünger sind ahnungslos, als Jesus sie zu sich ruft. Nach drei Tagen mangelt es an Brot. Es ist also dringend, dass sich jemand kümmert in dieser scheinbar ausweglosen Situation. In diesem Moment fragt Jesus. Es gibt noch Brote und Fische. Die Austeilung wird detailliert beschrieben. Die Menschen erleben ein Wunder: Wir werden satt, es reicht für alle, und es bleibt etwas übrig. Jesus wendet die konkrete Not. Die Menschen begegnen Gott im Brotbrechen. In dieser Erfahrung erfüllt sich Glaube. Die Wendung »dankte Gott« ist uns aus der Abendmahlsliturgie so vertraut, dass wir sie hier mithören.

Dem Evangelisten Markus ist wichtig: Mit Jesus, dem Sohn Gottes, ist die Nachfolgegemeinschaft auf dem Weg in eine neue Wirklichkeit. In Worten und Taten Jesu wird das Nahekommen der Gottesherrschaft konkret. Auf der Bibelwanderung sind wir als Erzählgemeinschaft unterwegs und erinnern die Kultur Jesu.

Die Natur spielt mit – Spielräume in der Natur

Kinder werden in Familien eingeteilt wie beim Gruppenspiel »Familie Meier, Maier, Mayer ...«.
Je nach Anzahl der Kinder Oma, Opa mit Gehstock, Vater, Mutter, Tochter, Sohn, Cousine usw. Das ist eine Hilfe, damit die Kinder gut aufeinander achten und niemand verloren geht.
Auf der Wanderung kommt das Kommando »Rasten«, und alle Familien müssen sich zusammenfinden und für sich sorgen. Das Kommando »Rasten« kann von jedem Mitwandernden kommen, immer dann, wenn es in einer Familie nötig ist. Kleine Massagen, Wegzehrung, Witze erzählen, Informationen zum Weg – alles, was in den Sinn kommt und stärkt. An einem Punkt – am dritten Tag – gibt es nichts mehr zu essen. Stöhnen und Meckern verstärken. *Hast du auch Hunger? Hör mal, mein Bauch knurrt.*
Die Bibelwanderung kann ein langer Weg sein, um der literarischen Form einer Weggeschichte nachzuspüren. »Drei Tage« bieten Raum für Entdeckungen und Spielen. Eine Karte anfertigen und sich von den Kindern den Weg zum Zielpunkt führen lassen. Die spontanen Wegspiele der Kinder begrüßen, einbeziehen und mitspielen.
Findet die Bibelwanderung auf einem kleineren Gelände statt, gilt es den Weg abwechslungsreich zum See Genezareth zu inszenieren: auf Linien gehen, von Stein zu Stein hüpfen, an einem Seil entlang, Hütchen als Wegmarken aufstellen, Tempowechsel, in einer Polonaise gehen, nachts sich hinlegen und die Augen schließen, über einen Baumstamm klettern usw.
Wann ist der See zu sehen? Wer sieht Boote auf dem See? Und Jesus und seine Jünger?
Ziel ist ein weiter Platz am Wasser. Es kann ein Ort sein, der so gelegen ist, dass sich ein See imaginieren lässt und eine optische Grenze das Seeufer markiert.
In der Fremde sein, das Fremde suchen und voneinander lernen.
Begrüßungsworte in anderen Sprachen: hej, hello, bonjour, hi, hola, ni hao, salut, ciao, ...
Frage nach Brot in vielen Sprachen: bread, le pain, baguette, pan, leipää, mianbao, brood, ...
Brot über dem Feuer backen, in der Pfanne als dünnes Fladenbrot.

Sich gürten

Es wird viel erzählt von Jesus.
Menschen sind neugierig und machen sich auf den Weg.
Ihre Sorgen, Krankheiten und Hoffnungen sind im Gepäck.
Habt ihr Sorgen im Gepäck?
Sie haben von Jesus gehört und wollen ihn sehen.
Wir haben einen weiten Weg vor uns.
Gott, begleite uns.

Vorschlag für eine Erzählung

Rollen: Erzähler:in und Jünger:innen, Mitarbeitende bringen Fragen ins Spiel

Ein:e Erzähler:in führt durch die Geschichte und lässt sie auf einfache Weise mit den Kindern erleben – auch draußen auf einer Wiese.

Aus allen Himmelsrichtungen kommen die Menschen.
Im Norden aus ..., im Süden aus ..., im Westen aus ... und im Osten aus ... (Orte einfügen)
Sogar aus anderen Ländern kommen Menschen. (Kinderbiographien werden einbezogen.)

Woher kommst du? Wie war dein Weg? Was brauchst du?

Die Menschen kommen mit ihren Sorgen, ihren Schmerzen und ihren Hoffnungen. Sie wollen Jesus treffen. Es werden mehr und mehr.

Habt ihr noch etwas zu essen? Hast du noch etwas in deiner Tasche?

Manche Menschen sind schon lange unterwegs. Die Menschen fragen nach Essen und Trinken. Jesus hat Mitleid. Er ruft die Jünger.

Jünger, Jesus ruft euch. Hast du eine Ahnung, was Jesus jetzt will?

Schon drei Tage sind die Menschen hier. Für den Heimweg haben einige keine Kraft mehr. Jesus fragt die Jünger: Was haben wir zu essen?

Sieben Brote und einige Fische. Die Leute sollen sich setzen.

»Rasten« – Kinder setzen sich in ihrer Familie auf die Decke.

Was habt ihr in euren Taschen? Habt ihr etwas zu essen und zu trinken dabei?

Jesus dankt Gott, bricht das Brot und gibt es den Leuten.
Brot brechen, teilen und von Decke zu Decke reichen.

Du sitzt auf einer Decke und bist satt. Was geht dir in diesem Moment durch den Kopf?

Und es gibt Fisch. Am Ende sammeln die Jünger die Reste ein. Sieben Körbe voll. Jesus versorgt und sättigt.

Wenn du mit Freunden Brot brichst und diesen Tag erinnerst, was erzählst du?

Verweilen und schöpferisch tätig werden

Brotkörbe flechten.

Vom Ort verabschieden

Die Brotreste werden in einem Korb gesammelt.
Wir schütteln die Decken aus und schenken der Erde die Brotkrümel.
Finde einen Namen für diesen Ort.

Lieder

Ich bin das Brot (fT 154)
Wenn das Brot, das wir teilen (fT 170)

Ideen für den Unterricht/für die Nachbarschaft

Eine echte Inklusionsgeschichte für den Schulhof und die Nachbarschaft! Nachdem die Kinder die Geschichte erlebt haben, decken sie einen Tisch mit Essen. Sie schwärmen aus und laden Passanten an den Tisch ein. Daher ist ein Zeitfenster gut, an dem auch Menschen unterwegs sind. Sollte sich das als schwierig erweisen, können Kinder einen Korb mit Lebensmitteln füllen und einem Hilfe-Netzwerk zugutekommen lassen.

Material:
- *Decken pro Familie und Proviant*
- *Brot und Körbe*
- *Spiel: Namenszettel vorbereiten*

»Sorgt euch nicht!« – Bibelwanderung zu einem Wort aus der Bergpredigt

Matthäus 6,25–34

In der Geschichte wandeln

Jesus benutzt eindrucksvolle Bilder. Unser Leben wird unbeschwert, wenn es nicht von Sorgen dominiert wird. Das Erntedankfest gibt dieser Erfahrung einen Ausdruck.
In diesem Ausschnitt aus der Bergpredigt begegnen wir Jesus in der Rolle des Lehrers, der zum Volk spricht. Die Menschen hören aufmerksam die Rede von Gottes Barmherzigkeit und Güte. Und jeder, der diese Worte hört, denkt: Ja, das stimmt. Die Worte sind einsichtig. Manchem klingen sie sehr vertraut. Jesus bedient sich an Bildern aus der Weisheitsliteratur. Mit »Vögel des Himmels« benutzt er die typisch jüdische Ausdrucksweise und knüpft mit den Sprachbildern an Erfahrungen, Verständnis und Glauben der Hörer:innen an. Sie glauben an Gott, den Schöpfer, Leib und Leben sind von ihm gegeben und erfahren Gott als gütig und treu. Das Neue an seinen Worten: Jesus setzt uns in Beziehung zum *himmlischen Vater*. Glaube wird in Beziehung gedacht und erfahren. Davon will Jesus andere überzeugen. Die Menschen sitzen auf der Wiese, umgeben von Kräutern und Vögeln. Seht hin! Die Worte Jesu sind Einladung zum Glauben, sich mit ganzem Herzen auf Gott zu verlassen – wie schön doch Unkraut blüht, selbst dafür sorgt Gott. Sorgt euch nicht, denn Sorge raubt Fröhlichkeit. Sorgen wiegen schwer. Doch Gott erweist sich als Vater, schenkt Freiheit und Unbeschwertheit. Der Schöpfer, der für das Große sorgt, sorgt auch für das Kleine.

Die Natur spielt mit – Spielräume in der Natur

In der Natur gibt es vieles zu entdecken, zu probieren und zu staunen. Kräuter, die riechen und die man essen kann. Auf einer weiten Wiese wachsen unterschiedliche Pflanzen. In den Blüten der Blumen sind Tiere zu beobachten. Auf Stoppelfeldern liegen Feldfrüchte und braune, satte Erde.
Ein Weg am Wasser entlang ist spannend. Wurzeln reichen bis ins Wasser, Steine und Äste verfangen sich, Stromschnellen bil-

den sich, Dämme bauen sich auf. Steine laden ein, über sie zu springen.
Auf einer Wiese an einem Bach ist die Feier einer Tauferinnerung denkbar. Als ein spürbares Zeichen des »Sorgt euch nicht«. Gott stellt uns Menschen an die Seite, die von ihm erzählen und stärkende Zeichen teilen. Menschen, die zu trinken geben, wenn es heiß ist. Wasser kann ein Zeichen der Verbindung sein. Die Taufe ist ein Zeichen seiner Verbundenheit. Tauferinnerung am Bach heißt: sich gegenseitig das Zeichen des Kreuzes auf die Hand oder Stirn geben und auf der Haut spüren.
Über das Gehen lassen sich auf dem Weg Emotionen ausdrücken: langsames und schweres Gehen. Füße schlurfen und stolpern. Leichtes und fröhliches Gehen. Freudiges Hüpfen.

Sich gürten

Geht im Frieden Gottes.
Sorgt euch nicht!
Gott*Ewige ist mit euch.

Vorschlag für eine Erzählung

In der Bibelwanderung machen wir uns mit einer Person auf den Weg, die auf ihrem Weg einigen Worten der Bergpredigt begegnet. Es ist eine Rahmenerzählung, in der die Worte als Zuspruch gehört werden.

Keine leichte Zeit. Die Zölle waren hoch, und Arbeit gab es keine. Die Sorgen wogen schwer.
Ja, Daniel war sich sicher: »Ich will mich nicht in einem armen Leben einrichten. Ich will nicht meine Matte neben die anderen Bettler im Tempelhof auslegen. Vielleicht gibt es auf dem Land Arbeit.« Daniel verlässt Jerusalem und geht durch die Berge nach Galiläa.
Riecht ihr den Duft der Kräuter?
»Der Duft von Thymian und Oregano macht nicht satt.« Daniel hat Hunger.
Die Bäume spendeten Schatten. Ein leichter Wind wehte. Die große Stadt lag hinter ihm, doch die Sorgen kreisten in seinem Kopf. Sein Vater hatte ihm von der großen Wüstenwanderung erzählt, der lange schwere Weg in die Freiheit. So kam es ihm vor. »Morgentau, der sich als Honigbrot enthüllt, das wäre jetzt

genau das Richtige«, dachte er und träumte von Manna und Wachteln. »Für einen Moment die Sorgen vergessen, das wäre schön.« Er lauschte auf den Gesang der Vögel, doch sein Magen knurrte lauter.

Rastplatz finden und einrichten

Vor Daniel lag der große See. Auf der Wiese saßen Hirten um ein Feuer und lachten. »Mensch, du siehst hungrig aus. Möchtest du ein Stück Brot?« Daniel schaute den Fremden an und nahm das Brot. »Danke!« Ein kleines Stück steckte er sich in den Mund und kaute. Mmmh, das tat gut, und ein wenig süß schmeckte es auch. Wie lange hatte er schon kein Brot mehr gegessen. Er setzte sich ans Feuer zu den Hirten.

Noch eine Gruppe saß auf der Wiese unter den Bäumen. Einer stand da wie ein Lehrer und redete. »Schau nur, wie seine Jünger dasitzen und ihm zuhören«, bemerkte der Hirte. Der Wind trug die Worte zu Daniel. »Unser Vater im Himmel, geheiligt werde dein Name, dein Reich komme ... im Himmel und ... unser tägliches Brot gib uns heute ...« Es klang wie ein Gebet. »Er spricht, als wäre Gott mit ihm«, dachte Daniel und sah auf das Brot in seiner Hand.

»Seht hin! Seht die Vögel unter dem Himmel. Sie säen nicht, sie ernten nicht und doch versorgt der Vater ihm Himmel sie. Warum sorgt ihr euch? Seid ihr nicht viel mehr wert?«

Die Worte klangen nach. »Seid ihr nicht viel mehr wert?«

»Seht die Blumen auf dem Feld. Sie wachsen, ohne zu arbeiten und sich Kleider zu machen, und sind doch so schön! ... Darum wird er sich noch viel mehr um euch kümmern.«

Es war, als wären die Worte nur für ihn. Ja, der Mann hatte Recht.

Jeder Tag hatte seine eigene Plage. Sorgt euch nicht. Er sah zu den Hirten, aß ein Stück Brot und trank einen Schluck Wasser.

Er sah sich um, und ein Gebet kam ihm in den Sinn: *Vater im Himmel, wie sind deine Werke so groß und so viel. Du hast sie weise geordnet. Die Erde ist voll deiner Güter.*

Der Lehrer erzählte weiter. Doch Daniel hatte genug gehört. Er hatte gehört, was er brauchte. Er schaute auf den See und die Oliven und Orangen in den Bäumen. Morgen würde er nach Arbeit fragen.

Verweilen und schöpferisch tätig werden

Vaterunser-Spirale auslegen und beten. Siehe Gebetsweg Vaterunser, Seite 230.

»Werft eure Sorge auf ihn« Stoffquadrate, Zeitungspapier, Stoffstreifen und Wolle. Die Zeitung wird zu einem Ball zusammengeknautscht, in das Stoffquadrat gelegt und mit Wolle umwickelt. Nun werden drei bis fünf Stoffstreifen nach Belieben wie ein Schweif an dem Ball befestigt und mit Wolle fixiert. Ein leichtes Wurfobjekt. Mit jedem Wurf können Sorgen benannt und auf Gott geworfen werden.

Rasten und Abendmahl

Die Feier ereignet sich auf den Picknickdecken. Brot je Picknickdecke und Gießkelche mit Weitraubensaft werden von Decke zu Decke gereicht. Das Brot wird gebrochen und der Weintraubensaft in die vorhandenen Trinkgefäße eingeschenkt.

Brot empfangen, satt werden und miteinander essen – das hat Daniel in der Geschichte erlebt. Es war kein Festmahl. Es war ganz einfach. Das Brot schmeckte ihm, trotz aller Sorgen. »Sorgt euch nicht!«, sagt Gott auch uns im Abendmahl. Wir gehören dazu, so wie wir sind.

Lied: *So, wie ich bin, komme ich zu dir* (LH 2, 210)

Wir erinnern uns. Gott sieht unsere Not. Gott sieht unsere Sorgen. Gott war ganz nahe. Seine Worte waren lebendig. Das Brot gab ihm Kraft und neue Ideen.
Manchmal brauchen wir jemanden in unserer Nähe, der sieht, wie es uns geht.
Manchmal brauchen wir jemanden, der uns das Brot reicht.
Manchmal, Gott, brauchen wir dich.

Lied: *Du, Gott, siehst mich. Du, Gott, hörst mich. Du, Gott, bist mir nah.* (Nach der Melodie: Du, Gott, stützt mich LH 1, 66)

Einsetzungsworte

Was uns Sorgen macht, können wir bei Gott abladen.
Was uns neue Kraft gibt, bekommen wir von Gott geschenkt.
Die Fülle des Lebens, hier und jetzt.
Alle sind eingeladen!
Wir feiern hier auf der Wiese miteinander Abendmahl. Essen Brot und trinken Weintraubensaft aus dem eigenen Becher. Vor euch liegt das Brot. Teilt es und gebt es weiter.
Der Kelch wird von Decke zu Decke gereicht. Teilt den Weintraubensaft und gebt ihn weiter.

Spendeworte

Sorge dich nicht, das Brot des Lebens für dich.
Sorge dich nicht, der Kelch des Heils für dich.

Lied | *Wir teilen Brot* (LH1, 36)

Dankgebet

Gott, wir sind unterwegs.
Manche Sorgen wiegen schwer.
Manche Tage haben es in sich.
Weite unseren Blick
für die Sorgen anderer und die Sorgen in der Welt.
Leichtigkeit befreit.
Schwung reicht für mehr.
Ideen begeistern.
Schenk uns genug davon.
Gott, wir sind unterwegs.
Und du gehst mit.
Danke, Gott, du sorgst für uns.
Du schenkst uns die Fülle. Amen.

Vom Ort verabschieden

Hej, ihr Leute von der Wiese, es ist Zeit.
Zeit, nach Hause zugehen.
Sammelt die Brotreste in einen Korb.
Legt die Picknickdecken zusammen.
Dieses Picknick werden wir so schnell nicht vergessen.
Der Geschmack des Lebens liegt noch auf der Zunge.

Lieder

Wir teilen Brot (LH 1, 36)
Ich bin bei euch (fT 162)
Du, Gott, stützt mich (LH 1, 66)

Material:
- *Brot, Wasser*
- *Teppichfliesen*
- *Picknickdecken, kleine Brote, Gießkelche, Weintraubensaft*
- *Karten mit Worten des Vaterunsers*
- *Stoffquadrate, Stoffstreifen, Zeitungen, Wolle*

Die Heilung eines Gelähmten – Bibelwanderung am Teich Bethesda

Johannes 5,1-9

In der Geschichte wandeln

Jesus kommt zum Fest nach Jerusalem. Am Schaftor liegen Teiche mit fünf Hallen. In den Säulenhallen sind Kranke und Ausgezehrte untergebracht. Daher der Name Bethesda – »Haus des Erbarmens«. Das Besondere an diesem Ort: Ein Engel bewegt von Zeit zu Zeit das Wasser, und der erste Mensch, der darin badet, wird geheilt. Himmlische Heilkraft. Willst du gesund werden? Diese Frage scheint dem Kranken absurd. Er wusste, dass er niemals Erster im Wasser sein würde. Im Stil einer Wundergeschichte gibt Jesus den Befehl: »Steh auf, nimm dein Bett und geh!«

Die Natur spielt mit – Spielräume in der Natur

Vor der Stadtmauer. Wilde Ecken, Felder, Wege, Brücke über einen Bach. Es ist eng am Torbogen. Eine Schlange bildet sich. Ein Torbogen hat akustische Reize.
Einen Ort mit Wasser zum Erfrischen. Mit Steinen spielen.

Sich gürten

Gott,
du hast ein Herz für uns.
Gott,
du bist barmherzig.
Gott,
erbarme dich.

Vorschlag für eine Erzählung

Die Jüngerinnen und Jünger waren unterwegs. Sie kamen durch die Berge. Direkt auf das Schaftor zu.
Viele Menschen waren unterwegs zum Fest nach Jerusalem.
Das Schaftor lag im Norden der Stadt. Auch Tiere werden hier in die Stadt geführt.

Es ist heiß in der Stadt.
Die Mauern speichern die Hitze.

Nach der langen Wanderung sehnen sich die Jünger nach einer Erfrischung.
Beim Schaftor waren Teiche aus Felsen geschlagen.

Zeit für eine Erfrischung am Wasser.
Hier ist ein besonderer Ort.
»Bethesda« heißt er: »Haus des Erbarmens«.
Hier ist ein besonderer Ort.
Von Zeit zu Zeit geschieht hier ein Wunder.

Hast du schon einmal etwas erlebt, das sich wie ein Wunder anfühlte?

Die Leute warteten darauf, dass sich das Wasser bewegte.

Schaut auf das Wasser. Was bewegt sich?
Einen Stein ins Wasser werfen, dass sich Kreise bilden.

Von Zeit zu Zeit bewegte der Engel des Herrn das Wasser.
Wer nun zuerst hineinstieg, nachdem sich das Wasser bewegt hatte, der wurde gesund, an welcher Krankheit er auch litt.
Viele sitzen hier und warten.

Sieh hin!

In den Säulenhallen sind Kranke, Blinde, Lahme, Ausgezehrte.
Wie lange mögen sie hier sitzen?
Sie sitzen und schauen auf das Wasser.
Na, tut sich da was?
Sie sitzen und warten auf den einen Moment.
Worauf wartest du?
Sie sitzen voller Hoffnungen, denn von Zeit zu Zeit passiert ein Wunder.
Sitzt da jemand in der ersten Reihe?
Da hinten, ja, da sitzt jemand schon sein ganzes Leben.
38 Jahre sagt man. Die Leute reden über ihn. Er ist gelähmt.
Jesus hörte davon und ging zu ihm:
Willst du gesund werden?
»Ich habe niemanden, der mich zum Teich bringt,
wenn sich das Wasser bewegt. Bevor ich ankomme,
war jemand anderes schneller.«

»Steh auf, nimm dein Bett und geh!«, hörte er Jesus sagen.

Steh auf! Schön, wenn das jemand zu dir sagt.

Solo –
Du gehst allein ein Stück des Weges mit Erfahrung der Heilung. Dein ganzes Leben hast du darauf gehofft und es doch nicht für möglich gehalten.
Wie gehst du ins Leben?

Nach einer festgelegten Wegstrecke allein kommen alle wieder zusammen.

Der Mann ist mit seiner Matte in den Tempel gegangen.
Er spricht ein Gebet als Dank für die Heilung.
Lasst uns zum Fest gehen!

Tanz zum Lied »Trommle mein Herz für das Leben« (LuL 40)

Wir brauchen Geschichten, die uns an Wunder glauben lassen, die uns bewegen, die uns zusprechen: »Steh auf!« Wir brauchen Geschichten, die die Kraft des Himmels in sich tragen.

Verweilen und schöpferisch tätig werden

In einem Tuch Kinder halten und wiegen. Ein Erwachsener leitet es an und sichert die Kopfseite. Es wird ein Zeichen verabredet, wenn es zu schwer sein sollte. Auf ein Zeichen heben vorsichtig alle das Tuch an, wiegen das Kind vorsichtig und legen zuerst die Tuchseite mit den Füßen auf den Boden.

Matte flechten
Aus Bast eine Matte flechten. Dazu braucht es eine rechteckige feste Pappe die an den schmalen Seiten eingeritzt wird. Ein fester Baumwollfaden wird längs um die Pappe gewickelt und gespannt. Die Bastfäden werden im Wechsel zwischen die Baumwollfäden eingewebt. Zum Schluss werden die Baumwollfäden aufgeschnitten und verknotet. Die Matte kann ausprobiert werden.

Vom Ort verabschieden

Matten zusammenrollen und gehen.

Lieder

Kyrie und Gloria (LuL 16)
Du bist das Leben (LuL 15, Str. 4)
Du bist heilig (fT 153)
Da wohnt ein Sehnen tief in uns (fT 25)

Auf dem Weg zum Kreuz –
Bibelwanderung an vier Orten

Passionsgeschichte nach Lukas

In der Geschichte wandeln

Es ist ein langer, steiniger Weg bis zum Kreuz. Unterschiedliche Orte bekommen in der Passionsgeschichte eine Bedeutung: auf dem Weg zum Stadttor, Ölberg, Garten, Hof, Hügel.
Doch offen ist, was sich zwischen den Orten und auf den Wegen ereignet. Die Beziehungen untereinander und das Verhalten der Jüngerinnen und Jünger lassen sich nur erahnen, werden nicht erzählt. Eine Festgemeinde steht am Rande der Geschichten. Was bewegt sie? Bleiben sie Zuschauende? An den unterschiedlichen Orten kann aus der Perspektive eines Jüngers die Geschichte erinnert werden. Wir können die Leidensgeschichten erzählen, gerade weil Christus auferstanden ist.

Natur spielt mit – Spielräume in der Natur

Die Qualitäten der vier Orte sind hier kurz skizziert.
Der Ölberg hat einen steinigen Untergrund, es wachsen Olivenbäume und Kräuter. Wenn der Wind weht, liegen die Aromen von Kräutern und Harzen in der Luft.
Das Stadttor ist markant, ragt aus der Stadtmauer heraus und ist von Weitem zu sehen. Es bildet einen engen Durchgang, vor dem sich viele Menschen sammeln.
Der Esel spielt in der Geschichte eine Rolle. Gibt es in der Nähe einen Hof mit einem Esel, dann könnte auch dort der Erzählort sein. Alternativ: mit Steckenpferden spielen.
Der Garten dient Jesus als Rückzugsort für das persönliche Gebet mit seinem Vater.
Eine Feuerstelle hat einen besonderen Reiz. Im Licht des Feuers ist nicht alles gut zu erkennen. Manchmal ist es gut, dass es dunkel ist. Das Feuer wärmt intensiv.

Gebet

Gott,
es ist Fastenzeit.
Wir bereiten uns vor.
Auf dich, Gott.
Jesus bereitet sich vor.
Er nimmt uns mit auf seinen Weg,
das Leiden zu ertragen.
Leiden und Hoffnung gehören zusammen.
Gott,
wir hoffen auf dich:
Mitten in unserem Leid.
Wir hoffen auf dich:
Auf deinen Frieden in der Welt.
Du bist ein Gott, der uns sieht.
Amen.

Lieder

Jesus zieht in Jerusalem ein (EG 314)
Kyrie (LH 2, 212)
Als Jesus gestorben war (LH 2, 258)
Bleibet hier und wachet mit mir, wachet und betet (EG 789.2)

A Unter einem Baum

Sich gürten

Ein weiter Weg liegt vor uns.
Menschen kommen und erinnern.
Sie erinnern das Fest der Befreiung.
Kommt, wir feiern mit.

Vorschlag für eine Erzählung (nach Lukas 19,28–40)

»Was ist los? Nein. Nicht jetzt, wo wir gerade angekommen sind. Angekommen am Ölberg, mit dem schönsten Blick auf die Stadt. Ich soll gleich wieder aufbrechen und den Berg wieder runtergehen? Ich bin hier doch nicht allein, kann das nicht eine andere ...«, aber das denke ich nur.

»Viel lieber würde ich hier unter meinem Baum sitzen bleiben und dem Treiben der Leute zuschauen. Vor uns liegt Jerusalem, umgeben von der riesigen Stadtmauer. In der Mitte der Stadt ragt der Tempel empor. Seine goldenen Verzierungen blitzen im Sonnenlicht. Von hier aus hat man den schönsten Blick auf die Stadt. Aber das muss warten. Jesus schickt uns. Andreas und mich, Jakobus.«
»Geht in das Dorf, das vor euch liegt. Wenn ihr hineinkommt, findet ihr einen jungen Esel angebunden. Auf ihm ist noch nie ein Mensch geritten. Bindet ihn los und bringt ihn her. Und wenn euch jemand fragt: Warum bindet ihr den Esel los? Dann sagt: Der Herr braucht ihn!«
Andreas und Jakobus machten sich auf den Weg.
»Was für eine schöne Aussicht von hier oben! Nur noch den Ölberg hinuntergehen und dann den nächsten Hügel wieder rauf, dann wären wir schon da, aber nein, Jesus braucht einen Esel.« »Andreas, wozu brauchen wir so kurz vor dem Ziel einen Esel? Den ganzen weiten Weg von Galiläa nach Jerusalem haben wir auch ohne Lasttier geschafft.« »Jakobus, ich weiß es nicht.« »Und woher weiß Jesus, dass dort ein junger Esel auf uns wartet?« »Jakobus, auch das weiß ich nicht. Aber nach allem, was wir mit Jesus erlebt haben, vertraue ich ihm.«
Ja, das stimmte, nichts war ihm unmöglich.

Einen langen Stock als »Steckenpferd« suchen.

Andreas und Jakobus fanden es genauso vor, wie Jesus es gesagt hatte. Am Dorfrand wartete der junge Esel. Festgebunden an einem Holzpflock. Ein hübsches Tier. Sie streichelten den kleinen Esel, redeten mit ihm und banden ihn los. Langsam trottete der Esel mit ihnen, als ein lauter Schrei sie stoppte. »Hey, ihr da! Was macht ihr mit meinem Esel, warum bindet ihr ihn los?« Andreas und Jakobus und der Esel blieben stehen und schauten den Mann an: »Der HERR braucht ihn!«, antwortete Jakobus. Mehr nicht. Der HERR braucht ihn.
Und so gingen sie zu den anderen Jüngerinnen und Jünger. Zurück zum Ölberg. Und sie wurden empfangen und warfen ihre Kleider auf den jungen Esel und setzten Jesus darauf. Vorsichtig ging der Esel los. Nur noch den Ölberg hinunter, und dann waren sie mitten drin. Aus allen Dörfern des Landes strömten Menschen zum Fest nach Jerusalem. Am Stadttor kam es zu Warteschlangen, denn die Gassen in der Stadt waren eng und schmal.

Die Leute warteten. Ganz allmählich sprach es sich rum. Jesus kommt, ja, er kommt auf einem kleinen Esel. Seht, da kommt er, der König. Sie jubelten und legten ihre Kleider auf den Weg.

Kinder legen aus ihren Gürteln einen Weg.

So einen Einzug hatten sie noch nie erlebt. Vergessen war die lange Warterei. Die Gasse führte direkt zum Tempelplatz, und es hörte nicht auf. Die Leute riefen: »Gelobt sei, der da kommt, der König, im Namen des Herrn!«, und immer mehr stimmten mit ein: »Friede im Himmel und Ehre in der Höhe!«

»Hosianna! So einen Jubel habe ich noch nicht erlebt. Und die Rufe werden immer lauter: Gelobt sei der König! Es scheint, als fällt Gottes Glanz aus dem Himmel direkt vor Jesu Füße. Wie ein Teppich breiten sich die Kleider vor ihm aus. Ja, das ist ein schöner Trost, im Himmel ist schon Friede! Selbst die römischen Soldaten halten ihn nicht auf. Hosianna!«, stellte Jakobus fest. Und Jesus saß stolz und aufrecht auf dem Esel. Am Stadttor machten die Leute Platz, und mehr und mehr stimmten mit ein. Wie ein König wurde er empfangen. Diesen Jubel konnte man nicht überhören. Manch einer spürte himmlisches Glück.

Aber nicht alle stimmten mit ein. Eine Gruppe Pharisäer drängelte sich Jesus in den Weg.

Kein Jubel. Nur eine Ansage:

»Lehrer, verbiete das deinen Schülerinnen und Schülern. Bring sie zum Schweigen.«

Jesus blieb mit dem Esel stehen.

Es schien, als genieße Jesus diesen Moment, das Jubeln, die Kleider, ein Stück Himmel und die Antwort. Er schaute den Pharisäern ins Gesicht und antwortete:

»Wenn sie schweigen werden, werden die Steine schreien.«

Jesus ritt weiter und ließ sie stehen.

»Gelobt sei, der da kommt, der König, im Namen des Herrn!«, und mehr und mehr stimmten mit ein: »Friede im Himmel und Ehre in der Höhe!«

Verweilen und schöpferisch tätig werden

Steine mit einem Zeichen der Geschichte bemalen.
Am Ende der Wanderung erzählen die Steine die Geschichte.
Oder: Steckenpferde gestalten aus dicken Ästen.

Straßenaktion
Geht auf die Straße!
Freut euch und jubelt, singt und
klatscht! Jubelt für Gott!
Schreibt mit Straßenmalkreide auf
die Straße:
Hosianna oder Friede im Himmel
oder Shalom oder Grüß Gott

Rasten und Abendmahl

Am Tisch
Die Jünger kamen zusammen, wie Jesus es gesagt hatte.
Sie kamen zusammen, um sich an die große Geschichte zu erinnern. Alles auf dem Tisch erinnert an den Tag des Auszugs in Ägypten.
Gott hat sein Volk beschützt. Sie sind frei.
Der Segensbecher geht herum.
Und Jesus erzählt von einer anderen Freiheit, einer neuen Freiheit.

Einsetzungsworte

B Im Garten

Sich gürten

Eine dunkle Nacht liegt vor uns.
Setzt euch nah aneinander,
dass ihr euch gegenseitig schützt und wärmt.
Schön wach bleiben!
Gott, beschütze uns!

Weglied summen:
Bleibet hier und wachet mit mir, wachet und betet (EG 789.2)

Vorschlag für eine Erzählung (nach Lukas 22,3-6.39-71)

Der Jünger Petrus erzählt.

Es war finster in dieser Nacht.
Nicht mal der Mond war zu sehen. Im Dunkel der Nacht, am Olivenbaum angelehnt, kreisten meine Gedanken. Die letzten Tage waren voller Begegnungen, die Jubelrufe längst verklungen.
Und dann kam das Passahmahl. Bei den Worten Jesu blieb mir fast das Brot im Halse stecken. Noch nie schmeckten die Kräuter so bitter. Erinnerungen an die Israeliten wollten wir teilen. Befreiung wollten wir feiern.
Ich saß mit den anderen Jüngern am Tisch, und wir hörten Jesu Worte: »Das ist mein Leib, der für euch gegeben wird. Dieser Kelch ist der neue Bund in meinem Blut, das für euch vergossen wird.«
Feiern? Was sollten wir feiern? Jesu Worte klangen nach Abschied. Seine Worte trafen mich tief.
Ich sollte ihn verleugnen, nein, das würde ich nie tun. Da war ich mir sicher.
Der Einzige, der das mit einem Lächeln ertrug, war Judas. Komisch.
Dann gingen wir hinaus aus der Stadt in einen Garten. Es war still im Garten Gethsemane.
Der abendliche Spaziergang kam uns allen gelegen. Noch einmal heraus aus der Stadt, aus den engen Gassen, dem Lärm entfliehen, den Feiern entkommen. Nach Feiern war uns allen nicht mehr zumute. Frische Luft einatmen, das tat jetzt gut.
»Bleibt hier und wacht mit mir, wacht und betet!«, sagte Jesus noch zu uns, drehte sich um und ging.

Lied: *Bleibet hier und wachet mit mir, wachet und betet (EG 789.2) singen oder summen.*

Jesus zog sich zum Gebet zurück.
Er wollte allein sein – allein mit seinem Vater im Himmel.
Und er betete.
Der ganze Tag war voll, die vielen Eindrücke vom Abend, das alles machte uns müde, und so dösten wir vor uns hin.
»Was schlaft ihr hier?« Jesus riss mich aus meinen Gedanken.
Feuer flackerte im Garten.
Ich konnte gar nicht so schnell aufstehen, da kamen Fackeln aus dem Dunkel der Nacht auf uns zu. Im Lichtschein erkannte ich

Judas. Und dann ging alles so schnell. Ein Kuss sollte das Zeichen sein, Jesus redete, ein Schwert schoss durch die Luft, Schreie, Jesus heilte das Ohr, und dann erinnere ich die finsteren Blicke des Hohepriesters.

»Wie ein Räuber abgeführt. Mit Schwertern und mit Stöcken. Jeden Tag war ich bei euch im Tempel«, rief Jesus den Menschen zu, aber sie wollten seine Worte nicht hören.

Wie gelähmt schaute ich zu, wie sie schließlich Jesus abführten. Eine finstere Nacht. Es war wieder still im Garten Gethsemane. Der Fackelzug bewegte sich bergauf Richtung Stadttor. Nicht weit dahinter lag gleich das Haus des Hohepriesters. Vorsichtig folgte ich ihnen. Ich schlich mich durch die Gasse, an den Menschen vorbei, und setzte mich zu den Leuten ans Feuer. Ich hatte es geschafft. Ich war Jesus so nah, wie es ging. Ich konnte ihn diesen Weg nicht alleine gehen lassen, nein, ich musste in seiner Nähe sein.

Plötzlich zeigte eine Frau mit ihrem Finger auf mich und rief: »Der hier war auch mit Jesus unterwegs.« Ich hörte mich reden: »Nein, Frau, ich kenne ihn nicht.« Ein anderer zeigte auf mich: »Du bist auch einer von den Jüngern«, und ich hörte mich wieder: »Nein, Mann, ich bin's nicht.« Nach einer Weile kam ein Mann auf mich zu, der wusste, ich sei ein Mann aus Galiläa. Da hörte ich den Hahn krähen. Jesus hatte es gesagt. Tränen liefen über mein Gesicht. Ich lief raus aus dem Hof, lief um die nächste Ecke und weinte.

C An der Feuerstelle

Sich gürten

Ein schwerer Tag liegt vor uns.
Menschen sind laut und führen andere vor.
Menschen bewerten und urteilen.
Nicht immer geht es gut aus.
Gott, stärke uns!

Vorschlag für eine Erzählung (nach Lukas 23,1-25)

Ein dunkler Tag. Nach der Verhaftung Jesu im Garten Gethsemane folgten Verhöre. Es ging hin und her. Die Hohepriester wollten wissen: Bist du der Sohn Gottes?

Und Jesus antwortete: Ihr sagt es, ich bin es.
Die Hohepriester brachten Jesus zu Pilatus. Als Statthalter von Jerusalem war er zuständig für ein rechtskräftiges Urteil. Für eine Anklage brauchte es römische Argumente: Gefährdung von Ruhe und Ordnung, finanzielles Risiko, Angriff auf die Würde des Kaisers.
Pilatus hörte sich die Anklage an und fragte Jesus: Bist du der König der Juden?
Jesus antwortete: »Du sagst es.«
Pilatus sah von einem zum andern. »Ich finde keine Schuld an diesem Mann.«
Da wurde die Menge laut: »Er wiegelt das Volk auf von Galiläa bis Jerusalem.«
»Galiläa sagt ihr? Herodes ist römischer König über Judäa, Galiläa und Samarien und weilt gerade zufällig in Jerusalem. Sehen wir, was Herodes zu sagen hat.«
Pilatus schickte Jesus zu Herodes. Es ging hin und her.
Von Jesus hatte Herodes schon viel gehört, vor allem Wundergeschichten. Und er freute sich auf Jesus. Er wollte Jesus kennenlernen und ein Zeichen von ihm sehen. Mit eigenen Augen. Herodes nahm sich viel Zeit für Fragen. Aber auf keine seiner Fragen gab Jesus eine Antwort. Immer wieder mischten sich die Hohepriester ein und klagten Jesus an.
Jesus schwieg.
Die Hohepriester und Soldaten und Herodes wurden lauter. Ja, sie fingen an, sich über Jesus lustig zu machen. Sie zogen ihm prächtige Königskleider an – dem König der Juden. So schickte Herodes Jesus zurück zu Pilatus. Es ging hin und her.
Am Ende wurden die Rufe lauter und lauter. Barrabas kam frei. Jesus wurde abgeführt.
Erzähler:in legt Äste übereinander wie ein Gitter vor einem Fenster.
Den Abend werde ich nicht vergessen.

D Auf einem Hügel | An einem Kreuzort

Sich gürten

Schreckliche Stunden liegen vor uns.
Auf manches im Leben kann man sich nicht vorbereiten.
Lasst uns den schweren Weg gehen.
Gott, hilf uns Lasten tragen.

Vorschlag für eine Erzählung (nach Lukas 23,26.27.32-49)

Ein lauter Tag.
Jesus ging in einem Königsgewand durch die schreiende Menge. Simon trug das Kreuz und ging hinter Jesus her. So gingen sie den ganzen Weg durch die Straßen bis zum Hügel Golgotha. Jesus ging wie ein König mit seinem Diener.
Petrus und die anderen Jüngerinnen und Jünger waren nicht zu sehen.
Die Soldaten kreuzigten Jesus. Mit ihm zwei andere Männer. Einen an seiner rechten Seite und einen zu seiner linken Seite.
Die Jüngerinnen und Jünger hörten nicht, was am Kreuz passierte.
Jesus rief: »Vater, vergib ihnen, denn sie wissen nicht, was sie tun!«
Und Jesus sah, wie die Soldaten spielten und spotteten. Sie warfen das Los um seine Kleider. Einer brachte ihm einen Essigtrunk und fragte: »Wenn du der König der Juden bist, so hilf dir selber!« Ein Schild hatten sie angebracht über seinem Kopf: »Dieser ist der König des jüdischen Volkes.«
Das Volk schaute zu.
»Andere hat er gerettet. Rette er sich selbst, wenn er der Gesalbte, der Christus ist.«
Einer der Männer am Kreuz rief Jesus zu: »Bist du nicht der Christus? Rette dich und uns!«
Der andere entgegnete ärgerlich: »Hast du denn keine Angst? Wir sind genauso verurteilt. Unsere Strafe ist gerecht für das, was wir getan haben. Aber Jesus hat nichts getan.«
Und er sagte: »Jesus, denk an mich, wenn du in dein Königreich kommst!«
Jesus sagte: »Amen, ich sage dir: Heute wirst du mit mir im Paradies sein.«
Es war um die Mittagszeit, die sechste Stunde, da wurde es finster im ganzen Land bis zur neunten Stunde. Das Sonnenlicht verlosch.
Der Vorhang im Tempel riss mitten entzwei.
Jesus schrie auf: »Gott, in deine Hände befehle ich meinen Geist!«
Jesus hörte auf zu atmen.
Als der Hauptmann das sah, lobte er Gott und sprach: »Dieser Mann war wirklich ein Gerechter.« Alle die das sahen, schlugen

sich auf die Brust. Sie spürten Schuld und kehrten um. Sie gingen zurück in die Stadt.
In der Ferne standen die Frauen und Freunde von Jesus, seine Jüngerinnen und Jünger.
Im Wunder der Dunkelheit trauten sie sich auf die Straße – in seine Nähe.
Jesus ist tot. Es ist still.

Die Kerze wird ausgepustet.
Stein mit Grab auf den Weg legen.

Verweilen und schöpferisch tätig werden

Balkeninszenierung
Kinder tragen gemeinsam vier Balken-Stücke.
Auf die Balkenstücke setzen sie sich, wenn die Geschichte erzählt wird.
Wenn die Kreuzigung erzählt wird, legen die Kinder die Balken auf die Erde, sodass sich ein Kreuz bildet. An der Stelle, wo die Balken aneinanderstoßen, entsteht ein quadratisches Loch. In diese Leerstelle wird ein Glas mit einer Kerze gestellt. Mit dem Tod wird die Kerze ausgepustet.
Ein Tuch wird zerrissen. Mit den Tuchteilen wird das Kreuz verhüllt.

Kreuzgestaltung
Kinder können mit Zweigen und Draht ein Kreuz binden.
Damit es steht, wird aus Knete oder Modelliermasse ein Hügel geformt.

Ein Kreuz findet seinen Platz im Garten.
Am Ende des Weges entsteht ein Garten mit einer Grabhöhle aus Steinen.

Auf dem Weg ins Leben – Bibelwanderung nach Ostern

nach Lukas 24

In der Geschichte wandeln

Lukas erzählt Ostermomente als Weggeschichte. Zwei Wandermomente kommen in den Blick und werden erfahren. Zunächst kommen drei Frauen mit Salböl zum Grab, um Jesus zu salben. Und die zwei Jünger wandern nach Emmaus und schließlich wieder zurück nach Jerusalem.

Natur spielt mit – Spielräume in der Natur

Kinder bekommen ein kleines Tuch, wie eine Serviette, und binden es in den Gurt ein.
Natur kann ein Spiegel sein. Mit Kindern Erinnerungsstücke in der Natur finden, die an die Geschichte von der Kreuzigung erinnern.
Im Garten kann ein Stein zum Zeichen werden.

Sich gürten

Seid ihr schon einmal einem Engel begegnet?
Heute suchen wir das Paradies.
Himmlischer Duft und blühende Bäume begleiten uns.
Das kleine Tuch kann uns nützlich sein.
Schön »eingurten«: in den Gürtel einbinden, damit ihr es nicht verliert.

Gebete

Lebendiger Gott,
es ist nicht zu fassen:
Jesus ist auferstanden.
Hindernisse stehen nicht mehr im Weg.
Deine Engel lassen etwas aufleuchten von deiner Liebe.
Das leere Grab setzt Menschen in Bewegung.
Leinenbinden erzählen vom Leben.
Gott,
begleite uns auf dem Weg ins Leben.

Gott,
Du gehst mit uns mit.
Du zeigst dich:
Du brichst das Brot und stärkst uns.
Welch eine Freude!
Gott,
begleite uns auf dem Weg ins Leben.
Amen.

Vorschlag für eine Erzählung

Material: Salböl, Kerze, Bibel

Es dämmerte schon. Die Frauen nahmen die Salbölflaschen und machten sich auf den Weg zum Grab. Sie hatten wohlriechende Öle vorbereitet. Die Traurigkeit ging mit ihnen. Mit einem Tuch wischten sie sich die Tränen aus dem Gesicht.

Salböl riechen lassen/Tücher einsetzen
Sie gingen durch den Garten bis zur Grabhöhle. Als sie aufschauten, staunten sie: »Der Stein ist weg?« »Wer hat ihn nur weggerollt?« »Den ganzen Weg haben wir darüber nachgedacht, wie wir das schaffen sollen...« Nacheinander gingen sie in die Grabkammer. Doch das Grab ist leer. Den Körper von Jesus konnten sie nicht finden.

»Wie kann das sein?« »Was ist hier los?« »Es liegen nur noch die Leinenbinden hier ...«

Eine Kerze anzünden als Zeichen der hellen Engel
Da wurde es hell in der Höhle. Zwei Männer mit leuchtenden Gewändern kamen näher. Es war so hell, die Frauen senkten den Kopf.
»Warum sucht ihr den Lebenden bei den Toten? Er ist nicht hier. Gott hat Jesus von den Toten auferweckt.«
»Erinnert euch, was Jesus damals zu euch in Galiläa gesagt hat: Der Menschensohn muss ausgeliefert werden und am Kreuz sterben. Aber am dritten Tag wird er von den Toten auferstehen.«

Bibel aufschlagen
Ja, die Frauen erinnerten sich daran, was Jesus gesagt hatte. Maria aus Magdala, Johanna und Maria, die Mutter des Jakobus machten sich auf den Weg zu den Jüngern. Sie mussten es erfahren. Alle mussten es erfahren. »Jesus ist auferstanden. Er lebt!«

Zurücklaufen
Die Jünger glaubten ihnen nicht. »Das habt ihr euch doch nur ausgedacht. Das kann nicht sein.«
Die Engel haben es erzählt: »Was sucht ihr den Lebenden bei den Toten. Erinnert euch, was Jesus damals gesagt hatte. Ihr habt es doch auch gehört!«
Da stand Petrus auf und rannte los. Ganz außer Atem ging er in das Grab. Er musste sich ducken im Eingang. Es war so, wie die Frauen es erzählten. Das Grab war leer. Nur die Leinenbinden lagen dort. Petrus ging wieder zurück zu den Jüngern.
Den ganzen Weg wunderte er sich und fragte:
»Jesus ist auferstanden? Was war da geschehen?«

Verweilen und schöpferisch tätig werden

Aus Steinen wird ein Felsengrab gebaut. Als Abdeckung dient eine Stein- oder Schieferplatte. Mit Moos kann die Grabhöhle ausgelegt werden. Ein großer Stein verschließt das Felsengrab und schützt es vor Tieren. Am Ostermorgen liegt der große Stein an der Seite. Die Grabhöhle ist mit Überraschungen gefüllt.

Mit Leinenbinden einen Gebetsort gestalten
Auf die Leinenbinden werden mit Filzstiften Bilder gestaltet, die vom Leben erzählen. Es könnte auch nur eine Frage oder ein Satz darauf stehen, z. B.: »Was sucht ihr den Lebenden bei den Toten?« oder »Jesus lebt«. Sie können als Gebetsort eingerichtet werden oder ihren Platz auf dem Altar unter dem Kreuz bekommen oder über der Kirchentür installiert werden.
In der Kunst werden oftmals Schriftbänder dargestellt. Vielleicht ja auch in eurer Kirche an Skulpturen oder in Decken- oder Altarbildern?

Steine mit Symbolen aus der Geschichte gestalten.
Welcher Ostermoment in der Geschichte gefällt dir besonders gut?

Taschentuch gestalten
Das kleine Tuch aus dem Gürtel wird gestaltet. Der Wandel von der Traurigkeit auf dem Weg zum Grab bis hin zu den Freudentränen nach der himmlischen Begegnung findet im Tuch eine Gestaltung.

Vom Ort verabschieden

Kinder stehen zum Segen im Kreis und bekommen von den Teamern auf die Handfläche mit Salböl ein Kreuz gezeichnet. Es ist auch denkbar, das kleine Tuch mit Salböl zu tränken und damit über die Hand zu streichen. Dazu erklingt der Segenswunsch: *N. N., du bist wertvoll. Gott segne deinen Weg ins Leben.*

Lieder

Jesus lebt, ich freue mich (LH 1, 70)
Du verwandelst meine Trauer in Freude (LH 1, 64)
Manchmal feiern wir mitten am Tag (LH 1, 67)
Er ist erstanden (EG 116)
Bleibet hier und wachet mit mir (EG 789.2)

Der Weg ins Leben – Bibelwanderung mit den Emmausjüngern

Lukas 24,13–35

Sich gürten

Manche Begegnungen stecken voller Überraschungen.
Seid ihr bereit für neue Entdeckungen?
Lasst uns einander gute Begleiter sein.

Vorschlag für eine Erzählung

Das Fest war vorbei. Jesus war tot. Es gab keinen Grund mehr zu bleiben. Die beiden Freunde machten sich auf den Heimweg. Zurück nach Emmaus. Langsam gingen sie weiter. Jerusalem und das Grab lagen hinter ihnen. Die Traurigkeit tat weh. So weh, dass alles auf ihrem Weg sie an die Zeit in Jerusalem erinnerte und sie redeten.

Dornenbusch finden
Der Dornenbusch am Weg erinnerte sie an die Jubelrufe der Soldaten und die Dornenkrone. »Wie konnten sie nur auf diese Idee kommen und Jesus eine Krone aus Dornen aufsetzen?«

Äste-Kreuz finden
Wenn die Sonne einen Schatten der Zweige auf den Weg warf, dann sahen sie das Kreuz. Plötzlich sahen sie am Weg überall Kreuze.

Stein finden
Der Stein am Weg erinnerte sie an den großen Stein vor dem Grab. Sie seufzten. Es kam ein Fremder. Seine Schritte waren schneller, und er sprach sie an: »Worüber redet ihr auf dem Weg?« Es war Jesus selbst, aber in ihrer Trauer erkannten sie ihn nicht. Kleopas konnte es nicht fassen. »Bist du etwa der Einzige, der nicht mitbekommen hat, was in Jerusalem passiert ist?« »Was denn?«

Mit einem Stock malt Erzähler:in ein Bild auf den Weg mit drei Kreuzen
»Na, das mit Jesus von Nazareth. Er war ein großer Prophet und wurde doch verurteilt und gekreuzigt.«

Weitergehen
Die drei gingen weiter. Die beiden Jünger erzählten von ihren Hoffnungen, dem leeren Grab und dem Engel, den die Frauen getroffen hatten. Der Fremde hakte ein: »Musste der Christus das nicht erleiden?«, und er erzählte von Mose und den Propheten und über das, was in der Heiligen Schrift über ihn gesagt wurde. Und sie erkannten ihn nicht.

Als sie am Haus ankamen, tat der Fremde so, als wollte er weiterziehen. Und die beiden Freunde baten ihn rein. »Bleib doch bei uns. Es will Abend werden, und der Tag hat sich geneigt. Bleib bei uns. Sei unser Gast.«

Lied | *Herr bleibe bei uns, denn es will Abend werden* (EG 483)

Rasten und Abendmahl

Osterfrühstück: Gemeinsam Brot teilen und Abendmahl feiern
Beim Essen nahm der Fremde das Brot, dankte Gott, brach es in Stücke und gab es den Jüngern. Da fiel es ihnen wie Schuppen von den Augen. Im selben Augenblick verschwand Jesus vor ihnen. Sie schauten sich an: »Brannte nicht unser Herz, als wir mit ihm auf dem Weg waren?«

Sie liefen sofort nach Jerusalem zurück. Sie hatten Jesus gesehen. Er ist auferstanden. Er lebt. Das mussten die anderen Jünger auch hören. »Als er das Brot mit uns brach, da erkannten wir ihn. Es war Jesus!«

Auf dem Rückweg liegen bunte Ostereier am Weg. Die Osterbotschaft lenkt ab von den traurigen Wegzeichen, die sie vorher entdeckt haben.

Verweilen und schöpferisch tätig werden

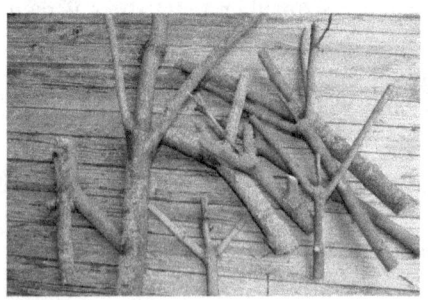 

Lebendiges Kreuz
Mit einer Gartenschere Zweige von einem Fliederbusch o. Ä. abschneiden.
Einzelne Äste ins Wasser in eine Vase stellen und beobachten.
Neues Leben wird sichtbar. So wird aus dem Holz ein Lebensbaum.

Jesus weist Menschen den Weg –
Eine Bibelwanderung an Himmelfahrt

Lukas 24,36–49.50–53 und
Apostelgeschichte 1,4–12

In der Geschichte wandeln

Nach den Wandermomenten und der Botschaft von der Auferstehung konzentrieren sich die Ereignisse im Haus der Jünger in Jerusalem. Alle kommen an einem Ort zusammen. Die Freude ist groß. Es gibt Fisch. Eine etwas komisch anmutende Geste, in denen die Anfänge Jesu Wirken am See Genezareth und der Begriff »Menschenfischer« mitschwingen.

Die Begrüßungsformel »Friede sei mit euch« bekommt eine neue Dimension mitten unter ihnen.

Schließlich führt Jesus die Jüngerinnen und Jünger nach Betanien. Er verlässt diese Erde, nicht ohne die Jünger zu segnen.

Natur spielt mit – Spielräume in der Natur

Nach einer Wanderung kommen alle an der Feuerstelle zusammen.

Der Stein aus der Ostergeschichte kann zum Friedenszeichen werden.

Die Wanderung führt zu einem Hügel mit einer Lichtung. Ein Ort, der in besonderer Weise den Blick zum Himmel und in die Weite öffnet.

Sich gürten

Zeit für Abschied.
Zeit, um Lebewohl zu sagen.
Zeit, um sich zu öffnen für Neues.

Vorschlag für eine Erzählung

Material: Kerze

»Ja, es brannte unser Herz, als der Auferstandene mit uns ging. Und wir erkannten ihn nicht.« Es war eine aufgeregte Stimmung im Haus der Jünger. Die Traurigkeit war gewichen. Die Frauen erzählten vom leeren Grab und den Engeln, Petrus selbst hatte es gesehen und nun die Emmausjünger. Ja, Jesus ist auferstanden von den Toten.

Kerze wird angezündet.

Während sie miteinander redeten, hörten sie eine Stimme: »Friede sei mit euch!«
Und es wurde still. Sie erschraken. »War das ein Geist?«
»Warum seid ihr erschrocken? Warum zweifelt ihr?« Jesus zeigte seine Hände und Füße.
»Seht selbst. Ich bin es wirklich. Fasst mich an und überzeugt euch selbst. Ein Geist hat wohl keine Haut und keine Knochen.«
Manche Jünger konnten es nicht fassen und staunten. Langsam breitete sich Freude aus.
Jesus unterbrach die staunende Stille: »Habt ihr etwas zu essen?« Diese Frage löste die Stimmung. Na klar, nach drei Tagen konnte er Hunger haben. Und die Jünger wussten, was sie in diesem Moment tun konnten. Manche lachten. Das werden sie nie vergessen, wie sie Jesus, dem Auferstandenen, einen gebratenen Fisch anboten.
Jesus nahm es und aß es. Fisch zum Frühstück.
Als Jesus satt war, hielt er eine Rede. Es war mehr als die Reden, die sie von ihm als Lehrer kannten. Es war die Vergewisserung: »Ja, die Schrift ist erfüllt. Es ist geschafft!« Zugleich war es ein Ruf, eine Berufung. »Ändert euer Leben! Gott will euch eure Schuld vergeben! Ihr seid Zeugen. Fangt gleich in Jerusalem an. Ich werde den Geist zu euch senden, den mein Vater versprochen hat. Bleibt hier in der Stadt, bis ihr die Kraft vom Himmel empfangen habt.«
Das waren keine neuen Worte, aber sie hatten eine neue Kraft. Ja, sie waren Zeugen. Sie hatten den Auferstandenen mit eigenen Augen gesehen. Und sie warteten auf die Geistkraft Gottes.

Verweilen und schöpferisch tätig werden

»Friede sei mit euch.«
Kinder und Erwachsene sprechen sich gegenseitig den Friedensgruß zu.
Durch das Hören der Erzählung werden wir zu Osterzeugen. Das, was sich damals in Jerusalem bei den Jüngerinnen und Jüngern ereignete, gilt auch uns. Nun ist es an uns, die Botschaft weiterzutragen.

Friedenssteine
Kinder können eigene Steine gestalten. Steine als verdichtete Erde. Bilder zeigen, dass irdische Hindernisse überwunden sind. Welche Symbole erzählen vom Leben, vom Frieden, von der Vergebung? Diese Hoffnungssteine in die Landschaft legen oder verschenken mit den Worten: Friede sei mit dir!

Rasten

Wer mag: Fisch über dem Feuer braten!
Kerze auspusten und gehen.

Sie waren alle miteinander auf den Berg nahe Betanien gegangen.
Der Moment des Abschieds war gekommen.
Jesus hob die Hände auf und segnete sie.
So sehr die Jünger sich auch anstrengten, sie konnten es nicht sehen.
Eine Wolke verhüllte ihren Blick.
So standen sie da, die Jüngerinnen und Jünger, und blickten in den Himmel.
»Starrt nicht in den Himmel«, hörten sie eine Stimme. Sie blickten herunter und sahen zwei Männer in weißen Gewändern.
Wieder einer dieser besonderen Momente.
Da standen sie unter dem weiten Himmel und im Lichtglanz Gottes zu ihren Füßen. »Jesus wurde in den Himmel aufgenommen. Ihr habt es gesehen. Und so wird er wiederkommen.«
Und sie schauten sich um und in die Weite. Tatsächlich. Jesus war nicht mehr zu sehen. Nun hat Jesus einen Ehrenplatz im Himmel. Es blieb ein Gefühl, als wäre Jesus ihr stiller Begleiter. Fröhlich gingen die Jüngerinnen und Jünger nach Jerusalem zurück. Sie warteten und waren sich sicher, Gottes Kraft würde kommen.

Lied: *Der Himmel geht über allen auf* (EG 588)

Verweilen und schöpferisch tätig werden

Der Blick in den Himmel erinnert uns an eine Welt, die mehr ist, als wir sehen.
Wir sind umgeben von einer Himmelswelt.

Spiel mit Taschenspiegel
Mit dem Spiegel und einer Handykamera spielen und himmlische Momente einfangen. Es entstehen Bilder, hinter denen mehr zu ahnen ist, als das Motiv zeigt.

Wolkenbilder gestalten
Spiegelfliesen auf den Boden legen, sodass der Himmel sich spiegelt. Mit einem Kreidestift auf dem Spiegel Wolken nachzeichnen. Hinter dem, was unseren Blick verhüllt, liegt ein weiter Raum.
Über göttliche Himmelswelten ins Gespräch kommen. Weißt du, wo der Himmel ist?
Spielt Gott ein Instrument? Himmel auf Erden – Landeplätze für die Seele – was wäre das?

Farewell-Party
Jesus hinterlässt mit den letzten Worten im Matthäus ein »Lebewohl«.
Ein Tauffest an Himmelfahrt könnte so eine Farewell-Party sein.

Zeit für ein Picknick
Sucht einen ruhigen, schönen Ort aus, vielleicht auf einem Berg oder Hügel. Berge sind in der Bibel Orte der Gottesbegegnung. Menschen erleben hier eine besondere Nähe zum Himmel – zum Wirken Gottes. Hast du schon einmal Gottes Nähe gespürt?
»Das ist ja himmlisch!« Gibt es einen solchen Moment?
Reden, genießen, singen, spielen ... Himmelszeit. Stärkung für den weiteren Weg.

Vom Ort verabschieden

Wolken mit Wasser abwischen.
Auch wenn die Wolken wandeln und der Himmel sich weitet, auch, wenn wir Gott nicht sehen, gibt es eine Verbundenheit.
»Gott hat mir alle Macht gegeben, im Himmel und auf der Erde. Geht nun hin zu allen Völkern und ladet die Menschen ein, meine Jünger und Jüngerinnen zu werden. Tauft sie im Namen des Vaters, des Sohnes und des Heiligen Geistes! Und lehrt sie, alles zu tun, was ich euch geboten habe!
Seid gewiss: Ich bin immer bei euch, jeden Tag, bis zum Ende der Welt.« (Matthäus 28,18–20)
Das sind die Abschiedsworte bei dem Evangelisten Matthäus.

Das »Ich bin immer bei euch« ist in der Taufe zu spüren. Nehmt von dem Wasser und gebt euch ein Zeichen der Verbundenheit in Erinnerung an eure Taufe.

Lieder

Der Himmel, der ist (EG 153)
Der Himmel geht über allen auf (EG 588)

Hinaus in die Welt – Bibelwanderung an Pfingsten

Apostelgeschichte 2,1–13

In der Geschichte wandeln

Die Jüngerinnen und Jünger sind zurück in Jerusalem. Hier teilen sie das Leben, erinnern sich an die letzten Begegnungen und warten auf das, was Jesus angekündigt hatte. Das jüdische Wochenfest als kleines Wallfahrtsfest markiert den Zeitpunkt. Die Erntezeit beginnt! Die erste Szene erzählt davon, dass alle Jünger an einem Ort beieinander waren, als himmlische Zeichen das Haus erfüllten. Alle sichtbaren Zeichen deuten auf ein Ereignis, das von Gott gewirkt ist. Wind und Sturm sind geheimnisvolle Elemente, die eine Gotteserscheinung begleiten. Feuer gilt als Ausdruck der Nähe Gottes, wie schon beim brennenden Dornbusch. Feuerzungen kommen herab. Gott lässt sich nieder und befähigt zum Lobpreis.

In der Erzählung beschreibt Lukas ein Hörwunder. Die mit Geist begabten Jünger sprechen in vielen Sprachen und fangen an zu predigen. Nicht alle verstehen das. Es folgt ein Szenenwechsel. Juden in Jerusalem regen sich auf und reagieren auf das, was sie sehen. Es folgt Staunen und Ratlosigkeit. Aus vielen Teilen der Welt werden die Menschen zusammengeführt und hören das Gotteslob. Von der Schöpfung bis zur Auferstehung und Neuschöpfung im Hier und Jetzt stimmen sie ein in den Hymnus und singen dem Schöpfer. Nach der inneren Einkehr der Jüngerinnen und Jünger folgt mit Pfingsten die erste öffentliche Verkündigung nach der Himmelfahrt! Das Evangelium geht nun hinaus in die Welt!

Die Natur spielt mit – Spielräume in der Natur

Hütte bauen
Aus Ästen, die im Wald liegen, eine Hütte bauen. Es braucht einen tragfähigen Baum als Grundgerüst zum Anlehnen. Die Hütte kann im Innenraum aus Hölzern ein »Sofa« bekommen und eingerichtet werden. Es sollte so groß werden, dass alle Jüngerinnen und Jünger darin Platz finden.

Wind
Auf den Wind lauschen bzw. Wind inszenieren. Gemeinsam werden die Äste auf ein Zeichen nach außen gedrückt.

Sich gürten

Nur Geduld.
Mehr ist nicht nötig:
Beten, Erinnern und Feiern.
Lasst uns den Tisch decken und warten.
Warten auf Gott.

Vorschlag für eine Erzählung

Sie gingen zurück nach Jerusalem in ihr Haus. Die Jünger waren nicht auf sich selbst gestellt in dieser Zeit. Sie hatten Jesu Worte im Ohr: »Bleibt in Jerusalem und wartet. Ihr werdet Kraft empfangen.« Sie warteten. Die Jüngerinnen und Jünger blieben in Jerusalem und waren sich sicher, Gottes Kraft würde kommen. Nur wann? Das lag allein in Gottes Hand. Alle Jüngerinnen und Jünger waren in dieser Zeit versammelt. Sie aßen miteinander und brachen das Brot, sie erinnerten Jesu Worte und lehrten einander, sie lobten und dankten Gott.
Plötzlich kam vom Himmel her ein Rauschen wie von einem starken Wind. Trockene Blätter wirbelten auf dem Fußboden. Vorhänge wehten. Das ganze Haus war erfüllt vom Rauschen. Dann erschienen züngelnde Flammen. Die verteilten sich im Raum und ließen sich auf jedem Einzelnen von ihnen nieder. Alle wurden vom Heiligen Geist erfüllt. Sie begannen, in fremden Sprachen zu reden – ganz so, wie es ihnen der Geist eingab. Ja, die Kraft Gottes war sichtbar.
»Seht ihr's nicht? Hört ihr's nicht? Gott ist in der Welt ...«

Als Zeichen für das Empfangen der Geistkraft, den Gürtel als Band um den Kopf binden

Lobt Gott! Friede sei mit dir!, hallt es in den Gassen der Stadt.
Die Leute sind verwirrt. »Friede, das hast du gesagt? Aber du kannst doch meine Sprache nicht.« Immer mehr Leute kommen auf die Plätze und wollen hören, was da los ist. Dieses Rauschen, diese vielen Sprachen, diese Kraft. Manche schauen ratlos, manche staunen, manche sind unsicher: »Was mag das sein?« Manche machen sich lustig: »Sie sind mit Wein abgefüllt und betrunken.« Mitten in diesen Moment spricht Petrus: »Es ist mitten am Tag. Die Leute sind nicht betrunken. Erinnert euch an die Worte Joels, des Propheten. Gott will kommen in den Tagen und seine Geistkraft ausgießen auf alle Welt. Und alle, die den Namen Gottes anrufen, werden gerettet. So wird es sein! Ihr Leute aus Israel, hört diese Worte. Jesus, der Mann aus Nazareth, Gott hat durch ihn gewirkt. Ihr selbst habt die Zeichen und Wunder gesehen. Diesen Jesus hat Gott aufstehen lassen, das bezeugen wir alle. Er ist in den Himmel emporgehoben und hat die heilige Geistkraft von Gott empfangen. Seht, Gott lässt sich nieder. Gott ist für uns.

Einige waren berührt von seinen Worten und fragten: »Was sollen wir tun?«
»Ändert euch. Lasst euch taufen auf den Namen Jesu zur Vergebung eurer Sünden. So werdet ihr die Gabe des Geistes empfangen.«
Viele Leute kamen zusammen und ließen sich taufen. Sie kamen zusammen, brachen das Brot, hörten Gottes Wort und lobten Gott. Tag für Tag wurden es mehr. Gott ist in der Welt. Seht ihr's nicht? Hört ihr's nicht?

Rasten und Abendmahl

Es gehört nun zu ihrem Alltag, dass die Jüngerinnen und Jünger abends gemeinsam das Brot brechen. Es verbindet sie mit Jesus. Denn sie wissen, »wo zwei oder drei in meinem Namen versammelt sind, da bin ich mitten unter euch.« (Matthäus 18,20)
Gemeinsam sitzen die Jüngerinnen und Jünger zusammen, beten miteinander und teilen Brot.

Verweilen und schöpferisch tätig werden

Wartezeit gestalten.
In einem selbstgebauten Mini-Ofen aus Steinen ein Feuer machen. Nach einer Stunde sind die Steine heiß, sodass ein Hefeteig backen kann.
Lange Äste an einen Baum anlehnen und ein Haus bauen. Das Haus ist fragil. Dem »Brausen« des Windes in den Bäumen lauschen. Als plötzlich Wind aufkommt, »zerfällt« das Haus. Kinder machen sich auf den Weg.

Erfahrungsmomente der biblischen Geschichte:
Stelle dich in den Wind.
Lehne dich zurück.
Nimm wahr.
Kraft, Energie – Kraft, die trägt

Stelle dich mit dem Gesicht in den Wind.
Halte aus.
Nimm wahr.
Spüre die Energie. Atmen fällt schwer gegen den Wind. Kraft, die zerstört.
Pfingsten – Ruach, da ist Kraft, die befreit

Tanzen zu dem Lied
Atme in uns, Heiliger Geist (fT 7).

Nach dieser Erfahrung bekommt der Gürtel mit allen seinen Wander-Zeichen Farbe. Das Stoffband wird in Batiklauge gelegt. Gemeinsam über ... Bewegungen nachdenken und Farben auswählen. Rot für die Liebe Gottes, Grün für Hoffnung, welche Farbe steht für Glaube?

Geist bewegt ...
Die Jüngerinnen und Jünger sitzen zusammen und erinnern sich an viele, viele Geschichten mit Jesus. Diese Geschichten bleiben nicht im Haus. Der Heilige Geist ist spürbar und bewegt die Jünger nach draußen. Überraschend. Sie müssen sich zeigen, erzählen und predigen.
Jeder kann sehen, wie begeistert sie sind.
Jeder kann hören, dass dieser Geist lebendig macht.
Sie werden gehört. Jede und jeder hört die Botschaft in ihrer und seiner Sprache.
Einige regen sich auf und wundern sich ...
Viele sind berührt von den Worten des Petrus, lassen sich taufen und loben Gott ...
Und du? Wunderst du dich, oder stimmst du mit ein in den Jubel für Gott?
Welche Geschichte von Gott oder Jesus erzählst du?

Vom Ort verabschieden

Straßenaktion
Pfingsten zieht es die Jünger auf die Straße. Sie loben Gott!
Schreibt mit Straßenmalkreide in vielen Sprachen auf die Straße: Hosianna oder Friede sei mit dir oder Shalom oder Grüß Gott oder Gelobt sei Gott oder Danket dem Herrn ...
In anderen Sprachen heißt es: »Gloire au Seigneur«, »Praise ye the Lord«, »Tumsifuni«, »doxa theou«, »Gloria deo«, »chwali christa«, »Gloria Senhor«, »Kiittäkää Herraa«, ...

Aus dem Lied: Halleluj', Hallelu', Halleluja, preiset den Herrn! (KKL 188)
Text und Musik: mündlich überliefert

Rote Bänder in Bäume hängen, als Erinnerung an die Feuerflammen, sichtbares Zeichen der Nähe Gottes.

Lieder

Komm, Heilger Geist (LH 2, 264)
Erschein, du heilger Geist (fT 5)
Atme in uns, Heiliger Geist (fT 7)
Atmen wir den frischen Wind (LH 1, 72)
Masithi Amen (LH 1, 16)

Hallelu', Hallelu', Halleluja, preiset den Herrn! (KKL 188)
Halleluja, mit Händen und Füßen (LH 2, 215)

Jauchz, Erd und Himmel, juble hell (EG 127)
Schmückt das Fest mit Maien (EG 135)

Ideen für den Unterricht/für die Nachbarschaft

Nationenfest. Musik verbindet. Lieder in vielen Sprachen zu Gehör bringen und miteinander lernen.

Auf dem Weg nach Hause –
Eine Bibelwanderung mit einer Taufe am Wasser

Apostelgeschichte 8,26-38

In der Geschichte wandeln

Philippus wird als Wandermissionar beschrieben und wirkt da, wo Gott ihn sendet. Dieser göttliche Auftrag erlaubt es, dass Philippus auch fremde Menschen taufen kann.
Der Kämmerer kommt begeistert von den Feierlichkeiten aus Jerusalem und liest in den alten Schriften des Propheten Jesaja. Die Worte sind nicht leicht zu verstehen, und doch wecken sie eine tiefe spirituelle Sehnsucht. Philippus erzählt von Jesus. Der Kämmerer möchte sich verbinden. Und genau in dem Moment fahren sie an einer Wasserstelle vorbei, und Philippus tauft ihn. Als sie aus dem Wasser hinaussteigen, ist Philippus auch schon wieder weg. Sein Auftrag endet hier. Die Weg-Begleitung hat genügt.

Die Natur spielt mit – Spielräume in der Natur

Allein auf dem Weg.
Die Beschaffenheit des Weges spielt in der Erzählung keine Rolle. Der Kämmerer ist in Gedanken und liest in einer Prophetenschrift. Für eine Taufgeschichte ist Wasser ein spürbarer Spielraum. Flüsse, Bäche oder Seen haben ihre eigene Anziehungskraft. Eine Taufstelle finden.

Sich gürten

Es geht wieder nach Hause.
Sammelt Eindrücke von der Reise.
Nehmt mit, was ihr braucht.
Nehmt, was ihr findet.

Vorschlag für eine Erzählung

Am Stadttor

»Sehen wir uns wieder, nächstes Jahr in Jerusalem?!«
Dieser Wunsch zum Passahfest kam ihm in den Sinn, als er durch das südliche Stadttor auf die Handelsstraße Richtung Gaza fuhr. Ob er noch einmal wiederkommen würde?
Der weite Weg von Äthiopien nach Jerusalem hatte sich für ihn gelohnt. Er hatte sich von seinen Aufgaben als Kämmerer für diese Zeit befreien lassen. Jemand anderes kümmerte sich um das Geld und die Schatzkammer der Kandake, der Königin von Äthiopien.
Eine Wallfahrt nach Jerusalem, in die Heilige Stadt, dieser Wunsch war wahr geworden. Er war tief beeindruckt, wie Menschen Tag und Nacht über das Gesetz nachsannen, hatte den Zions-Berg gesehen, von Jesus, dem Christus gehört und im Tempel gebetet. Er liebte die vielen Sprachen und Dialekte, die an sein Ohr drangen. Er liebte das Leben am Tempel, die Düfte und die Farben von Curry, Paprika und Thymian, den Handel auf dem Markt, Kinderlachen und den Geruch von Tieren. Jede Minute an diesem Ort war für ihn ein Geschenk Gottes.
Und er wollte mehr wissen von diesem Gott. Er hatte sich eine Schriftrolle gekauft. Zeit zum Studieren hatte er genug auf dem Heimweg über die Handelsstraßen Ägyptens. Seinen Namen kennen wir nicht. Nur, dass er die Geldgeschäfte der Königin von Äthiopien leitete.

Eine Kutsche inszenieren: Bollerwagen o. Ä. Pferde und Kutscher arrangieren

Er fuhr schon eine lange Weile auf der Straße von Jerusalem nach Gaza, als jemand neben dem Wagen läuft. Menschenleer und wüst war die Gegend.

Philippus kommt des Weges

Habt ihr auch eine Stimme gehört? Es war, als würde ein Engel sprechen: »Steh auf und geh nach Süden auf die Straße, die von Jerusalem nach Gaza hinabführt und öde ist.« Und Philippus brach auf. »Geh hin und halte dich an den Wagen!«, wieder hörte Philippus diese Stimme.
Philippus lief neben dem Wagen her. Der Kämmerer las laut in den Schriften des Propheten Jesaja. Philippus hörte aufmerksam zu.

»Verstehst du denn, was du da liest?«
»Wie soll ich es denn, wenn mich niemand anleitet? Komm mit auf den Wagen und setz dich zu mir.« Der Kämmerer las weiter, und Philippus hörte zu. Nach einigen Zeilen hielt er inne und fragte: »Von wem redet der Prophet? Über wen sagt er das? Über sich selbst oder über jemand anderen?« Ja, das war ein schwerer Text von Erniedrigung und Erhöhung, und Philippus fing an zu erzählen. Jesus, der für uns am Kreuz gestorben ist und am dritten Tage wieder auferstanden ist. Philippus erzählte von Zachäus, den Sündern und vom Reich Gottes. Während Philippus begeistert erzählte, fuhren sie an einem Wasser vorbei.
»Da ist Wasser! Hindert etwas daran, dass ich getauft werde? Ich möchte zu Gott gehören. Kannst du mich taufen?« Er ließ den Wagen anhalten.
Philippus und der Kämmerer stiegen beide ins Wasser.
»Du bist ein Kind Gottes. Ich taufe dich auf seinen Namen.« Philippus tauchte ihn kurz ganz im Wasser unter. Als die beiden aus dem Wasser wieder herausstiegen, sah der Kämmerer Philippus nicht mehr. So überraschend wie Philippus gesandt war, so ist er wieder weg ... Die Bibel erzählt: Der Heilige Geist brachte ihn an einen anderen Ort.

Kämmerer steigt in die Kutsche

Der Kämmerer fuhr fröhlich weiter. Er erzählte in seinem Land, in Afrika, von seinem neuen Blick auf das Leben, seiner Wallfahrt nach Jerusalem, von den Begegnungen und seiner Taufe. Er gehörte jetzt zu Gott. Und er war sich sicher, Gott ist da, an seiner Seite mit Menschen und Engeln und Gottes Geistkraft.

Verweilen und schöpferisch tätig werden

Eine Kutsche bauen.
Eine Taufstelle einrichten.
Spiel mit der Wasseroberfläche:
Was spiegelt sich in der Wasseroberfläche?
Wann ist das Bild besonders deutlich?
Kannst du dich selber sehen?
Wie weit musst du dich bewegen, damit das gelingt?
Was bewegt sich in dir, wenn die Geschichte in deinem Wasserglas sichtbar wird?

Vom Ort verabschieden

Zieh deine Straße fröhlich ...
Lass deine Gedanken wandern.
Mache dich auf den Weg mit einem Bibelwort, murmele es vor dich hin, sprich es laut, flüstere die Worte, denke darüber nach und frage jemanden, wenn du etwas nicht verstehst. Zum Beispiel:
Denn bei dir, Gott, ist die Quelle des Lebens. (Psalm 36,10)

Erfrische dich mit Wasser, erinnere dich an die Taufe.
Mache eine Pause. Stärke dich. Sammle Kraft und schöne Augenblicke in der Nähe Gottes.
Ziehe deine Straße fröhlich ...

Lieder

Masithi Amen (LH 1, 16)
Dein Wort ist meines Fußes Leuchte (LH 2, 217)
Ich möcht', dass einer mit mir geht (EG 209)
Gott kommt manchmal ganz leise (LH 1, 33)
Da berühren sich Himmel und Erde (LH 1, 27)

Ideen für den Unterricht/für die Nachbarschaft

Schafft interkulturelle Begegnungen. Zu einem Picknick am See bringt jede:r Essen aus der eigenen Heimat mit.
Bibelworte in vielen Sprachen zum Klingen bringen.

Gott befreit, begleitet und bewahrt sein Volk – Eine gottesdienstliche Bibelwanderung zum Exodus

2. Mose 14–16

Konzipiert für zwei Stunden. In der letzten Stunde kommen die Eltern dazu.

Erzähler:in (E), Reiseleiter:in (RL), Mose, Aaron und Miriam als Spieler:innen

Material:
- *Stoffstreifen als Gürtel (weiß, 10 cm breit und 150 cm lang), Wachsmalstifte, Stab*
- *Gitarre oder Trommel als Liedbegleitung für Miriams Tanz*
- *Seil, Karabiner, Kanister mit frischem Wasser, Holzbecher »Kuxa«, Matten, Seil und andere Hindernisse aufbauen, Teppiche, Wachteln und Manna: Honigbrot oder Kellog's Smacks und Cabanossi, Kreidestifte, Schiefertafeln*

Beginn in der Kirche

Begrüßung

Lied | *Voll im Wind und voll im Leben* (LH 2, 205)

Votum, Kerze anzünden

Lied | *Die Kerze brennt* (LH 1, 2)

Gebet | *Es ist gut, auf den Herrn vertrauen nach Psalm 118*

Alle	Es ist gut,	*Handflächen öffnen*
	es ist gut,	*Hände nach vorne strecken*
	auf den Herrn vertrauen.	*Arme zum Himmel strecken*

I Danket dem Herrn, denn er ist freundlich
und seine Güte bleibt ewiglich.

II Alle sollen sagen:
und deine Güte bleibt für immer.

Alle Es ist gut,
es ist gut,

	auf den Herrn vertrauen.
I	In meiner Not rufe ich zu Gott.
II	Gott hört mich. Ich habe keine Angst.
Alle	Es ist gut, es ist gut, auf den Herrn vertrauen.
I	Gott ist für mich und öffnet die Türen.
II	Gottes Gerechtigkeit zieht ein. Ich atme auf.
Alle	Es ist gut, es ist gut, auf den Herrn vertrauen.
I	Dies ist der Tag, den der Herr gemacht.
II	Lasst uns freuen und fröhlich sein.
Alle	Es ist gut, es ist gut, auf den Herrn vertrauen. Lasst uns feiern! *Arme hin und her schwenken*

Lied zum Wandern: *Geh mit uns auf unserm Weg* (LH 1, 19)

E	Da brannte ein Feuer, aber der Dornbusch verbrannte nicht. Da musste ich hin, ich wollte diese unglaubliche Erscheinung sehen! Gott meldete sich. »Mose, Mose!« – »Ja, ich höre!« »Zieh deine Schuhe aus, worauf du stehst, ist heiliges Land.«

Kinder ziehen auch die Schuhe aus.

»Ich bin der Gott deiner Väter, ich habe das Elend deines Volkes gesehen.
Ich will sie retten. Geht in ein Land, das ich euch zeigen werde!«
»Wer bin ich, dass ich einfach so zum Pharao gehe?
Und was soll ich sagen, wenn sie fragen?«, zweifelt Mose.

»Ich stehe dir zur Seite. Ich-bin-da, weil ich da bin.
Der Ich-bin-da schickt dich …«
Gottesname bleibt unendlich geheimnisvoll und unbegreiflich, wie Gott selbst.
Wir spüren seine heilvolle Gegenwart.

Kinder bilden Familienclans und werden von je einem Mitarbeitenden begleitet. Nicht nötig bei einer kleinen Gruppe.

Sich gürten

Kinder schreiben ihren Namen auf den Stoffstreifen und binden ihn um. Ein Stoffstreifen mit dem Namen Gottes »Ich-bin-da« wird um den Stab gebunden und begleitet die Gruppe.

Ich bin da.
Du bist da.
Gott ist da.

Aufbrechen

RL Kommt, es ist Zeit. Aufregende Ereignisse liegen hinter uns. Jetzt geht's los. Wir machen uns auf den Weg.

Auf dem Weg mit Kindern über die Ereignisse nachdenken: Plagen, Passahabend und schneller Aufbruch.

Lied: *Geht mit uns auf unserm Weg …* (LH 1, 19)

E Gott stattete Mose aus mit einem Stab.
   An seiner Seite war sein Bruder Aaron, der immer die richtigen Worte fand, wenn Mose ins Stottern kam. Eine Wolkensäule bei Tag und einer Feuersäule bei Nacht begleitete die Israeliten. Gott zeigte ihnen den Weg.
   Auf geht's ins gelobte Land!
   Sie zogen los mit ihren Hoffnungen.
   Sie zogen los mit allem, was zu ihnen gehörte.

RL Ein Wanderlied begleitete sie durch die Zeit. Wenn die Stimmung mal drückte, dann half singen. Was hoffst du?

Durchs Schilfmeer

E   Gott sprach zu Mose: »Hebe deinen Stab auf und recke deine Hand über das Meer und teile es mitten durch, sodass das Volk auf dem Trockenen mitten durch das Meer gehen kann.« Und die Israeliten gingen trocken durch das Meer. Und das Wasser war wie eine Mauer zur Rechten und zur Linken.

Mose hebt den Stab.

Die Natur spielt mit
Kinder gehen hintereinander durch wilde, zugewachsene Wege ...
an Gebäuden entlang.

RL   *Drängelt:* Lasst mich durch ...
Schnell. Schnell, beeilt euch ...
Das Wasser kommt.
Hört ihr das Rauschen?
Ich will nicht baden gehen.

Danklied Miriam

Die Natur spielt mit
Ein offener Platz, an dem alle einen Kreis bilden können.
Wenn alle angekommen sind, spielt RL:

RL   Geschafft! Wir sind frei!
Sind alle da? Sind wirklich alle da?
Familien: Kinder, Onkel, Omas?
Danke Gott!

Wie fühlt sich das an, schnell durch das Chaos zu gehen?
Wie fühlt sich Freiheit an?

E   Die Israeliten freuten sich und sangen Gott ein Danklied: Herr, deine Hand tut Wunder, deine Hand kann Feinde zerschlagen! Das ganze Volk tanzte und sang:

Lieder: *Du, Gott, stützt mich* (LH 1, 66)
Im Land der Knechtschaft (fT 106)

Tanz mit Trommelschlag, erst in Kleingruppen und dann mit allen

auf dem Weg ...

E »Ist es noch weit?« »Mose, wo ist denn das gelobte Land? Wo ist denn Gott?«
»Lass uns in Ruhe, Mose. Es wäre besser für uns, den Ägyptern zu dienen, als in der Wüste zu sterben.« Die Israeliten murrten.

Die Natur spielt mit
Hindernisse in der Natur nutzen und Kinder herausfordern. Kinder laufen Hügel runter. Am Baum ist ein langes Seil befestigt, an dem sich die Kinder den Hügel wieder hochziehen können. Wo das Gelände offen ist, Hindernisse aufbauen.

RL Seht ihr die Wolkensäule? Sie zeigt uns den Weg.
Lasst uns gehen.
Ins gelobte Land ...

Oase Elim

E Und sie kamen nach Elim.
Da waren zwölf Wasserquellen und 70 Palmbäume.
Sie lagerten dort am Wasser.

Die Natur spielt mit
Gibt es einen Brunnen auf dem Gelände?
Im Baum steht ein Kanister/Wassersack mit Wasser. Kinder zapfen frisches Wasser mit einem Holzbecher oder mit den Händen.

RL Sind wir schon da? Ist hier das gelobte Land?
Ich sehe nur Sand. Sand und Steine.
Wasser. Endlich.
Oh, das tut gut. Ich will meeehr ...
Spürt ihr die Frische?

auf dem Weg ...

E Der Weg war steinig. Die Sonne glühte heiß. Es war ein langer Weg durch die Wüste. Das Murren hörte nicht auf. In Ägypten hatten wir Fleischtöpfe und das Brot in Fülle. Mose sprach zum Volk: »Ich will euch Brot vom Himmel regnen lassen, und ihr könnt jeden Tag sammeln, was ihr braucht. Und am Abend wird Gott euch Fleisch zu essen geben.«

Die Natur spielt mit
Trittmatten liegen aus, nur hier darf getreten werden; Hindernisse liegen im Weg; mehrfach um den Baum gehen, Tempo und Richtung ändern; Naturräume bieten eigene Hindernisse.

RL Vorsicht: hier nur auf Zehenspitzen
Von Stein zu Stein hüpfen
Schleichen
Hindernisse überwinden
So viele Jahre sind wir unterwegs ...
Pause machen und langsam weitergehen
Ach, du hattest schon wieder Geburtstag?
Wie die Zeit vergeht ...

Lagerplatz

Teppiche je Familie liegen verteilt mit Brot und Cabanossi-Würstchen

E Manna hatte einen Geschmack wie
Semmel mit Honig.
Und die Israeliten aßen Manna
40 Jahre lang.

Familien suchen sich eine Lagerstelle aus:
Teppiche mit Manna, Wachteln –
Zeit zum Beten und Essen!
Gemeinsam beten sie den Psalm: Es ist gut
auf den Herrn vertrauen

RL Mmmmmh, ist das lecker!
Ich will mehr von diesem
köstlichen Himmelsbrot.
Was? Wir müssen wieder
weiter?

auf dem Weg ...

E   Weiter ging es. Weit konnte es nicht mehr sein.
    Immer diese Streitereien. Musste das sein?
    »Wären wir doch nur in Ägypten geblieben ...«
    Wo ist Mose? Lasst uns auf ihn warten.
    Bestimmt redete er gerade wieder mit Gott.

RL Auf geht's! Nehmt die Decken mit ...
    Na, siehst du schon das gelobte Land?

Lagerplatz

E   Mose kam zurück und hielt die Zehn Gebote in den Händen!
    Gottes gute Regeln für ein gelingendes Leben! Wenn wir das wichtig nehmen, dann werden wir glücklich sein ...

Kinder überlegen eigene gute Regeln und schreiben sie mit Kreidestiften auf Tafeln.

RL Was erzählt er da?
    Kennst du gute Regeln?
    Braucht es in dieser Zeit neue Regeln – Corona-Regeln?
    Fehlen vielleicht noch wichtige Regeln?

Ankommen in der Kirche

RL Kommt mit ins gelobte Land!
    Setzt euch auf die Teppiche. Könnt ihr noch?
    Auf der Wanderung habt ihr viel erlebt. Hunger und Durst.
    Es war ein weiter Weg. Quer durch die Wüste, durch die Wiesenwüste.
    Manchmal im Kreis, manchmal steinig, manchmal bergauf – immer war die Wolkensäule euer Begleiter. Nie musstet ihr im Dunkeln gehen.
    Und wirklich, sein Name ist Programm, Gott geht mit!
    Trotzdem kamen Zweifel auf. Hunger machte schlechte Laune. Streitereien waren an der Tagesordnung. Ihr habt für euch gute Regeln bedacht, habt herausgefunden, was es braucht, wenn Leben gelingen soll. In jeder

Familie sind eigene Regeln entstanden, die wollen wir uns ansehen.

Schiefertafeln werden angesehen und vor dem Altar zum Kreuz zusammengelegt.

E   Auch Jesus wird nach den Gesetzen gefragt und antwortet mit einer guten Regel Gottes:
Du sollst den Herrn, deinen Gott, lieben von ganzem Herzen, von ganzer Seele und mit all deiner Kraft und deinem ganzen Gemüt und deinen Nächsten wie dich selbst.
Jesus hat immer wieder Gottes gute Regeln eingesetzt!
40 Jahre ist das Volk in der Wüste unterwegs, bis sie endlich in das versprochene, in das gelobte Land einziehen. Mose ist nie angekommen im gelobten Land!

RL   In den Ferien kommen wir auf den Geschmack vom gelobten Land.
Wir fallen aus dem Alltag in eine neue Zeit – eine Zeit, ganz aus Gottes Händen!
Wenn wir aus dem Garten naschen, schmecken wir, wie freundlich Gott ist.
Dank der guten Regeln Gottes gelingt unser Leben!
Vertraut auf Gott. Gott sagt: Ich bin da. Ich bin für euch da! Das ist sein Name!
Es ist gut auf den Herrn vertrauen.
Gott ist da, wenn ihr aus der Ferienzeit zurück seid. Es geht anders weiter!
Das Schild an der Klassentür ändert sich, im Kindergarten seid ihr die Größeren, und manche entdecken eine neue Schule mit vielen neuen Gesichtern.
Es ist gut auf den Herrn vertrauen!
Mit diesen Worten senden wir euch in die neue Zeit.

Segnung der Kinder

Gott segne dich! Geh und wage Vertrauen!

Lied mit neuem Text

*Geh mit Gott auf deinem Weg,
geh mit Gott auf deinem Weg.*

Zum Ostinato: Geh mit uns auf unserem Weg (LH 1, 19)

III Gebetsorte unter freiem Himmel

Zu allen Zeiten fand Jugendarbeit in der Natur statt. Generationen von Menschen bekommen leuchtende Augen, wenn sie die kleine rote »Mundorgel« für die Hosentasche sehen, fangen an zu erzählen und erinnern sich an diesen kraftvollen, prägenden Lebensabschnitt. Jugendverbandsarbeit, gemeinsame Bauprojekte, Freizeitenarbeit und Erlebnispädagogik entwickeln sich und hinterlassen lebenslang wirkende Spuren in der persönlichen Glaubensentwicklung von jungen Menschen. Frömmigkeitsstile und die Beschäftigung mit Glaubensfragen waren und sind eng verbunden mit einprägsamen Erlebnissen und Herausforderungen in der Natur.

Seit mehr als zwanzig Jahren finden 14-tägige Konfirmand:innen-Seminare in den Alpen statt. Konfirmandenunterricht wird zur Lebensschule.

Seit mehr als 15 Jahren bauen und pflegen Jugendliche ihre Weidenkirche in Pappenheim, die es sogar auf die Tourismus-Plattform »tripadvisor« geschafft hat. Dass dies heute mehr denn je relevant ist, lässt sich an den Pilgernetz-Wegen ablesen, die in den letzten Jahren professionelle Begleitung erfahren haben.

Psalm 23 erleben – Auf einer Wanderung durch die Liechtensteinklamm

Ulf Elmhorst und KFS-Team

Gemeinsames Leben auf Zeit

Beim Konfirmand:innenseminar (KFS) sind alle Konfis und Teamer:innen zehn Tage miteinander unterwegs. Durch die gemeinsame Zeit entsteht Gemeinschaft. Hinzu kommt: Manche Konfis sind zum ersten Mal länger weg von zu Hause, somit auch raus aus Druck und Verpflichtungen, den üblichen Rollen in Schule und Familien. Dazu – ein verrückter Gedanke – wird es sogar möglich, für eine Zeit auf den Blick aufs Smartphone zu verzichten! Nur Leben live. So können wir uns aufeinander einlassen, auf andere zugehen, Glauben und Leben teilen.

Abenteuer Leben, Abenteuer Glaube: Erlebnisorientiertes Arbeiten

In aller Freiheit laden wir ein, christlichen Glauben auszuprobieren. Auf dem KFS bleibt Glaube nicht theoretisch, sondern wird gemeinsam erlebbar: Bei einer Abendandacht unterm Sternenzelt, bei einem Gottesdienst mit Taufen im Fluss oder vor dem Panorama eines Bergmassivs. Auch bei einem ersten Versuch zu einem eigenen Gebet auf einer Wanderung durch eine Klamm-Schlucht entsteht eine Atmosphäre, die man nicht »herstellen« kann und die die Jugendlichen als besonders beschreiben. Erlebnispädagogik ist somit ein zentraler Begriff: Es ist wichtig, dass Jugendliche »echt« was erleben.

Staunen und Offenheit – Konfis Outdoor

Eine Schlucht in den Alpen, in der Wassermassen tosen und das mächtige, von allen Seiten umgebende Berggestein etwas von Ehrfurcht spüren lässt, wird alle Sinne erreichen.

Die Liechtensteinklamm gehört zu den längsten, tiefsten und beeindruckendsten Schluchten in der Salzburger Bergwelt. Das Rauschen des Wasserfalls, die moosbewachsenen Steine, massive Felsformationen, Sonnenstrahlen, die im feinen Wasserstaub einen Regenbogen entstehen lassen – die Natur schafft eine Atmosphäre, die in den Bann zieht.

Das Element Wasser, das sich durch die Klamm mit enormer Geschwindigkeit Wege bahnt, ist dabei auf jedem Schritt der etwa zweistündigen Wanderung gegenwärtig; man hört es, man spürt die Kraft, es nimmt Raum ein.

Staunen und Offenheit, sich gemeinsam auf den Weg machen, zu etwas Neuem aufbrechen, neues Erfahren ermöglichen – das sind gute Voraussetzungen, um sich mit etwas inhaltlich für viele Fremdem, Neuem zu beschäftigen. Eine Wanderung durch eine Klamm erscheint als ein guter Ort, um Gelegenheiten zu kreieren, damit Jugendliche dem Thema Beten begegnen.

Psalm 23 in der Klamm erfahren

Station 0: Einstimmung mit Wandern und Beten

Es gilt, mit ausreichend zusätzlichen Teamer:innen für eine gute Atmosphäre zu sorgen, z.B. für das Thema, die Umgebung zu sensibilisieren und ins Gespräch darüber zu kommen, was man auch schon vor der Klamm sehen, spüren, riechen kann. Es ist elementar, die Vorerfahrungen Jugendlicher (oder eben die bisher nicht gemachten Erfahrungen) zu thematisieren: Was haben die Jugendlichen schon auf Wanderungen erlebt? Wie sind ihre Erfahrungen mit Beten? Haben sie überhaupt welche? Wenn ja, in welchen Situationen und was verbinden sie damit?

Station 1: *Der Herr ist mein Hirte.*

Der Weg durch die Klamm beginnt. Das Staunen setzt ein. Schon auf den ersten Metern spüren die Jugendlichen das Besondere des Ortes. An einer Bank am Wegesrand werden sie von Teamer:innen empfangen. Bekannte Gesichter mit auf dem Weg zu wissen, tut gut. Beispielhaft wird hier formuliert, wie Teamer:innen das Gespräch beginnen könnten:

»Schön, dass ihr da seid. Ist das nicht zum Staunen hier?

Hier beginnt euer thematischer Weg durch die Klamm. Wir geben euch etwas Wegzehrung mit. Es ist etwas, was man nicht essen kann. Es ist ein Wort aus der Bibel:

Der Herr ist mein Hirte, mir wird nichts mangeln.

Mit diesen Worten aus dem Psalm 23 hat jemand wie in einem Lied oder einem Gedicht ein Gebet gesprochen. Mit diesem Text werdet ihr euren Weg gehen. Wenn ihr wollt, könnt ihr ihn leise vor euch hersagen, wenn ihr geht. Ihr könnt ihn auch laut in die Klamm hineinrufen.

Was meint ihr, was braucht ihr für euren Weg? (Trinken, Essen, feste Schuhe, Mut, Kraft ...)

In diesem Gebet wird ein altes Bild verwendet, das von einem guten Hirten handelt, kennt ihr das aus anderen Zusammenhängen? Wie verhält man sich als Hirtin/als Hirte?

In den Worten des Psalms drückt die Beterin/der Beter Vertrauen aus, Vertrauen auf Gott. Der Psalm sagt, dass Gott euch alles schenkt, was ihr braucht. Euch wird nichts fehlen. Kann man das glauben? Ist das eine Voraussetzung, um mit Gott zu reden?«

Station 2: *Er weidet mich auf einer grünen Aue und führet mich zu frischem Wasser.*

An einer Stelle, an der sich die Klamm etwas lichtet, einem Platz mit Wasser und auch im Hochsommer grünem Gras, sollen die Konfis erfahren, wie köstlich das frische Wasser sein kann, indem sie eingeladen werden, eine Handvoll Bergwasser zu trinken. Ein Gespräch kann entstehen, in dem das Beeindruckende an dieser Stelle vorkommt, die Begrifflichkeiten geklärt werden (grüne Aue) und in dem Teamer:innen verdeutlichen, was es für sie schon bedeuten kann, ob Gott dorthin führt, wo Leben ist, was frisches Wasser für sie meint usw.

Station 3: *Er erquicket meine Seele.*
Er führet mich auf rechter Straße um seines Namens willen.

An dieser Station soll es den Konfis richtig gut gehen. Picknickdecken sind vorbereitet. Die Konfis können sich setzen und ein paar Momente entspannen. Es gibt Angebote zur Erfrischung der Hände, gesunde Leckereien o. Ä. Hier sammeln die Konfis positive Erfahrungen, bekommen eine Idee, was »Seele erquicken« meinen kann, fühlen sich wertgeschätzt und gehen positiv gestimmt weiter.

Station 4: *Und ob ich schon wanderte im finstern Tal,*
so fürchte ich kein Unglück, denn du bist bei mir.
Dein Stecken und Stab trösten mich.

Auch Jugendliche verstehen bereits sehr gut, dass es im Leben dunkle Wegstrecken geben kann. Neben der naheliegenden Übertragung wird dies ganz praktisch sichtbar, weil es in der Klamm ein paar dunkle Wegstücke gibt, z. B. indem es hier durch einen Tunnel kurz in tatsächlicher Dunkelheit geht. Seit der Neueröffnung der Klamm im Jahr 2022 ist ebenfalls über eine Helix ein weiterer Abstieg 30 Meter in die Tiefe möglich. So ergeben sich beeindruckende, prägende (Natur-)Möglichkeiten, mit den Teamer:innen über das Reden mit einem tröstenden Gott ins Gespräch zu kommen.

Station 5: *Du bereitest vor mir einen Tisch im Angesicht meiner*
Feinde. Du salbest mein Haupt mit Öl und schenkest mir voll ein.

An einem schön gedeckten Tisch (den die Natur in Steinform hier anbietet) werden die Konfis empfangen. Die Bedeutung der Salbung in der Bibel wird erklärt, z. B. anhand der Salbung Davids durch Samuel. Die Teamer:innen bieten den Konfis an, sie mit einem Kreuz auf der Stirn oder auf dem Handrücken ebenfalls zeichenhaft zu salben.

Insbesondere von den Teamer:innen wird diese Station als besonders eindrücklich beschrieben – jemand anderem etwas

Gutes in der Form eines Zuspruchs zu tun, hinterlässt Spuren in einem selbst. Die Konfis beschreiben in der Reflexion, dass sie an dieser Station mit einem guten Gefühl weitergegangen sind, manche sagen »ich habe gespürt, dass ich etwas Besonderes bin«; einige gebrauchen das Wort »gesegnet«.

Station 6: *Gutes und Barmherzigkeit werden mir folgen mein Leben lang, und ich werde bleiben im Haus des Herrn immerdar.*

Am Ziel angekommen. Den ganzen Weg erwandert. Die Konfis erhalten eine Belohnung, damit »Gutes und Barmherzigkeit« schmackhaft werden.

Die Erfahrungen in der über 20-jährigen Praxis zeigen, dass Konfis natürlich nicht ausschließlich den ganzen Weg über den Psalm meditieren, dass aber der Ort wirkt! Es ist möglich, dass Jugendliche sich trauen, die Psalmworte zu sprechen, zu rufen, auf dem Weg auszuprobieren, sie be-wegen auf dem Weg die Worte des Psalms. Im besten Falle gelingt, was im Englischen mit »learning by heart« umschrieben wird: Jugendliche haben die Worte als für sich hilfreich und »schön« »auf dem Wege« erlebt und als Gewinn in ihrer individuellen Religiosität integriert.

Und was man noch bedenken kann

Vorbereitung

Man sollte das Programm vorher unbedingt »durchspielen«! Nicht nur, aber gerade Neueinsteiger:innen im Team sind viele Begriffe nicht geläufig. Es muss eine Herleitung und Erklärung der Begriffe und des Sinns geben! Bei jeder Bibelübersetzung! Denn die verwendeten Bilder und Vergleiche sind nicht mehr in der Lebenswelt Jugendlicher verankert und bedürfen der Übertragung.

Psalm 23 in der Klamm ist in das Thema »Beten« eingebettet

Das Erleben vom Psalm 23 in der Klamm steht nicht allein für die Beschäftigung mit dem Thema »Beten« auf dem KFS. In weiteren Einheiten geht es darum, was Beten für andere bedeutet, oder darum, ein eigenes Gebet zu formulieren. Eine wichtige Rolle nimmt hierbei die Abendandacht zum Thema »Beten« ein. Die Abendandachten, die (nahezu) ausschließlich von Teamer:innen gestaltet werden, sind insgesamt sehr wichtig. Sie werden von den Konfis im Feedback regelmäßig am höchsten bewertet. Bei der Abendandacht am Klamm-Abend können Bilder von der Wanderung per Beamer gezeigt werden. Und die Konfis werden eingeladen, mit unterschiedlichen Symbolen kleine Gebete zu verbinden. In der besonderen Atmosphäre (viel jugendgemäße Livemusik, Kerzenlicht, Lichterschläuche) wird so eine weitere Möglichkeit zum Erfahren und Ausprobieren von Glaube gegeben.[6]

Psalm 23 und Gottesdienst

Stell dir vor, es ist Gottesdienst und alle Jugendlichen gehen hin. Auf dem KFS bzw. auf einer Freizeit ist das möglich und somit eine Riesenchance. Selbstverständlich kommt der Psalm 23 in dem Taufgottesdienst vor, den wir zum Ende der auf »Beten« folgenden Einheit feiern.

Zurück zu Hause brauchen Jugendliche – wie Menschen jeden Alters – Gottesdienste, die Beziehungen zu ihrem Leben bieten, in denen Begegnungen, Worte, Gesten, Haltungen, vor allem Musik relevant und interessant für sie sind. Wir erleben, dass der Psalm 23 nach der Klamm ein wenig hiervon schafft. Das gemeinsame Sprechen verbindet über das KFS hinaus und klingt nach einem starken Chor. Eine ganz positive Erfahrung wird aus den Bergen Österreichs nach Hause mitgenommen und ist anknüpfungsfähig. Den Psalm gemeinsam zu beten, verbinden die Konfis und die Teamer:innen mit einem Gefühl, das sie etwa wie folgt beschreiben:

---

[6] Es könnte spannend sein, wenn zusätzliche Teamer:innen den Weg durch die Klamm mit den Konfis mitgehen würden – positive Beziehungen sind gestartet und können gestaltet werden. Der Weg zu einem gemeinsamen Lernen von Teamer:innen und Konfis erscheint uns hochinteressant, hier sind wir aber auch noch auf der Suche.

- »Das gehört zu uns, zu unserem KFS.«
- »Es erinnert das tolle Erleben in der Klamm und an eine ganz besonders schöne Zeit.«
- »Ich verstehe die Worte und den Sinn. Ich möchte das auch glauben.«

Im besten Falle geschehen solche Momente in Gottesdiensten, in denen Jugendliche mit vollem Herzen beteiligt sind. Glaube findet Resonanz im Leben der Jugendlichen.

Inklusion

Die beschriebene Wanderung durch die Liechtensteinklamm eignet sich nicht für Menschen mit körperlichen Einschränkungen.

Weil uns Inklusion wichtig ist, möchten wir betonen: Woanders – geht's auch.

Wer kennt das nicht: Die besten Beispiele sind maximal als Motivation geeignet, konkret umsetzbar für die eigene Situation sind sie oft genug eher nicht! Durch eine längere Sperrung der Liechtensteinklamm kamen wir nach 20 Jahren mit tollen Erfahrungen auf die Idee: Wir probieren es aus, ob es ohne Klamm geht. Wir haben uns einen neuen Weg mit Stationen gesucht, der am Freizeithaus beginnt und »einfach durch die umgebende Natur« führt. Die Rückmeldung: Das geht auch! Und zwar gut. Das sollte doch ermutigen – Bäche, Seen, Wasser, Landschaft gibt es überall, und auch wenn es kein reißender Bergfluss ist: Es bietet sich an, mit den und für die Jugendlichen neue Wege zu gehen – raus in die Weite. Viel Spaß beim Ausprobieren!

Die Natur betet mit: Das Echo-Gebet

Johanna Bierwirth

Ein überraschendes Gebet

Bei unserem Konficamp am Edersee 2022 ging es unter anderem um das Thema Gebet. In der Erwartungshaltung der Jugendlichen war ein Gebet ein kurzer Text, der im Gottesdienst oder bei der Andacht vorgelesen wird, zu dem man die Hände faltet und der eher mit ruhiger Stimme vorgetragen wird. Das Echo-Gebet sollte ihnen zeigen, dass ein Gebet aber auch ganz anders klingen kann.

Jeden Abend gab es am Seeufer eine Andacht, mit der der Tag beendet wurde. Unten gab es einen kleinen Steg, auf dem Kerzen aufgestellt wurden. Hier saßen auch diejenigen, die die Andacht geleitet haben. Die Andacht fand während der Abenddämmerung statt, sodass es mit Ende der Andacht dunkel wurde.

Die Andacht begann mit Gitarrenmusik und dem Entzünden der drei großen Altarkerzen in Gläsern auf dem Steg. Zum Ende der Andacht habe ich mich mit dem Rücken zu den Konfirmand:innen und Teamer:innen Richtung See hingestellt. Auf eine Einleitung wie »Lasst uns beten« wurde verzichtet, um den Einstieg ins Gebet unmittelbarer zu halten. Als Anrede habe ich schlicht »Gott!« in Richtung des dunkler werdenden Himmels gerufen. Als ich das Echo hörte, musste ich selbst kurz innehalten, weil es mich sehr berührt hat. Der vorbereitete Text diente nur der Orientierung, das Gebet wurde dann aber frei gesprochen. Meine Gebetshaltung: ein Rufen. Die Hände waren zur Verstärkung der Lautstärke an den Mund angelegt, anstatt sie zu falten. Nur das Amen wurde nicht gerufen, sondern nur so laut gesagt, dass es für alle deutlich hörbar war. Dazu wurden die Hände heruntergenommen und vor dem Körper gefaltet, der Kopf wurde gesenkt. Sinnvoller wäre es aber gewesen, zum Schluss eine Gebetshaltung einzunehmen, die für die Mitbetenden sichtbar ist. Beispielsweise leicht erhobene, ausgestreckte Arme. Die Antwort auf das Gebet kam durch die Menschen hinter mir: Amen.

Im ersten Moment waren alle erschrocken, weil sie in einer Andacht nicht mit dieser Lautstärke gerechnet hatten und auch das Echo für die meisten überraschend kam. Damit das Gebet akustisch gut zu verstehen war, konnten immer nur wenige Worte gesprochen werden. Auch die Pausen, bis das Echo zu Ende gehallt hatte, mussten abgewartet werden. Eine deutliche Aussprache mit klangvollen Worten war in diesem Moment sehr wichtig.

Ein befreiendes Gebet

Einige Konfirmand:innen und Teamer:innen haben erzählt, dass ihnen dieser Moment sehr naheging, für einige war das Gebet eines der Highlights der Freizeit. Vielleicht hängt das mit dem Stilbruch des Echo-Gebets zusammen. Kindern und Jugendlichen wird beigebracht, leise zu sein. Man denke allein daran, wie viel Hemmung man selbst vor lautem Weinen oder dem vor Wut Schreien empfindet. In den meisten Kontexten ist es gesellschaftlich nicht gern gesehen, wenn man laut ist. Das gilt ganz besonders für den Kontext Kirche, wo im Gottesdienst in der Regel alle Texte getragen und ohne starke Emotionen vorgetragen werden. In dem Moment, als das Echo-Gebet begann und der erste Schrei über den See hallte, haben sich alle erschrocken. Denn es war im Prinzip ein Verstoß gegen die liturgischen Spielregeln, die sie bisher kannten. In diesem speziellen Kontext wurde das Gebet aber positiv aufgenommen, weil Zielgruppe, Ort und Gebetsform zusammengepasst haben. Deswegen empfanden die Mitbetenden das Gebet nicht als anstößig. Das Gebet hatte etwas Befreiendes, und dieses Gefühl hat auf viele der Zuhörenden abgefärbt. Außerdem hat es den Konfirmand:innen verdeutlicht, dass man im Gebet mit Gott als Gegenüber das Innerste zum Ausdruck bringen kann, auch indem wir schreien, klagen oder weinen. Während Menschen sich in diesen Momenten auch abwenden können, weil es ihnen zu anstößig oder zu herausfordernd ist, bleibt Gott.

Außerdem hat die Natur, hier in Form des im Tal gelegenen Sees, einen ganz neuen Resonanzraum für die Worte des Gebets eröffnet. Die Weite des Waldes, der Blick auf den menschenleeren See und der dunkler werdende Himmel unterstrichen die Sehnsucht nach der Gottesnähe, die im Gebet ausgedrückt wird.

Die Landschaft war in diesem Moment keine Kulisse, sondern Teil der Betenden, und durch das Echo verstärkte sie die Worte im Widerhall. In der Verbundenheit mit der Natur lag ein spirituelles Moment. In den Psalmen werden ähnliche Erfahrungen beschrieben. Beispielsweise in Psalm 121, wo es heißt: Ich hebe meine Augen auf zu den Bergen. Woher kommt mir Hilfe? Meine Hilfe kommt vom Herrn, der Himmel und Erde gemacht hat.

Die Wiederholung der Worte durch das Echo wurden von manchen auch wie eine Art Antwort auf das Gebet verstanden. Natürlich antwortet das Echo nicht wirklich, es gibt keinen Dialog im Sinne eines Wortwechsels. Aber im Gebet kann man eine ähnliche Erfahrung machen. Die Erfahrung, dass die eigenen Worte zum Schwingen kommen und im Inneren eine Resonanz entsteht. Für mich ist das ein Moment der Gottesgegenwart. Das Echo hat etwas sinnlich erfahrbar gemacht, was sonst im Inneren bleibt.

Ein Gebet am anderen Ort

Der Ort für ein Echo-Gebet sollte gut gewählt sein. Unter Brücken, in Tunnels, Tälern und vielen anderen Orten kann man einen Echoeffekt hören. Aber auch ohne Echo kann ein in die Natur gerufenes Gebet einen großen Effekt erzielen, weil schon allein die Lautstärke Eindruck macht. Das freie Sprechen und eine langsame und deutliche Aussprache sind ebenfalls wichtig, damit das Gebet authentisch und verständlich ist. Man sollte sich viel Zeit lassen und die gerufenen Worte, das Echo, aber auch die Stille dazwischen wirken lassen. Außerdem ist es hilfreich, möglichst viel Innigkeit in die Worte zu legen und Phrasen sein zu lassen. Mir hat es geholfen, auszublenden, dass hinter mir viele Menschen sitzen. Ich habe mir vorgestellt, dass ich gerade allein mit Gott bin.

> »Zuerst habe ich gedacht: »Huch, was ist das denn jetzt?«, weil ich damit nicht gerechnet habe. Aber ich fand es dann sehr schnell ziemlich cool, einfallsreich und mutig. Das Gebet in dieser Form zu »sprechen«, hat mir das Gefühl vermittelt, eine direkte Verbindung zu Gott zu haben, dass er das Gebet erhört hat und dass Gott einem in Form des Echos antwortet.«
> *Marit Meier, Teamerin*

Das Echo-Gebet

Gott!
Hörst du mich?
Ich will reden!
Ein ganzer Tag
liegt hinter uns.
Ich bin so froh,
hier zu sein,
mit allen hier.
Ich will,
dass du auch da bist,
dass wir das spüren.
Damit wir uns
nicht allein fühlen,
sondern als Gemeinschaft,
untereinander
und mit dir.
Gott!
Bleibe bei uns.
An diesem Abend,
in dieser Nacht,
in dieser Welt.
Amen.

Natürlich. Kirche. Weidenkirche.

Wolfgang Popp

Aus Weiden gesteckt und »gebaut« und inzwischen seit gut 15 Jahren weiter gewachsen. Etwa 30 Meter lang, bietet sie im Inneren für ca. 150 Personen Platz. Sie besteht aus einem »richtigen« Kirchenschiff und Seitengängen. Sie hat einen runden Chorraum als Apsis und in dessen Mitte einen mächtigen Altar aus Jura-Marmor. Neben dem Altar wirkt ein meterhohes, großes, schlichtes geschmiedetes Eisenkreuz.

So wird das Bauwerk unschwer für jede und jeden als Kirche kenntlich.

Ihre »Mauern« aus Weidenruten stehen solide und sind dennoch beweglich. Sie bleiben fest verwurzelt am Ort und wachsen trotzdem weiter. Die Kirche hat ihre gegebene Form und verändert sich dennoch jeden Tag. Mal wirkt sie durchsichtig, fast filigran und sogar zerbrechlich, z. B. im Winter. Dann wieder steht sie dicht und zugewachsen, wie eine einladende grüne Pflanzenwand. Mal ist sie herbstlich dunkelbraun, mal lichtdurchflutet, leuchtend sommerlich anzusehen. Die Jahreszeiten machen den Unterschied.

Ein Haus Gottes aus einem Stück Natur in der Natur

Transparent, nach allen Seiten und nach oben offen. Die Sonne darf rein und der Regen. Die Vögel und die Falter bauen ihre Nester über den Köpfen der Besucher:innen.

Kinder, Frauen und Männer sehen die Wolken über ihre Köpfe hinwegziehen. Der Wind pfeift zuweilen und macht dann denen zu schaffen, die durch die Liturgie führen. Und den Musizierenden, wenn sie Noten oder Schriftstücke und Papier dabei haben.

Ein Ort für Gott draußen inmitten in einer großen Wiese, ohne Türen und Fenster und ohne Dach: Für den »ganz normalen« regelmäßigen Sonntagsgottesdienst der Ortsgemeinde, für Taufen und Hochzeiten, für Andachten, Besinnungen und meditative Momente. Für die Jugend und ihre Gedanken, für Senioren:innen, für Wanderer und Radfahrer(-Gruppen), zum Ausruhen und Pausemachen.

Auch ein Ort als Spielplatz für Kinder, ein Konzertraum für Klassik und Moderne. Zum gemeinsamen leiblichen Feiern, z. B. Grillen an Pfingsten oder an Erntedank nach den Gottesdiensten.

Ein Haus Gottes, das auch nach 15 Jahren die Menschen bewegt anzuhalten, innezuhalten, zu staunen. Menschen, die zum ersten Mal hier vorbeikommen, unterbrechen ihren geplanten Rhythmus, unterbrechen den Spaziergang. Sie kehren kurz, nur für ein paar Minuten oder oft auch länger spontan ein.

Findet gerade ein Gottesdienst statt, setzen Frau und Mann sich einfach dazu. Manchmal für die ganze Zeit, manchmal auch nur für ein paar Augenblicke oder um den Schlusssegen mitzunehmen.

Die Fahrräder werden einfach im Gras oder in den Ständern um die Kirche abgestellt. Und eigentlich immer wird schnell das Handy gezückt, und es werden Fotos gemacht.

Auch so kann Kirche sein.

Die Weidenkirche in Pappenheim ist ein geweihtes Haus Gottes und trotzdem »ganz anders«. Sie ist ein Spiel- und Erfahrungsort unter freiem Himmel. In ihr steckt nicht der manchmal reale und manchmal auch nur vermutete modrige Geruch alter, feuchter Mauern. Sie hat Spinnweben, aber lebendige. Sie ist erfüllt mit Vogelgezwitscher, live und direkt vom Ast gleich neben oder über mir.

Schöpfung mitten in der Kirche, und ich kann sie ganz konkret anfassen! Damit wird sie für mich begreifbar; eine Schöpfung, die auch direkt beim Feiern spürbar wird und mit allen Sinnen: Der Wind umbläst mich, der Sonnenstrahl kitzelt mein Gesicht oder brennt mir plötzlich auf der Haut. Wolken verdunkeln zusehends den Himmel – regnet es gleich oder eher nicht? Manchmal dann, bisher während eines Gottesdienstes erstaunlich selten, ein schneller Regenschauer. Aber er stört niemanden. Denn wenn er vorherzusehen war, packen die Gäste einfach ihre Schirme aus. Kommen die Tropfen unerwartet, verziehen sich die Wolken hoffentlich auch schnell wieder ...

Auch so kann Gottesdienst gefeiert werden.

Wird der Schatten knapp, rücken die Gäste unter den Weidenpflanzen einfach näher zusammen. Ist der Ton zu leise, nehmen sie ihren Stuhl mit und gehen ein paar Meter nach vorne.
Wird es den kleinen und jungen Besucher:innen einmal »zu lang«, krabbeln sie ein paar Meter im Gras zwischen den Büschen, spielen auf dem Boden oder gesellen sich zu anderen Kindern ein paar Reihen weiter.

Feiern in der Weidenkirche Pappenheim – grenzenlos und offen

Die Weidenkirche ist und bleibt eine Kirche. Daher geht es beim Feiern in ihr in den meisten »Fällen« um Gottesdienste, Andachten, Kasualien, Einführungen oder Verabschiedungen in gottesdienstlichem Rahmen oder um speziellere liturgische Formen wie Tagesgebete, Meditationskreise, liturgischer Tanz u.v.m. Nicht zu vergessen natürlich die regelmäßigen Kindergottesdienste und Jugendgottesdienste.

Aufgrund ihrer »Grenzenlosigkeit und Offenheit« lässt sie vom Raumgefühl, vom »Machbarkeitsgefühl« und letztlich für die Durchführung selbst enorm viel Spielraum und Varianten zu, ganz praktisch, aber auch »im Kopf«.

Dinge, die in ehrwürdigen alten Kirchengemäuern nicht möglich scheinen und es auch oft aufgrund baulicher Gegebenheiten nicht sind, können in der Weidenkirche ausprobiert werden. Anders gesagt, schon der andere Rahmen und die anderen Bedingungen machen etwas mit den Besucher:innen und Gästen und verändern auch die Möglichkeiten des Feierns und der Angebote.

In den vergangenen Jahren hat das Bauwerk unzählige Menschen angesprochen, die sich selbst der Kirche als Institution gegenüber sonst eher als fern einstufen. Aber: »Wenn ich einmal kirchlich heiraten sollte, dann hier in dieser Kirche.« »Wenn ich einmal mein Kind taufen lassen sollte, dann hier.« »Wenn ich überhaupt einmal in einen Gottesdienst gehen würde, dann in die Weidenkirche.« So hören wir immer wiederkehrende Aussagen.

In den vergangenen Jahren ist zudem eine völlig neue Form von Gemeinde entstanden, *eine »Weidenkirche-Gemeinde«*. Zu Feiern und Gottesdiensten versammeln sich mit der Ortsgemeinde regelmäßig Menschen aus der weiteren Region. Gäste und Einheimische, regelmäßige Kirchgänger:innen und Menschen, die ansonsten kein Kirchengebäude woanders aufsuchen – alle finden ihren Platz. Viele empfinden hier Kirche und Gottesdienst »einfach völlig anders«.

Die Weidenkirche, eine »befreiende« Kirche

Die Weidenkirche lädt ein, sich ungezwungen, ja erwartungsvoll und »frei« auf das Geschehen und damit z. B. den Gottesdienst einzulassen.

Die in den »normalen« Kirchengebäuden oft vorhandenen »Hemmschwellen« gibt es hier nicht. Dennoch wird die Weidenkirche als Kirchenraum erlebt, als besonderer Raum, als heiliger Raum erkannt und akzeptiert.[7]

Corona als Chance

Die vergangenen »Corona-Jahre« haben die Weidenkirche in Pappenheim noch einmal in besonderer Weise attraktiv werden lassen. Und damit auch noch einmal ganz »anders« zu einem regionalen Gottesdienstort gemacht.

Problemlos konnten die Gemeindeglieder »auf Abstand« Gottesdienste feiern: je nach gerade gültiger gesetzlicher Regelung mal 1,5 Meter Abstand oder mehr, dann wieder weniger zum/zur Nachbarn/in. Man stellte sich die Stühle/seinen Stuhl, wie es sein sollte und wie man es selbst wollte. Außerdem befand man sich im Freien, also auch ohne Ängste vor Ansteckung durch zu viel Nähe beim Ein- und Ausatmen. In den Feiern konnte gesungen werden. Sogar Chor-Konzerte fanden statt. Der Zuspruch durch Gottesdienstgäste von nah und fern stieg signifikant an.

Die Weidenkirche als überkonfessionelle Kirche und als interreligiöses Haus

Die Kirche ist eine Initiative der Jugend der Evangelisch-Lutherischen Landeskirche von Bayern. Sie wurde vom evangelischen Landesbischof geweiht. Sie wird betreut von den Ortspfarrer:in-

---

[7] Von den seit über 15 Jahren im Kirchenraum fast das ganze Jahr über stehenden ca. 100 hochwertigen Stühlen sind bisher keine abhanden gekommen!

nen. In ihr finden auch regelmäßig Gottesdienste anderer Konfessionen statt.

Interessanterweise gibt es bisher seitens dieser Konfessionen keine Berührungsängste. Feiern und Kasualien von unterschiedlichen Freikirchen wie Methodisten, Bapitisten, Altkatholiken, aber auch römisch-katholischen Gruppen u. v. m. gehören dazu.

Auch ein für alle Teilnehmenden sehr beeindruckender Gottesdienst zur Verabschiedung des interreligiösen Beauftragten der Bayrischen Landeskirche mit über 100 muslimischen Gästen fand schon statt. Und die Weidenkirche selbst wurde dabei auch zu einem Gesprächsthema.

Die Weidenkirche als Kasualkirche: Beispiel Taufe

Die Taufgemeinde sitzt in einem großen Halbkreis um den Altar in der Apsis. Die liturgisch leitende Person steht vor ihr und nimmt sie, auch aufgrund der körperlichen Nähe, mit hinein in den Gottesdienst. Sie lässt die Gemeinde im positiven Sinn Beteiligung spüren. Die anwesenden Kinder halten die große silberne Taufschale; der Taufvater gießt aus einer Kanne das Taufwasser in die Hand der Pfarrperson. Eine Patin hält das Kind, die Mutter sagt den Taufspruch ... die Taufgemeinde hilft bei der Taufe mit.

Währendessen krabbeln die anderen Kinder ungezwungen umher, kommen interessiert dazu und sehen genauer hin. Die Gäste rücken ihre Stühle zurecht, um näher dran und dabei zu sein. Es gibt keine Berührungsängste. Alle sind willkommen.

(Selbstverständlich kann eine solche Tauffeier auch anderswo stattfinden, aber in der Weidenkirche ist sie »Programm«.)

Die Weidenkirche als Kirche für Kinder

Ein besonderer Aspekt der Weidenkirche ist die »Kirche mit Kindern«. Vielfältig und bunt sind die Gestaltungsmöglichkeiten. Die Kinder werden zu Themen, z. B. des Kirchenjahres (oder aus der Bibel), eingeladen. Spätestens an Pfingsten beginnt die Saison. Oft werden Bierbänke und -tische aufgestellt und helfen bei manchen Durchführungen. Ansonsten sitzen die Kinder auf Decken oder einfach im Gras. Bei Anspielen im Freien werden die natürlichen Gegebenheiten gleich miteinbezogen. Das bereichert die biblischen Geschichten und beim Basteln und Werkeln die Eindrücke.

Die Weidenkirche als Konzert- und Veranstaltungsort

Es fanden bereits populärmusikalische Performances (vokal und instrumental) Klassik-Konzerte (Windsbacher Knabenchor, Instrumentalmusik etc.), ein Poetry-Slam, Kabarett-Aufführungen und Liedermacher:innen-Konzerte statt. Die Offenheit ist groß. Wir freuen uns auf weitere Begegnungen mit Musik und Kultur.[8]

---

[8] Wir laden herzlich ein, die Weidenkirche im Altmühltal zu besuchen und sich ein Bild zu machen. Weitere Infos: www.pappenheim-evangelisch.de/gemeindeleben/gottesdienste; www.kircheimgruenen.de.

Gedanken zu Kreuz und Weidenbaum

Evangelische Jugend Bamberg

Hoffentlich – zum Leben wachsen

Diese Weidenrute ist hier ganz in der Nähe gewachsen. Weiden sind wahre Lebenskünstler. Sie gestalten den botanischen Übergang von verwilderter, feuchter Wiese zum Wald. Prägt sich immer mehr ein klassischer Wald aus, dann weichen die Weiden aus. Die eingeschlechtlichen Weidenbäume hätten ein massives Problem, wenn das jeweils andere Geschlecht meilenweit entfernt wäre. Die Weidenbäume haben darauf eine Antwort: Sie können hierfür ungemein flexibel reagieren. Sie lassen ihre Äste einfach fallen. Äste, die genug Wasser am unteren Ende abbekommen, können Wurzeln schlagen und zu einem großen neuen Baum heranwachsen – unsere innovative Natur!

Wachsen

Jeder Baumliebhaber beobachtet gespannt das Wachstum des Baumes. Besonders Obstbaumbesitzer werden interessiert sein, ob der Baum gerade, schief oder sehr dicht heranwächst. Ein Weidenbaum lässt seine Äste wie jeder andere Baum wachsen, wie er will. Die einzelnen Äste und Zweige reagieren beim Wachsen höchst flexibel auf ihr Umfeld. Ist ein anderer Ast oder eine Mauer im Weg, dann wird eine neue Richtung eingeschlagen. Manchmal umschlingen die Äste und Zweige sich gegenseitig dermaßen, dass regelrecht ein dichtes Netz entsteht, in das man gut reinfallen könnte. Im Gegensatz zum Bauen, dem wie bei einem Hausbau ein Plan unterliegt, ist Wachsen eher planlos und zufällig.

Beides ist wichtig: Wir bauen Kirche, wir bauen Häuser, wir bauen eine Jugendgruppe auf, wir bauen eine Musikgruppe auf, wir bauen Firmen und Betriebe auf, wir bauen Straßen, wir bauen, bauen und bauen. Meist steckt hinter jeder Baumaßnahme ein Plan oder zumindest ein Konzept. Das gibt uns Orientierung und Sicherheit. Solche Baumaßnahmen dienen dazu, dass wir ein angenehmes Leben führen können.

Dem Leben dient auch das zufällige Wachsen, das auf die aktuellen Herausforderungen oder Begebenheiten reagiert. Wachsen von Gruppen und Kreisen in der Kirchengemeinde oder das eigene Wachsen in Bezug auf Fähigkeiten, Kenntnisse, Freundeskreis und Bekanntschaften oder des eigenen Arbeitsfeldes zu ungeahnten Richtungen und Netzwerken. Es ist völlig spannend, zu welchen neuen Terrains man vorstößt, welch neuen interessanten Menschen man begegnet, wie sich eine Gruppe in der Zusammenstellung oder in ihrer inhaltlichen Schwerpunktsetzung oder ein Mensch in seiner Denkweise, im Verhalten, in der Reife oder in seinen Fähigkeiten entwickelt – heranwächst. Ein derartiges Netzwerk ist auch der Dekanatsjugendkonvent des Dekanatsbezirks Bamberg. Dort treffen sich Ehrenamtliche der Evangelischen Jugendarbeit aus den unterschiedlichsten Kirchengemeinden des Dekanatsbezirks Bamberg. Die Teilnehmenden lernen dort viele neue Menschen kennen und können ihre Erfahrungen austauschen. Es ist stark, wie flexibel sie auf aktuelle Anlässe reagieren und die dadurch notwendige Richtung in ihren Entscheidungen bestimmen. Etwas Neues, Lebendiges und für das gemeinsame Leben Bereicherndes wächst heran.

Liebe: Ein liturgischer/homiletischer Impuls

Dieses Kreuz, das wir hier sehen, ist ein altes Zeichen. Es ist Teil unserer christlichen Tradition, die uns Halt gibt, aber auch herausfordert.

Dieses Kreuz soll ein Weidenkreuz werden. Für ein gutes Gelingen brauchen wir die vier Elemente Wasser, Feuer, Luft und Erde.

Erde: Darin steht das Weidenkreuz. Es gibt dem Kreuz den Halt und den Weiden die nötige Nahrung.

Wasser: Die Weiden benötigen viel Wasser zum Wachsen, sie müssen deshalb viel begossen werden.

Feuer: Von dem Feuerball Sonne erhält die Weide das nötige Licht für die Photosynthese; es entsteht Luft.

Luft: Die Weide wächst in luftige Höhen und bereichert die Luft durch ihre Photosynthese.
Nochmals zurück zur

Erde: Wo fühle ich mich sicher, wo erfahre ich Halt in meinem Leben, wo fühle ich mich geerdet, wo fühle ich mich gestärkt?

Wasser: Wo fühle ich mich erfrischt, wo fühle ich mich gereinigt, wo fühle ich mich wie von der Kraft eines Wassers positiv angetrieben?

Feuer: Wo wird mein Leben hell, wo erlebe ich Freude, wo geht mir ein Licht auf, wo verspüre ich Wärme in meinem Leben, wo ist mein Wohlfühlort?

Luft: Wo kann ich frei atmen, wo werde ich inspiriert, wo darf ich selbst sein, wo kann ich körperlich oder im Innern gelassen laufen und springen?

Das Weidenkreuz beinhaltet noch ein fünftes Element – die Liebe.
Die Liebe Gottes zu uns Menschen wurde besonders in der Verkündigung Jesu deutlich. Aber auch durch seinen Tod am Kreuz. »Niemand hat größere Liebe als die, dass er sein Leben lässt für seine Freunde.« So sagt Jesus es im Johannesevangelium.
Wir sind sicherlich nicht aufgerufen, vor lauter Liebe an einem Kreuz zu enden. Unsere Kreuzesliebe kann sein: Vertrauen, Vergebung, Versöhnung, sich zurückzunehmen oder etwas voranzu-

treiben, wenn nötig, aufeinander zuzugehen. Das eine oder das andere kann manchmal ein echtes Kreuz sein.

Dieses Kreuz erinnert uns und fordert zugleich auf zur dreifachen Liebe: Liebe zu Gott, Liebe zu den Menschen und Liebe zu Gottes Schöpfung.

Christen sind immer wieder neu herausgefordert, die Botschaft der Liebe Gottes in den aktuellen Alltag zu übersetzen.

Die Kirche ist immer herausgefordert, lebendig zu bleiben und selbst zum Leben zu wachsen.

Hoffentlich gelingt es. Hoffnung dürfen wir haben.

Hoffentlich – zum Leben wachsen.

Besucher werden eingeladen, eine Weidenrute mit folgendem Impuls zum Kreuz zu tragen:
»Ich verbinde mit der Weidenrute den Gedanken an etwas, wofür ich mir Wachstum wünsche.«

Zusammenhalten und -binden der Weidenruten.
Die Aktion wird musikalisch von einer Band begleitet.

Aufstellen des Kreuzes

Das Weidenkreuz wird mit folgendem Impuls aufgestellt:

»Unsere Hoffnungen und Wünsche wissen wir in Jesus in guten Händen. Als Zeichen und Erinnerung daran stellen wir das Kreuz jetzt auf.«

Impuls zum Weiterdenken:
Jedes Blatt ist kostbar

Walter Engeler

Jedes Blatt an einem Baum ist kostbar. Es symbolisiert einen kleinen bestaunenswerten Ausschnitt aus dem Wunder der Natur. In ihr ist jedes Blatt unverwechselbar anders – wie auch jeder Mensch. Jeder Mensch ist einmalig, unverwechselbar anders am Baum der Menschheit, unter Milliarden eine eigene Schöpfung. *Ein Blatt hängt nie ganz still,* es tanzt im Wind, wird hin und her geschubst und verändert sich. Auch in unserem Leben steht im Grunde nie alles still. Im Gegenteil, mit jedem neuen Tag beginnt eine neue kleine Entdeckungsreise. Diese Lebenseinstellung fordert auch unser Glaube von uns, z. B. mit dem Satz von Paulus: *Seid fröhlich in Hoffnung.* (Römer 12,12)

Das Blatt braucht den Ast und den Stamm, um leben zu können. Es braucht einen Stiel, an dem es festhängt und Halt findet. Einen Punkt, der es auch bei dem stärksten Sturm und dem heftigsten Regenwetter nicht fallen lässt.

Jeder Mensch braucht solch einen festen Punkt, an dem er festhält und auch die stärksten Bedrängnisse und Belastungen überwindet.

Seid geduldig in Trübsal. Der zweite Teil des Bibelverses fordert dazu auf, die Engpässe und Stürme, die es im Leben auch gibt, geduldig zu ertragen. Dazu kann es hilfreich sein, an wichtigen Erinnerungen festzuhalten, sich von der Kraft der Liebe bewegen und halten zu lassen. An die Menschen zu denken, denen man wichtig ist und die sich für einen eingesetzt haben.

Als Christen vertrauen wir darauf, dass Gott diese Liebe ist, die uns erschaffen hat und trägt und die hinter aller Liebe steckt, die wir in unserem Leben erfahren, und die die Kraft ist, die uns zur Liebe untereinander befähigt.

Das Blatt braucht den Stamm und den Ast, aber umgekehrt *brauchen der Ast und der Stamm genauso das Blatt!* Der Baum ist auf die Blätter angewiesen, um leben zu können, und so sind auch Gesellschaft und Kirche darauf angewiesen, gesunde Zellen und Blätter, d. h. intakte Familien, zu haben.

Jedes Blatt atmet durch einen geheimnisvollen Umwandlungsprozess Sauerstoff aus und trägt dazu bei, dass Menschen und Tiere nicht ersticken.

Jede Zelle und jedes Blatt, jeder Mensch und jede Familie tragen in Gesellschaft und Kirche wesentlich mit dazu bei, dass sich frischer Sauerstoff verbreiten kann, sorgen für frische Luft und für eine gesunde Atmosphäre, wenn sie sich dafür einsetzen im Denken und im Tun, z. B. indem sie anderen Gutes wünschen oder für einander beten. *Seid beharrlich im Gebet.*

Was Baum und Blätter, Blätter und Baum zusammenhält, ist der Saft, im übertragenen Sinn: die Liebe.

Die Liebe macht es möglich, dass wir *jetzt* schon – wenn auch nur ansatzweise – ihr göttliches Geheimnis erkennen können. Wenn wir in der Liebe sind, können wir die göttliche Wahrheit erkennen. Nicht, wenn wir uns durch brillante Intelligenz auszeichnen, erkennen wir den tiefsten Seinsgrund der Welt, sondern wenn wir in der Liebe sind!

Das gilt für Menschen: Wir erkennen die wirkliche Größe von einzelnen Menschen nur, wenn es uns gelingt, sie mit liebenden Augen wahrzunehmen.

Das gilt aber auch für die Natur: Erst wenn wir uns ihr mit einem offenen Herzen hingeben, offenbart sich uns ihr innerstes Geheimnis. Dann aber bereits in jedem kleinen Blatt.

»Seid fröhlich in Hoffnung, geduldig in Trübsal, beharrlich im Gebet.«
Amen.

Impuls zum Weiterdenken
Gespräch auf der Sommerwiese:
Was ist das Leben?

Nach einem schwedischen Märchen

Bearbeitet von *Walter Engeler*

An einem schönen Sommertag war um die Mittagszeit eine Stille im Wald eingetreten. Alles ruhte.

Nach einer Weile steckte plötzlich der Buchfink sein Köpfchen hervor und fragte:»Was ist eigentlich das Leben?«

Im Nu schwand alle Ruhe dahin. Alle waren tief betroffen über diese schwere Frage.

Die Heckenrose entfaltete gerade ihre Knospe und schob behutsam ein Blatt ums andere heraus. Sie sprach:»Das Leben ist eine Entwicklung.«

Leichter veranlagt war der Schmetterling. Heiter flog er von einer Blume zur anderen, naschte da und dort und sagte:»Das Leben ist lauter Freude und Sonnenschein.«

Drunten am Boden schleppte sich eine Ameise mit einem Strohhalm, zehnmal länger als sie selbst, und sagte:»Das Leben ist nichts als Mühe und Arbeit.«

Da kam eine Biene vorbei, auf dem Heimweg von einer Honigblume, und meinte dazu:»Das Leben ist ein Wechsel von Arbeit und Vergnügen.«

Wo so weise Reden geführt wurden, da steckte auch der Maulwurf seinen Kopf aus der Erde und sagte:»Das Leben ist ein Kampf im Dunkeln.«

Es hätte nun beinahe einen Streit gegeben, wenn nicht ein feiner Regen eingesetzt hätte, der sagte:»Das Leben besteht aus Tränen, nichts als Tränen.« Dann zog er weiter zum Meer. Dort brandeten die Wogen und warfen sich mit aller Gewalt gegen die Felsen, kletterten daran in die Höhe, fielen mit gebrochener Kraft ins Meer zurück und stöhnten:»Das Leben ist ein stets vergebliches Ringen um Freiheit.«

Hoch über ihnen zog majestätisch der Adler seine Kreise. Er rief:»Das Leben ist ein Streben nach oben.«

Nicht weit davon stand eine Weide, die hatte der Sturm schon zur Seite gebeugt. Sie sprach: »Das Leben ist ein Sich-Neigen unter eine höhere Macht.«

Dann kam die Nacht. In den frühen Morgenstunden kam ein junger Mann des Weges und ging gerade von einem Fest nach Hause. Müde setzte er sich unter einen Baum und sagte vor sich hin: »Das Leben ist ein ständiges Jagen nach dem Glück und eine Kette von Enttäuschungen.«

Auf einmal flammte die Morgenröte in ihrer strahlenden Schönheit auf. Sie sprach: »Wie ich, die Morgenröte, der Beginn des neuen Tages bin, so ist das Leben der Anbruch der Ewigkeit.«

IV Raus in die Nachbarschaft

An vielen Orten wirken Menschen schöpferisch in großer Weite. Manche Menschen ziehen einen liturgischen Wagen, und die Gemeinde zieht mit, fast so, wie das Volk Gottes mit der Stiftshütte mitging.

Manche Menschen legen erste Samen, erfahren die Kraft der wilden Orte, sind einfach da und beten.

Manche Menschen finden sich in einem Stadtteil zusammen, definieren verlassene Orte neu und wecken die Entdeckerfreude in der Nachbarschaft.

Diese Orte sind nicht perfekt.

Aber diese Orte sind weit,
> weil etwas Unverfügbares mitspielt;
> weil Menschen spirituelle Räume öffnen;
> weil alle kommen können;
> weil es eine Erlaubnis gibt, dass sie sich selbst und das, was sie lieben, einbringen und gestalten.

Bollerwagen-Gottesdienst am Ostermontag

Irmela Büttner in Zusammenarbeit mit Jorit Gøbel

Die Idee

Die St.-Laurentius-Kirchengemeinde Achim war auf der Suche nach einem neuen Gottesdienstformat für den Ostermontag. Bisher gab es immer einen Familiengottesdienst in der Kirche, der aber sehr spärlich besucht wurde. Der Gedanke war, ein neues Format für Familien zu entwickeln und dazu rauszugehen.

Die Idee: einen Bollerwagen nehmen und raus in die Marsch ziehen. Die Marsch ist das Gebiet am Fluss der Weser, das Achim umgibt.

Die Theorie: das machen, was Familien gerne machen: gemeinsam rausgehen und etwas erleben. Wer mochte, konnte seinen eigenen Bollerwagen mitnehmen, in dem Proviant, wichtige Dinge oder auch die kleinen Geschwister transportiert werden konnten. In einen gesonderten Bollerwagen kam das Gottesdienst-Equipment. Wir entschieden uns weniger für die vortragende Form, als vielmehr dazu, mit unserer Gottesdienstgemeinde im Gespräch zu sein.

Spielort 1: Vor der Kirche

Musik zum Anfang (z. B. auf der Gitarre)

Wir begrüßen uns

Hallo und herzlich willkommen zu unserem Bollerwagen-Gottesdienst! Wir hoffen, ihr habt alle eure Bollerwagen gepackt und seid bereit, dass es losgeht?

Antworten abwarten

Heute ist Ostermontag. Gestern war Ostersonntag. Wer hat denn gestern schon Ostereier gesammelt?

Antworten abwarten

Und wer kennt schon die Ostergeschichte? Meldet euch mal!

Meldungen abwarten

Heute werden wir zwei Freunden von Jesus begegnen. Die haben auf ganz besondere Weise Ostern erlebt. Ihre Geschichte steht in der Bibel. Da haben wir aber auch gleich schon ein Problem: Wir wissen nur von einem der beiden Freunde den Namen. Er heißt Kleopas. Von dem anderen Freund kennen wir den Namen nicht: Wir denken uns einfach gemeinsam einen Namen aus. Wie könnte der zweite Freund heißen? Was meint ihr?

Namen sammeln und gemeinsam entscheiden

Wunderbar, jetzt kennen wir die Namen der beiden Freunde. Jetzt wollen wir unseren Gottesdienst beginnen. Wir denken dabei an Jesus. Ihr könnt die Bewegungen mitmachen.

Gottes Liebe mitten unter uns

Jesus sagt: Ich bin das Licht der Welt – *Arme zum Himmel strecken, zum Licht der Sonne*

Wo Menschen in meinem Namen zusammenkommen, da ist Licht. Es breitet sich aus – *Arme zur Seite ausbreiten*

Es wärmt uns – *Arme vor der Brust kreuzen*

Da ist Gottes Liebe mitten unter uns – *Arme zu den Nachbarn ausbreiten*

Spielort 2: Im Altarraum

Wir schauen auf das Kreuz hier vor dem Altar. Eine Sache gehört zu einem Altar immer dazu: Das ist das Kreuz. Das Kreuz gehört auch zur Ostergeschichte. Was ist da nämlich passiert?

Antworten abwarten

Genau, Jesus ist am Kreuz gestorben. Das haben Kleopas und N. N. direkt mitbekommen. Als Freunde von Jesus waren sie natürlich sehr traurig, dass könnt ihr euch vielleicht vorstellen. Am dritten Tag, nachdem Jesus gestorben war, mussten sie sich auf den Weg in ihr Heimatdorf machen, nach Emmaus. Sie ließen Köpfe und Schultern hängen, so traurig waren sie. Und sie erzählten auch nicht viel. Sie dachten immer noch an Jesus. Sie konnten nicht verstehen, warum das passieren musste. Warum musste Jesus sterben? Er hatte doch so viele gute Dinge getan und noch so viel vorgehabt.

Manchmal verstehen auch wir Dinge nicht, die uns passieren. Manche verstehen wir später, manche nie. Fast alle Menschen kennen solche Momente. Ein Liederdichter hat das mal in einem Lied in Worte gefasst. Es heißt: »Ich steh vor dir mit leeren Händen, Herr«. Das wollen wir jetzt gemeinsam singen. In den Gesangbüchern die Nummer 382. Die leeren Hände können wir auch zeigen. Ihr könnt mitmachen. *Leere Hände zeigen*

Lied | *Ich steh vor dir mit leeren Händen, Herr* (EG 382)

Wir sagen Gott, was uns bewegt

Gott können wir alles sagen, was uns bewegt. Wir nennen das »Beten«. Das tun wir jetzt. Wenn ihr mögt, könnt ihr dazu eure Hände falten und eure Augen schließen.

Gebet

Gott, wir feiern Ostern. Wir nehmen unseren Bollerwagen und machen uns auf den Weg. Wir bitten dich: Begleite uns! Sei bei uns und beschütze uns: Heute im Gottesdienst und auch morgen und alle Tage. Du willst das, du kannst das, du machst das auch. Amen.

Kleopas und N. N. sind jetzt also auf ihrem Weg nach Emmaus und auch wir gehen jetzt los zu unserer nächsten Station. Wir nehmen diesen Bollerwagen hier mit, da ist alles drauf, was wir brauchen, um auf unserem Weg Gottesdienst zu feiern.

Eine Frage für den Weg

Ich frage mich: Was war eigentlich an Jesus so besonders, dass Kleopas und N. N. ihn so vermisst haben? Wenn ihr wollt, könnt ihr diese Frage jetzt mit auf unseren Weg nehmen. Ich bin gespannt auf eure Antworten. Wir sammeln sie an unserer nächsten Station.

Spielort 3: An einer Weggabelung

Jesus war besonders, wir zeigen es mit einem Legebild aus Naturmaterialien.
Wir sind jetzt hier in der Natur angekommen. Habt ihr eine Antwort gefunden? Was war an Jesus so besonders?

Antworten sammeln

Das, was wir jetzt gesagt haben, das können wir auch zeigen. Wir können Naturmaterialien sammeln und damit ein Bild legen. Was, meint ihr, passt am besten? Vielleicht ein Herz? Oder ein Kreuz? Oder eine Friedenstaube?

Gemeinsam für ein Symbol entscheiden

Okay, wir legen ein/e … Wir nehmen uns dafür zehn Minuten Zeit. Geht mal los und sammelt ein paar Dinge, die wir für unser Legebild gebrauchen könnten. Stöckchen, Blumen, Zweige …

Legebild legen
Würdigen

Das ist sehr schön geworden. Ich sehe …
Mir gefällt der Gedanke, dass unser Bild Teil der Natur ist. Wenn ein starker Wind kommt, wird unser Bild verweht, aber für uns hat es eine besondere Bedeutung bekommen.

Das Unmögliche passiert

In der Geschichte passiert jetzt etwas ganz Besonderes. Ein Mann gesellt sich zu Kleopas und N. N. Er läuft den Weg mit ihnen. Sie unterhalten sich. Sie sprechen über das, was mit Jesus passiert ist und über das, was in der Bibel über Gott steht. Die beiden Freunde bekommen ein ganz komisches Gefühl. Es fühlte sich so vertraut an, mit dem Mann zu reden, aber sie erkennen ihn nicht. Wir wissen aber, wer es ist …

Reaktionen abwarten

Ja, es ist tatsächlich Jesus. Später sagen die Männer: Brannte nicht unser Herz, als wir mit ihm sprachen? Sie haben es also schon gemerkt, nur noch nicht wirklich realisiert.

Die Ostergeschichte ist eine besondere Geschichte, weil das Unmögliche passiert. Jesus ist nicht tot, er lebt. Die Menschen merken: Gott macht große Dinge.

Wir können das gemeinsam singen:

Lied: *Du verwandelst meine Trauer in Freude* (LH 1, 64)

Jesus geht mit

Ich frage mich, wie es sich wohl anfühlt, wenn Jesus jetzt auch mit uns mitgeht.

Spielort 4: Auf einer größeren Fläche

Kleopas und N. N. erkennen Jesus.
Vielleicht könnt ihr euch vorstellen, wie Kleopas und N. N. sich gefühlt haben, als Jesus mit ihnen gegangen ist, nur dass sie noch nicht wussten, dass es wirklich Jesus ist. Als sie in Emmaus angekommen sind, wollen Kleopas und N. N. essen. Sie haben Jesus noch nicht erkannt. Der fremde Mann nimmt das Brot und bricht es. Die Jünger erinnern sich: So hat das doch Jesus auch gemacht. Erinnerst du dich? Als er noch bei uns war. Am Donnerstagabend hat Jesus das Brot mit uns geteilt.

Lied: *Halleluja – Suchet zuerst Gottes Reich in dieser Welt, 1* (EG 182)

Wir blicken in den Bollerwagen

Wir erinnern uns an das letzte Mal, als Jesus mit seinen Jüngerinnen und Jüngern gegessen hat. Dazu müssen wir erst mal den Tisch decken. Vielleicht können mir ein paar von euch dabei helfen. Alles, was wir brauchen, haben wir hier im Bollerwagen. Dazu können wir das Lied singen oder summen.

Lied: *Halleluja – Suchet zuerst Gottes Reich in dieser Welt, 1* (EG 182)

Jesus bricht das Brot für uns

Alle waren zusammen. Bei einem besonderen Abendessen. Da nahm Jesus das Brot, dankte Gott, brach es.

Brechen des Brotes

Dabei sagte er: »So wie dieses Brot zerbrochen wird, so wird auch mein Leib zerbrochen. In diesem Brot bin ich euch nahe. Nehmt und esst.« Und er gab das zerbrochene Brot weiter. Dann nahm er den Krug, dankte Gott und goss den Traubensaft in einen großen Kelch.

Füllen des Kelches

Dabei sagte er: »So wie dieser Traubensaft vergossen wird, so wird auch meine Lebenskraft vergossen. In diesem Kelch bin ich bei euch. Erinnert euch gut daran!« Und er gab den Kelch weiter. Jesus sagte: »Erinnert euch gut daran!« Damit wir nicht vergessen, was er bei diesem besonderen Abendessen gesagt und getan hat, steht das auch in der Bibel. Da klingt das dann so:

Einsetzungsworte

Lied | *Halleluja – Suchet zuerst Gottes Reich in dieser Welt, 1* (EG 182)

Mit Jesus reden

Lasst uns beten und mit Jesus reden. Dazu werden wir ganz still. Wenn ihr mögt, könnt ihr eure Hände falten und eure Augen schließen.
Jesus Christus, du lädst uns ein zu einem Fest. Wir feiern Ostern. Wir feiern das neue Leben. Wie gerne bist du in unserer Mitte. So wie bei Kleopas und N. N. Ganz nahe – zum Schmecken nahe. Du bist hier im Brot und im Kelch. Wir kommen gerne zu dir. Du sagst: Kommt und esst. Alles wird neu! Alles wird heil. Wie geheimnisvoll!
Jesus Christus, du hast den Menschen beigebracht, wie man betet. Du hast ihnen das Vaterunser beigebracht. Viele Menschen können das Vaterunser auswendig. Zusammen sprechen wir:

Vaterunser

Einladung

Jesus sagt zu uns: »Teilt das Brot und teilt den Kelch, so wie ich es getan habe! Erinnert euch gut daran!« Hier am Bollerwagen bekommt ihr Brotstücke. Die könnt ihr mit eurer Familie teilen, sodass alle ein Stückchen bekommen. Hier am Bollerwagen bekommt ihr Traubensaft in diesen bunten Bechern. Den Saft könnt ihr mit euren Familien teilen, damit alle einen Schluck bekommen. Wer ohne Familie gekommen ist, bekommt einen eigenen Becher. Und jetzt kommt. Alles wird neu! Alles wird heil!

Austeilung

Spendeworte

Iss vom Brot – Jesus ist bei dir! Trink aus dem Becher – Jesus ist bei dir!

Danke sagen.

Wir haben Abendmahl gefeiert. Als wir gegessen und getrunken haben, habt ihr vielleicht gespürt: Jesus ist ganz nahe, auch wenn wir ihn nicht sehen. Weil wir Danke sagen wollen und weil wir fröhlich sind, singen wir.

Lied | *Wo zwei oder drei* (EG NSB 564)

Spielort 5: Zurück im Ort

Osterfreude malen

Jetzt sind wir wieder im Ort angekommen. Wir haben uns gedacht: Wir könnten doch auch den vielen Leuten hier bei uns im Ort erzählen, was an Ostern passiert ist. Dass Jesus auferstanden ist, dass er lebt. Die alten Sätze dafür sind: Jesus ist auferstanden, er ist wahrhaftig auferstanden. Ihr könnt aber auch schreiben: Jesus lebt! Oder was euch sonst noch einfällt. Wer noch nicht schreiben kann, malt einfach. Vielleicht das Herz, das Kreuz oder die Friedenstaube. Oder Jesus, wie er neben Kleopas und N. N. auf dem Weg läuft oder wie er mit ihnen das Abendmahl feiert. Wir schreiben und malen das mit Straßenmalkreide auf die Straße. Wer Lust hat, macht mit. Viel Spaß!

Mit Straßenkreide die Osterbotschaft malen

Spielort 6: Zurück in der Kirche im Altarraum

Segen für den Tag

Jesus lebt. Als Zeichen dafür zünden wir die Osterkerze an.

Osterkerze anzünden

Bevor wir jetzt auseinandergehen, fehlt noch etwas Wichtiges: der Segen. Der Segen Gottes für unsere Wege, die wir jetzt weitergehen. Wir können das so machen, dass wir das richtig spüren: Gott ist bei uns. Tut euch mal zu zweit zusammen. Stellt euch hintereinander, sodass eine Person von euch den Rücken der anderen sehen kann.

Wir legen erst die eine Hand auf die Schulter der Person vor uns, dann die andere Hand. Dann halten wir beide Hände über den Kopf und malen einen Kreis, wie ein Heiligenschein. Dann legen wir beide Hände auf die Schultern und streichen einmal über den Rücken. Wiederholen.

Und jetzt spreche ich den Segen und wir machen die Bewegungen zusammen.

Gott segne dich und behüte dich – *erst die rechte, dann die linke Hand auf die jeweilige Schulter der vorderen stehenden Person legen*

Gott lasse sein Angesicht leuchten über dir – *Hände über dem Kopf der vorderen Person halten*

Und sei dir gnädig – *einen Kreis über den Kopf der vorderen Person »malen«, wie ein Heiligenschein*

Gott erhebe sein Angesicht auf dich – *Hände auf den Kopf legen*

Und schenke dir Frieden – *sanft über den Rücken streichen*

Jetzt tauschen wir die Rollen.

Wiederholen

Musik zum Abschluss

Unsere Entdeckungen

In die Natur und raus in den Ort zu gehen, hat befreiend gewirkt und viele Möglichkeiten eröffnet. Der Bollerwagen war eine große Hilfe, um alles Equipment bequem transportieren zu können. Außerdem lieferte er einen griffigen Namen für das Format: »Bollerwagen-Gottesdienst«. Die meisten Familien hatten keinen eigenen Bollerwagen dabei, aber durch den großen Bollerwagen entstand das richtige Feeling: Wir ziehen los in die Natur und haben eine gute Zeit. Durch die lockere, dialogische Form entstand gleich von Anfang an das Gefühl: Hier kann ich mitmachen und mich einbringen. In der Kirche zu beginnen und zu enden, bezog die Kirche als besonderen Ort des Glaubens mit ein, ohne ein Gefühl von Enge zu erzeugen. Am Schluss in die Kirche zurückzukehren, erzeugte ein Gefühl von »nach Hause kommen«.

Qualitäten des Bollerwagens
Seit der Erfindung des Rades haben Menschen Wagen entwickelt, um Lasten zu transportieren. Im Handel, im Wald und für den persönlichen Gebrauch im Alltag waren Wagen in vielen Größen lange im Einsatz. Vom Handkarren bis zum Pferdewagen.

Lass dich fahren.
Welche Lasten trägst du mit dir?
Was lässt sich nicht alleine tragen?
Perspektivwechsel: Lass es an dir vorüberziehen.
Rollenklärungen:
Wer zieht und wer wird gefahren?

Der Bollerwagen
Ist eine romantische Bezeichnung mit eigenem Klang. Der Bollerwagen ist eher mit Kindern im Einsatz – vor allem in der Natur, da, wo die Kinderkarre nicht fahren kann. Es ist ein gemütlicher Rückzugsort. Mit einem Fell im Rücken ganzjährig im Einsatz. Neben Kindern ist Platz für Spielzeug und Lebensmittel oder Einkäufe.

»Ich ziehe den Wagen! Jetzt bin ich dran!«
Den Wagen zu ziehen, hat ebenfalls eine eigene Dynamik. Aufgaben übernehmen, Kräfte messen, das Tempo bestimmen, Wege entdecken ...

Gebote und Stiftshütte auf dem Weg
Das umherziehende Volk hat die Stiftshütte eingepackt und transportiert. Ein Ort für Gott auf dem Weg. Ein Zelt der Begegnung. Heiliges wurde mit einem lila Tuch verhüllt. Aus einer goldenen Lade mit den Geboten zum Tragen (2. Mose 25,10–36) wurde ein Wagen.

Zeichen setzen für Gott auf dem Weg.
Und was nehmt ihr mit im »liturgischen Wagen«?

Draußen ist mehr drin –
Die Gartenkirche in Lüneburg[9]

Stephan Jacob

1. Gartenkirche – Nomen est omen!

Gartenkirche – *Nomen est omen*. Der Name ist Programm. Gartenkirche ist der Name für einen Ort und ein Andachtsformat. Gartenkirche ist ein Gesamtkunstwerk, an dem viele Menschenhände mitwirken und die Natur als Schöpfung Gottes ein wirkmächtiger Player ist.

Die Gartenkirche ist ein Kind der Corona-Zeit, auch wenn es den Gemeindegarten von St. Michaelis neben dem Gemeinde-

---

[9] Dieser Artikel ist Christine Schmid gewidmet. Die Superintendentin hat die Gartenkirche als Hebamme begleitet, sowohl bei der Geburt als auch bei der visitierenden Nachsorge.

haus – knappe drei Kilometer von der »großen Dicken«[10] entfernt – schon seit 2009 als gestaltetes Areal gibt. Damals mussten die vom Borkenkäfer befallenen Fichten in dem knapp 5.000 Quadratmeter großen Wäldchen gerodet werden. Mit viel Engagement entstand der Gemeindegarten mit einem Kirchenschiff am Eingang, einem Schachfeld und einer Boulebahn sowie einem künstlerisch gestalteten Kommunikationsraum. Mühsam angelegte Rundwege wurden über die Jahre gegen wuchernde Brombeeren verteidigt. Ab und an gab es im Kirchenschiff Andachten im Rahmen der Kinderkirche oder des Seniorenkreises. Aber erst die Corona-Krise hat den Gemeindegarten zur Gartenkirche gemacht und das kreative und spirituelle Potential gehoben.

Hervorgegangen ist die Gartenkirche aus einer anderen Bindestrich-Konstruktion: der Wohnzimmerkirche, die an den Gemeindegarten grenzt. Aus dem kapellenartigen Neubau des Gemeindehauses, der augenzwinkernd und liebevoll »Wohnzimmerkirche« genannt wird, wurden kindgerechte Gottesdienste zu Beginn der Corona-Pandemie in die Wohnzimmer der Kinder und Familien über das Internet gesendet. In der ersten Woche des Lockdowns entstand die Website www.wohnzimmerkirche.net. Schnell war klar, dass es neben den religiösen Themen Aktionen geben muss, die Generationen verbinden, Bewegung fördern – bewegend im äußeren und inneren Sinne. Vor allem sollte nicht nur gesendet, sondern beteiligt werden. Kinder schickten Videos, wie sie selber Kerzen für die Großeltern oder andere Menschen anzündeten. Sugar Rap, Freudensprünge, Wohnzimmerkonzerte oder Schaukel-Challenges – der Fantasie waren keine Grenzen gesetzt. Die digitale Wohnzimmerkirche war dem kreatürlichen Interesse des Menschen verpflichtet, kreativ Verbundenheit und Gemeinschaft zu gestalten. Nach der ersten digitalen Übersättigungsphase hat die Projektgruppe gemerkt, dass es Möglichkeiten der präsentischen Begegnung geben muss. Gleichzeitig sollte das interaktive und schöpferische Potential der digitalen Wohnzimmerkirche erhalten bleiben.

»Draußen ist mehr drin!« Der offizielle Slogan des sächsischen Tourismusverbandes im Frühjahr 2023 war in der Gartenkirche schon im Sommer 2020 ein geflügeltes Wort. Oder lag das Motto nur in der Luft?

---

[10] Kosename für die 600 Jahre alte St.-Michaelis-Kirche.

2. Gartenkirche als Andachtsformat

»Am Anfang war das Lied ...«

Draußen sein war das Gebot der Stunde – »in dieser lieben Sommerzeit«. Das generationenübergreifende Projekt »Geh aus, mein Herz« entstand zeitgleich und parallel zum analogen Maschendrahtzaun und die digitale Wohnzimmerkirche. Das eine Medium verwies auf das andere. Schöne Illustrationen oder Fotomontagen entstanden zu Paul Gerhardts Sommerlied (EG 503), dem »Lied für alle Fälle«[11]. Altersübergreifend wurden neue Strophen auf die alte Melodie gedichtet. Der schäbige Gartenzaun stellte sich als hervorragendes Kommunikationsmedium im Stadtteil heraus. Der Zaun wurde Werbe- und Verkündigungsfläche, Ort der Begegnung. Auf der Homepage der Wohnzimmerkirche wurde ein extra Reiter mit dem Namen »Gartenkirche« eingeführt.[12]

Sobald es erlaubt war, luden wir die Kinder- und Jugendchöre zu ersten Andachten in die Gartenkirche ein und sangen den Kirchenschlager. Schnell zogen andere Chöre nach, um sich mit gebührendem Abstand legal treffen zu dürfen. Das »Lied für alle Fälle« stand im Mittelpunkt der ersten Andachten und verband somit generationenübergreifend die Chöre. Man spürte den singenden Menschen das Aufatmen ab, physisch und im übertragenen Sinne.

Am Anfang war das Lied für alle Fälle, und es schuf den Ort für alle Fälle, und auf alle Fälle war es sehr gut, performativ.

a) Wochenschluss-Andachten

Daraufhin wurden die Wochenschluss-Andachten in der Gartenkirche ins Leben gerufen: Samstagabends um 18 Uhr. Schnell fand sich ein ehrenamtlicher Musiker, der andere ehrenamtliche Musiker:innen koordinierte. Das alte Team der Gartenpflege wuchs um weitere Menschen, die die Andachten und später dann auch andere kreative Projekte begleiteten. Nach den ersten drei Andachten stellte sich heraus, dass dieses kürzere, freiere und

---

[11] Die umgangssprachliche Formulierung »für alle Fälle« meint kirchlich gesprochen für alle Kasualien: Taufe, Einschulung, Konfirmation, Trauung, Beerdigung.

[12] In einer Kirchenvorstandssitzung im Sommer 2020 kommentierte jemand augenzwinkernd, dass die Gartenkirche neben der »Wohnzimmerkirche« und »Vesperkirche« die dritte Kirchengründung innerhalb eines Jahres sei.

generationenübergreifende Format Potenzial hat. Draußen ist mehr drin.

Es ist spannend, am Ende der vierten Saison auf die Anfänge und die weitere Entwicklung der Andachten in der Gartenkirche zurückzuschauen. Die allererste Andacht wirkt rückblickend wie eine Ouvertüre, obwohl wir damals natürlich nicht wussten, dass aus dem Pilotprojekt eine Verstetigung hervorgeht. Exemplarisch sieht man hier ihren Ablauf, den sogenannten »Waschzettel«, wie er dezent an der Wäscheleine der Gartenkirche hängt – für mich als Pastor sichtbar.

1. Musikalisches Vorspiel
2. Votum und Begrüßung
3. Lied: *Himmel, Erde, Luft und Meer* (EG 504,1–6)
4. Psalm 8 (EG 705)
5. Lied: *Nun steht in Laub und Blüte* (EG 641,1–5)
6. Ansprache
   a) Anknüpfen an »Nun steht in Laub und Blüte«
   – »Wie schön ist es zu leben und Gottes Kind zu sein«
   – Melodie bekannt? → »Wie lieblich ist der Maien«
   – »In Duft und Farben tauchen will sich das Land und grünt«
   – Staunen
   – »Des Lebens Gleichgewicht«
   b) Ebstorfer Weltkarte
   c) Die persönliche Weltkarte am Beispiel von Frau Kurdelbaum anlässlich ihrer Trauerfeier
   d) Deine persönliche Weltkarte
   – Wo ist dein Paradies?
   – Welche Orte gehören dazu?
   – Welche Geschichten?
   – Welche Geschichten aus der Bibel?
   – Welche Lieder?
   – Wo ist Gott?
7. Überleitung zum »Lied für alle Fälle«
8. Lied: *Geh aus, mein Herz* (EG 503,1+13+14)
9. Fürbitten/Vaterunser
10. Segen
11. Musikalisches Nachspiel

Die Entscheidung für die drei großen schöpfungstheologischen Schlager war nicht zufällig, sondern lag in der Luft. *Himmel, Erde, Luft und Meer* (EG 504) bildete als programmatisches Lied den Auftakt. Auf wunderbare Weise nimmt der Dichter Joachim Neander die ganze Kreatur in seinen Lobpreis – Flora und Fauna, das singende Ich und Gott als Du.

Nun steht in Laub und Blüte – die Neudichtung von Detlev Block auf die Melodie von *Wie lieblich ist der Maien* (EG 501) – beschwingte die singende Gemeinde und leitete die Predigt ein. Die positive Schlussaussage des Liedes (»Wie schön ist es zu leben und Gottes Kind zu sein«) war ein wichtiges Gegengift gegen den Mehltau der damaligen Tage. »In Duft und Farben tauchen will sich das Land und grünt« (EG 641,2). Wo war das stärker zu empfinden als an diesem Ort, der einen Deutungsrahmen mitliefert? An dem die Natur zur Schöpfung wird; an dem der Segen mit Gott in Verbindung gebracht wird. »Wir leben, Herr, noch immer vom Segen der Natur. Licht, Luft und Blütenschimmer sind deiner Hände Spur.« Der Dichter Detlev Block hat auf poetische Weise das Wort des mittelalterlichen Kirchenlehrers Bonaventura zur Aufführung gebracht: »Alles Geschaffene ist Schatten, ist Echo, ist Bild, ist Spur, Ebenbild und Aufführung.«[13] In diesen Worten scheint die franziskanische Naturfrömmigkeit auf hervorragende Weise durch. »Wer Augen hat zu sehen, ein Herz, das staunen kann, der muss in Ehrfurcht stehen und betet mit uns an.«

Eine Reproduktion der bedeutenden Ebstorfer Weltkarte aus dem Mittelalter[14] bildete das Zentrum der Ansprache. Das gesamte damalige Wissen über die Geographie, Flora und Fauna ist in Verbindung mit zahlreichen biblischen und außerbiblischen Geschichten in die Karte eingeflossen. Dem Christus ist die ganze Welt samt Kreatur auf den Leib geschrieben. Oben auf der Karte sieht man sein Haupt, unten die Füße, links und rechts die Hände. Auch der Garten Eden spielt eine zentrale Rolle. Die Ansprache mündete in das programmatische Lied der Gartenkirche »Geh aus, mein Herz und suche Freud«.

---

[13] Fulbert Steffensky zitiert in seiner Schwarzbrot-Spiritualität (S. 18) dieses wunderbare Wort von Bonaventura: »Omnes creaturae sunt umbrae, resonantiae et picturae, sunt vestigia et simulacra et spectacula.«

[14] Die größte und umfangreichste Weltkarte aus dem Jahr 1300 befindet sich in einer originalgetreuen Reproduktion im Lüneburger Museum und spielt hier vor Ort eine gewisse Rolle. Eine Video-Andacht zur Ebstorfer Weltkarte, die im Sommer 2020 zusammen mit der Leiterin des Museums entstanden ist, findet sich hier: perfo.youtube.com/@StMichaelisLuneburg Nach 9'30 Minuten sieht man eine Nachbildung der Ebstorfer Weltkarte in der Gartenkirche mit einer Auslegung am Beispiel von Frau Kurdelbaum.

b) Schaukeln zwischen Himmel und Erde, zwischen analog und digital

Die Gartenkirche ist aus der digitalen Wohnzimmerkirche entstanden. Der analoge Ort, die reale Begegnung ist immer einhergegangen mit digitaler Kommunikation. Die Homepage verwies auf den Ort im Süden der Gemeinde. Der Gartenzaun und die Kunstwerke verwiesen auf die Website. Die damalige Verpflichtung zur Kontaktnachverfolgung machte eine Online-Voranmeldung notwendig. Dies stellte sich im Nachhinein als effektiv heraus. Die An- bzw. manchmal sogar Abmeldung hatte nicht selten einen seelsorgerlichen Aspekt, oftmals auf jeden Fall eine verbindende Wirkung. So entstand ein Rundmailverteiler, zu dem mittlerweile über 200 »Familien« zählen – von der Einzelperson, über Wohngemeinschaften, Wahlverwandtschaften bis hin zur siebenköpfigen Familie. Überraschenderweise waren die Andachten oft im Vorfeld »ausgebucht«, eine für Gottesdienste nicht gebräuchliche Formulierung. Abhängig von den »Kohorten« konnten zwischen 60 und 100 Personen an den Andachten teilnehmen.

Die Teilnehmerzahl bewegt sich mittlerweile zwischen 40 und 80 Leuten. Selbstverständlich ist die Größe der Gemeinde immer abhängig von einer der wichtigsten Größen im Gesamtkonzert der Gartenkirche: dem Wetter. Gerade diese Abhängigkeit macht den Charme des Provisorischen aus. Einige Menschen kommen nur zu diesen Andachten, andere wiederum genießen manchmal sogar das Doppelpack: Samstagabend in der Gartenkirche, Sonntagmorgen in der großen Dicken. Mittlerweile hat die Gartenkirche die vierte Saison hinter sich. Der Name des Ortes hat sich für das Andachtsformat eingebürgert: »Wann ist die nächste Gartenkirche?«

c) Liturgie und wohlüberlegte Spontaneität

Fast alle nennen den freien Himmel und die Gemeinschaft als das Besondere bei den Andachten in der Gartenkirche, eine tiefe Verbundenheit mit vertikaler und horizontaler Ausrichtung. Sich besinnen, sich erden, aber vor allem auch mit dem Himmel verbinden – das sind immer wiederkehrende Formulierungen. Viele, die die Andacht besuchen, lieben es, in der Natur zu singen, sich als ein Teil der Schöpfung zu verstehen. Singen ist ein Ausdruck von Selbstwirksamkeit. Die Vögel und Bäume gehören ebenso dazu wie das faltige Gesicht der alten Dame oder die laufende Nase des Siebenjährigen.

Die Wochenschluss-Andachten haben zwar keine feste Liturgie, sind aber nicht ohne Wiedererkennungszeichen. Lieder, Psalm, Lesung aus der Bibel, Fürbitten, Vaterunser und Segen sind strukturgebende Elemente. Allerdings wird in der Regel auf das Gloria Patri, Kyrie, Gloria in excelsis oder Credo verzichtet.

In dem Rondell der vorderen Gartenkirche werden die Stühle und Bänke kurz vor der Andacht kreisförmig angeordnet. Der Hinweis auf das Aufhören im doppelten Wortsinn schärft die Sinne: aufhören zu reden, um bewusst aufzuhören, zuzuhören, zu lauschen. Erst durch die Stille nimmt man das wahr, was einen umgibt. Durch das hörende Herz entsteht ein Resonanzraum, vertikal und horizontal.[15] Das erste »Wort« haben entweder die Glocken, die man aus einer der benachbarten Kirchen am Samstagabend um 18 Uhr hört, oder die tirilierenden Vögel. Zwei bis fünf Ehrenamtliche finden sich immer, die die Andacht musikalisch begleiten. Das Vor- und Nachspiel kommt oft aus dem popkulturellen Bereich und erzeugt eine gewisse Leichtigkeit. Die Liedauswahl bietet immer ein breites Spektrum von alten Chorälen und neuem geistlichen Liedgut. Die Ansprache wird ohne Manuskript gehalten, um auf Stimmungen in den Gesichtern reagieren zu können. An der Wäscheleine zwischen den Rosen hängt der Ablauf der Andacht mit ein paar Stichpunkten. Ein Lesepult würde nur stören. Die sich immer wieder neu konstituierende Gemeinde ist es mittlerweile gewohnt, echte Fragen als solche wahrzunehmen. Ab und an tut jemand seine Gedanken kund, ohne gefragt worden zu sein. Und es passt.

Neben der Bibel werden oft Kinderbücher, Gedichte oder Erzählungen eingebaut. Vor allem wird jeweils spontan geschaut, wer an dem Abend gekommen ist. Wenn Kinder da sind, lässt sich immer noch das Läuten einer Glocke, Anzünden oder Auspusten einer Kerze integrieren. Viele Lesungstexte werden erst kurz vorher verteilt. »Spontaneität will wohl überlegt sein.« Der Ablauf ist ein bisschen wie beim Jazz. Man hat ein grobes Konzept, aber improvisiert viel, vor allem in Resonanz mit den anderen Mitspielenden, d. h. Musiker:innen und Gemeinde. Nicht nur der Pastor ist Akteur, sondern die Menschen und Tiere, die ge-

---

[15] Zum Wortspiel vom Aufhören und zum Bild vom »hörenden Herzen« vgl. Hartmut Rosa: Demokratie braucht Religion, 56.

kommen sind. Unvorhergesehenes ist Teil des Konzepts. Der Anfang vor dem Anfang ist integraler Bestandteil der Gartenkirche. Wer ist gekommen? Wer hilft der 91-jährigen Dame mit den Krückstöcken zum Platz ganz vorne und holt noch mal spontan einen gepolsterten Stuhl mit Armlehne? Familien, die auf den letzten Drücker oder leicht zu spät kommen, finden immer einen guten Platz. Gerne lassen sich Konfis spontan für eine Lesung gewinnen, ebenso wie ältere Herrschaften. Die Mischung macht's. Und die sieht man erst vor Ort. Zum Glück muss die (vordere) Gartenkirche akustisch nicht verstärkt werden. Die umgebenden Bäume und Rose bieten genügend Schutz. Wenn eine Kinderstimme ab und an nicht ganz so gut zu verstehen ist, freuen sich trotzdem alle an der Art der Beteiligung. Man kann auch etwas wiederholen. In der großen St.-Michaelis-Kirche bekommen wir trotz moderner Übertragungsanlage ständig ebenfalls die Rückmeldung, dass jemand nichts verstanden habe – leider oft erst nach dem Gottesdienst.

Das gesellige Beisammensein im Anschluss an die Andacht – mal geplant, mal ungeplant, mal gar nicht – ist Teil des Gesamtspiels. Manchmal bringt ein über 90-jähriger Witwer eine Flasche Sekt in seinem Rollator mit. Dies allerdings nur, wenn vorher ein Aufruf per Mail rausgegangen ist.

Der Redakteur der Landeszeitung gab seinem Artikel über die Gartenkirche die Überschrift »Impro-Kirche im Garten«.

d) Liturgisches Inventar

Neben der Natur und der Gemeinschaft gehören einige liturgische Geräte zum Setting der Gartenkirche. Ganz zu Beginn hat eine alte Holzkiste mit einem Brett als Altar gedient. Jemand nannte es den »Mullewapp-Stil«[16]. Ein buntes Mosaikkreuz hinter dem Altar hat die orientierende Ausrichtung gegeben. Bei den Abendandachten wird das Kreuz häufig von der untergehenden Sonne angestrahlt und ins rechte Licht gerückt. Das Team begrüßt es, dass diese Dinge draußen der Witterung ausgesetzt und »nicht für die Ewigkeit« gemacht sind. So entstand nach einem Jahr von einem Gemeindemitglied ein neuer, stabilerer Altar. Das abgängige Holzkreuz wurde ersetzt. Aus einem

---

[16] Nach dem bekannten Kinderbuch »Freunde« von Helme Heine.

alten Bettrahmen entstand ein Kreuz, das durch die Mosaiksteine zum leuchtenden Osterkreuz wurde. Zum ersten Osterfest nach dem Kriegsausbruch in der Ukraine wurden große Steinen mit der Aufschrift »Christ ist erstanden!« bemalt, ebenso in ukrainischer und englischer Sprache. Im Folgejahr brachte jemand die Idee auf, dass am Aschermittwoch das Osterkreuz durch ein schlichtes Holzkreuz ersetzt wird und bis zum Ostermorgen steht. Glaube will Gestalt und verträgt Wandel. Nicht alles muss in Stein gemeißelt sein. Insofern ist das liturgische Inventar eher als Möbel zu verstehen, im wortwörtlichen Sinn von mo-

bil, beweglich, verrückbar. An einem Baum im Eingangsbereich hängt eine Glocke von koptischen Christen, die jemand vor Jahren aus Ägypten mitgebracht hat. Sie hat keinen besonders schönen Klang, aber es bewegt Kinder, etwas zu tun. Ältere Menschen wiederum sind innerlich bewegt, wenn sie erst die Glocke der Kinder hören, die sich mit den tiefen Glockentönen der St.-Johannis-Glocke mischen.

»Das haben wir noch nie probiert, also geht es sicher gut.«[17]

Die Gartenkirche hat sich in vielerlei Hinsicht als Experimentierfeld bewährt. Aus dem Passionskreuz entwickelte der Hersteller – Künstler, Schöpfer – die Idee, dass man sich in der Karwoche jeden Abend in der Gartenkirche treffen könne. Er habe sieben Holztafeln im Format 25 cm im Quadrat entwickelt – für jede Leidensstation ein Bild. Passend dazu könne man eine kurze Passage aus der Passionsgeschichte vorlesen, ein Psalm, zwei Lieder, Vaterunser und Segen. »Fertig ist die Laube!« Der Spruch des Hobbytischlers war auf eine wunderbare Weise doppeldeutig. Es braucht nicht viel, um Kirche zu sein. Die Erfahrung der lebendigen Adventskalender der letzten Jahre hat gezeigt, wie nachhaltig und verbindend es wirkt, wenn Menschen aus der Gemeinde selber agieren. Der liturgische Rahmen hilft

---

[17] Gerne wird Pippi Langstrumpf dieses schöne Wort zugeschrieben; auf jeden Fall ist es im Geiste Pippis und ihrer Schöpferin.

dabei: Ein Psalm, das Vaterunser und Segen, in diesem Fall auch der geschützte, umfriedete Raum der Gartenkirche. Zu den Passionsandachten, die in der St.-Michaelis-gemeinde seit längerem keine Tradition mehr haben, kamen jeden Abend zwischen 20 und 40 Leute. Der entstandene Rundmailverteiler erreichte die Leute. Die Gartenkirche inspiriert Menschen zu neuen Ideen und ermutigt sie, selber »Dinge« in die Hand zu nehmen, in diesem Fall: zu beten, zu singen und zu segnen. Glaube will Gestalt, kreativen Ausdruck. Verbundenheit und Freiheit unter freiem Himmel.

3. Gartenkirche als Ort

Die Gartenkirche als Andachtsformat steht in Wechselwirkung zur Gartenkirche als realpräsentischem und spirituellem Ort. Der seit 2009 entstandene Gemeindegarten ist trotz Schachfeld und Boulebahn nur wenig von Gemeindegliedern oder Passant:innen besucht worden. Irgendwie war die Hemmschwelle für viele zu hoch. Unterschiedliche Faktoren haben zur Öffnung des Raumes beigetragen. Neben der Öffentlichkeitsarbeit und Mundpropaganda ist es vermutlich das Bespielen und Besingen des Ortes selber. So wie es heißt, dass die Kirchwände durchbetet sind, spürt man diesem offenen Kirchraum eine gute Atmosphäre ab. Oft sagen Besucher:innen, was für ein friedlicher Ort das sei. Nach einem Trauergespräch in der Gartenkirche äußerte jemand, sich in den Ort »schockverliebt« zu haben. Passanten hören ab und an vom nahe gelegenen Fußweg, dass hier gesungen und gebetet wird. Trompetenklänge oder Jazzmusik wirken in den öffentlichen Raum hinein. Es sind immer wieder sichtbare Zeichen aus dem Zusammenhang der Erzähltradition des christlichen Glaubens, der die Bäume und Blumen, den gestalteten Garten mit den wilden und kultivierten Ecken mit Menschen in einen Dialog treten lässt.

»Gleich ums Eck«

Ein wichtiger Baustein in der Architektur der Gartenkirche ist die Veröffentlichung in einer frühen Publikation gegen den Corona-Blues: »36 Plätze gleich ums Eck«. Einige Tage, nachdem der erste realpräsentische Gottesdienst nach der Zeit des Verbotes gefeiert worden war, leitete die Superintendentin folgende Anfrage an die Mitglieder des Kirchenkreises:

»Carolin George und Berit Ness, die Autorinnen unseres Kirchenbuchs ›Gottes Häuser‹, wollen recht spontan ein Sommerbuch machen mit Zielen für kleine Ausflüge und Touren in der Region, die guttun und nichts kosten. Da möchten sie auch gerne **Orte des Gebets und der Einkehr unter freiem Himmel** dazunehmen. Vielleicht hat ja jemand einen Hinweis? Der Kirchenkreis will sich evtl. an dem Buch beteiligen, da wäre es schön, wenn viele geistliche Plätze dabei wären.«[18] Im Vorwort des Büchleins schreibt die Superintendentin Christine Schmid zum Psalmwort »Du stellst meine Füße auf weiten Raum!«: »Raus aus der Wohnung, rein ins Abenteuer. Freiraum finden. Weite erleben und Staunen über Unerwartetes. Gedanken laufen lassen und sich gut aufgehoben wissen. Aussichten ganz in der Nähe. Gott sei Dank.« Neben dem kurzen Text der freien Journalistin Carolin George in dem Büchlein sind die drei kleinen Fotos und das ganzseitige Bild bedeutsam. Vor dem Mosaikkreuz und dem »Mullewapp-Altar« sieht man zwei scharrende Hühner und einen zerbrochenen Terrakotta-Blumentopf, auf den ein Mädchen aus der Kinderkirche ihr Lieblingslied geschrieben und in der Gartenkirche abgelegt hat. Obwohl es nur wenig Text ist, findet ein Stein aus Norwegen Erwähnung, den eine frühere Besucherin damals als Geschenk mitgebracht und am Altar abgelegt hat. In den letzten dreieinhalb Jahren sind aufgrund dieses kleinen Artikels viele Menschen, oft auch Radfahrer:innen, gekommen, um mal zu gucken. Am eindrücklichsten war die Anfrage einer Frau im Herbst 2023, die ebenfalls wegen dieser Veröffentlichung die Gartenkirche besucht hat. Sie sei vor kurzem mit ihrer Familie aus dem geliebten St. Pauli in Hamburg nach Lüneburg gezogen und wünschte, »dass sich unsere Kinder auf ihrem Lebensweg frei entfalten können und

---

[18] In der offiziellen Ankündigung der beiden Journalistinnen hieß es: »Mit diesem Projekt möchte das Lüneburger kreativ-kontor eine Broschüre für diesen Sommer zusammenstellen, die Orte in Lüneburg und Umgebung zeigen, die uns Kraft geben. Weil viele Menschen diesen Sommer anders verbringen werden als geplant und erhofft, möchten die beiden ihnen Plätze zeigen, an denen sie ihre Gedanken schweifen lassen können, zu sich einkehren, unter freiem Himmel beten – oder sich einfach nur von etwas Schönem begeistern und ablenken lassen können. Ziel der beiden ist es, Plätze für alle Generationen zu finden, für Kenner und für neue Nachbarn. Plätze, die keinen Eintritt kosten, sondern einfach nur da sind und auf uns warten.« In einer gewissen Weise erstaunlich ist, dass sich nur zwei Kirchengemeinden daraufhin gemeldet haben. Die Waldkirche wird weiter unten noch beschrieben – als Schwesterkirche.

sich gleichzeitig mit der Natur verbunden fühlen, geschützt durch Gottes Segen – die Gartenkirche wäre daher wirklich der ›perfekte Dreiklang‹, um unsere Tochter fortan gesegnet ihren Weg gehen zu lassen und sie dabei begleiten zu können. Daher würden wir uns wirklich sehr freuen, wenn wir Ihren ›special place to be‹ besuchen und nutzen könnten!« Das Paar ist Mitglied einer benachbarten evangelisch-lutherischen Kirchengemeinde.

Die Gartenkirche hat den Vorteil, dass sie nur über den Innenhof zum Gemeinde- und Pfarrhaus zu betreten ist. Das heißt, dass sie in einer gewissen Weise ein geschützter Ort bleibt. Allerdings galt es, diese Schwelle einerseits niedrig zu halten und andererseits gut zu inszenieren und den einladenden Charakter zu betonen.[19] Die Hühner, die mittlerweile zum Inventar der Gartenkirche gehören, sind für viele Kinder und ihre Eltern oder Großeltern zu einer Attraktion geworden. So was erzählt sich rum. Viele Ehrenamtliche werden für ihr musikalisches, künstlerisches oder gartenpflegerisches Engagement mit Eiern »entlohnt« – als Zitat.

Das Liederprojekt im Advent und der Gartenzaun

Der Gartenzaun, der die Funktion des Abgrenzens hat, wurde neu entdeckt: als hervorragender Ort der Einladung und Kommunikation. Nach dem Sommerlied-Projekt wurde er im ersten Corona-Advent zum Adventskalender der anderen Art. Viele Familien, Konfis und Kinder sind dem digitalen Aufruf gefolgt, auf originelle Art und Weise Zahlen von 1 bis 24 herzustellen und als Bild zur Verfügung zu stellen. An jedem Tag wurde eine Zahl mit einem Lied aus dem Liederprojekt[20] an den Zaun gehängt. Über einen QR-Code konnte man sich das Lied vorspielen oder

---

[19] Das Eingangsportal »Worte Wirken Wunder« beschreibe ich in dem gleichnamigen Unterkapitel.
[20] Das LIEDERPROJEKT wurde 2009 von SWR 2 und dem Carus-Verlag gegründet. Aus einer Sammlung von Wiegen- und Schlafliedern entwickelte sich in den vergangenen Jahren ein großes Projekt mit unzähligen Volksliedern, Weihnachtsliedern, Kinder- und Kunstliedern. 2012 hat der Carus-Verlag einen Tischkalender mit einer schönen Auswahl an Advents- und Weihnachtsliedern herausgegeben. Für jeden Tag gibt es ein Lied mit einem QR-Code, das zu einer Audiodatei der Mitsingfassung führt. So kann täglich ein Lied gesungen werden, ob alleine oder in der Familie. Als Gemeinde haben wir in Absprache mit dem Carus-Verlag und dem Buchhandel vor Ort das Projekt und den Tischkalender generationenübergreifend in der Stadt publik gemacht.

auch vorsingen lassen. Eine Grundschule, zwei Kindergärten und ein Jugendzentrum schlossen sich in dem Jahr an, einige entwickelten die Idee für die Folgejahre für ihre eigene Einrichtung weiter, aber ließen den Bezug zum Zaun der Gartenkirche bestehen. Nicht selten sah man, wie Kinder die Lieder abgesungen haben. So manches Mal ließ sich ein Vater über das Smartphone das Lied vorsingen.

Die lebendige Krippenlandschaft

Noch eindrücklicher war, was sich hinter dem Zaun bewegte: Maria zusammen mit einem Engel zwischen den Brombeersträuchern. Einige Tage später sieht man die lebensgroße Maria zusammen mit Josef und einem Esel in Richtung Gartenkirche sich fortbewegen. Parallel zum Zaun stehen mehrere Stechpalmen, deren rote Beeren an den stacheligen grünen Blättern in Verbindung mit dem leuchtenden Blau und Rot der Maria das populäre Adventslied »*Maria durch ein' Dornwald ging*« hervorrufen.

Bei einer Erntedank-Andacht für den Seniorenkreis, der sich im ersten Corona-Herbst nur draußen treffen durfte, entstand die Idee, für den anstehenden Advent eine lebendige Krippenlandschaft für die Gartenkirche herzustellen. Innerhalb kürzester Zeit entwarf ein ehrenamtlicher Senior lebensgroße Krippenfiguren aus Holz, die von einer Jugendlichen bemalt wurden. Ein erneuter Lockdown ermöglichte es, dass dieses »gemischte Doppel« im nunmehr freien Gemeindehaus Tag und Nacht werkeln konnte. Die Figuren wurden an jedem Tag in der Adventszeit entlang des Gartenzauns weiterbewegt, bis Maria und Josef Heiligabend von Ochs und Esel um die Krippe versammelt waren, umgeben von den Hirten und Schafen, den Königen und einem Kamel, direkt vor dem Mosaikkreuz in der Gartenkirche. Dass die echten Hühner und Kater der Pfarrfamilie sich manchmal dazugesellten, war natürlich manchmal zufällig, manchmal inszeniert. Die Figuren sind eine Attraktion für den Kindergarten oder die Förderschule im Stadtteil. Vom Lebensraum Diakonie wurden einige Figuren ausgeliehen und besuchten Menschen in umliegenden Einrichtungen. Heiligabend werden sie bei Wind und Wetter alle Jahre wieder über den Zaun gehievt, um für die Patient:innen der gegenüberliegenden Orthoklinik beim Weihnachtssingen präsent zu sein. In den Weihnachtstagen bis zum Epiphaniasfest stehen alle Figuren um die

Krippe versammelt. In dieser Zeit ist die Gartenkirche zu einem beliebten Ausflugsziel geworden. Die Fotos zwischen Caspar, Melchior und Balthasar nahmen ihren Lauf in die Welt – Würzburg, Visselhövede und Rio de Janeiro oder in die Nachbarstraße. Im folgenden Advent kam eine neue Hirtenfigur hinzu, eine Hirtin. Lebendige Krippenlandschaft heißt, dass nicht nur die Figuren bewegt werden, sondern immer wieder neu inspirieren und motivieren.

Der Schöpfer der Figuren entwickelte die Idee weiter: Nach dem Epiphaniasfest machten sich Maria und Josef wieder auf den Weg, diesmal zusammen mit dem Kind und Esel auf der Flucht vor dem Tyrannen. Auf einer Holz-Stele erkennt man – auch vom Fußweg aus – sechs Bilder: Den Stall mit der Krippe, Pyramiden, ein brennendes Haus mit einer Kanone aus dem Mittelalter, Bomben abwerfende Flugzeuge, die Dürre einer verdorrten Landschaft und ein Schlauchboot mit den orangenen Schwimmwesten – eine Ikonographie des Schreckens. Umrahmt von zwei Bibelworten »Da erschien dem Josef ein Engel und sprach: Steh auf! Nimm das Kind und seine Mutter und flieh nach Ägypten.« Unter den schrecklichen Bildern kann man lesen: »Jesus Christus spricht: Wer zu mir kommt, den werde ich nicht abweisen.« Der Schöpfer verbindet die Erzählung vom Kindermord zu Bethlehem mit eigenen und aktuellen Fluchterfahrungen. Als Predigt hängt sie am Gartenzaun in der Nähe der Figuren. Trotzdem werden wir immer wieder angesprochen, warum die Weihnachtsfiguren Ende Januar noch stehen. Weil Herodes noch immer wütet und der Kindermord zu Bethlehem kein historisches Ereignis ist.

Krippenspiel im Pfarrgarten

Zum ersten Weihnachtsfest gingen die Corona-Zahlen erneut stark in die Höhe. Durch die guten Erfahrungen der Gartenkirche der Vormonate bot die Kirchengemeinde zusätzlich zu den Gottesdiensten in der Kirche drei Krippenspiele im Pfarrgarten an. Dieser Garten liegt genau zwischen der Garten- und der Wohnzimmerkirche und bot durch die Anbindung an das Pfarrhaus mit einer Terrasse als Bühne und einem Wohnzimmer als Technikraum einen geeigneteren Rahmen. Erstaunlicherweise waren alle drei Gottesdienste an Heiligabend am schnellsten ausgebucht. Drei Jahre in Folge fanden diese Krippenspiele neben der Gartenkirche (mit der lebendigen Krippenlandschaft) statt, drei Jahre bei zum Teil heftigem Regen. Und trotz der Wetterwidrigkeiten schwärmten die Leute von diesem Ereignis. Erstaunlich war, dass selbst über 80-Jährige ohne Kinder zu den Gottesdiensten kamen. Manchmal ist viel mehr möglich, als wir denken. Mittlerweile hat sich etabliert, dass am zweiten Weihnachtstag und am Epiphaniastag eine halbstündige Andacht im Stehen inmitten der Krippenlandschaft stattfindet. Die Kunst von Paul Gerhardts Choral »*Ich steh an deiner Krippen hier*« liegt genau darin: Teil des Geschehens zu werden. Dass Franz von Assisi im Jahr 1223 im umbrischen Greccio das Krippenspiel draußen in einem Wald erfunden hat, gilt es nach 800 Jahren neu zu entdecken.

Worte wirken Wunder

Nachdem die Krippenlandschaft solch eine große Resonanz gefunden hat, wollte der Hobbytischler einen Kreuzweg aus Holzbohlen kreieren. Die Idee des Parcours wurde aufgenommen, aber entscheidend modifiziert: Unter der Überschrift »Worte Wirken Wunder« konnten Menschen gewonnen werden, die über gute Worte im Laufe ihres Lebens etwas erzählten. Jede Holz-Stele weist ein Symbol auf. »Am Anfang war das Wort!« Die Holz-Stele mit den programmatischen Initialen A und O bildet den Auftakt. In Sichtweite sieht man nahe der Taufbaumallee die Stele mit der Taube. Hier haben Menschen ihren Taufspruch samt  Foto und persönlichen Text aufgehängt. Von dieser Stelle sieht man schon die nächste Station mit den Konfirmationssprüchen. Die Jugendlichen, die in dem aktuellen Jahr konfirmiert werden, hängen ihren schön gestalteten Konfirmationsspruch samt Begründung für die Wahl hier hin. Ebenso hängen hier Sprüche von Eltern oder Großeltern. Die Vorkonfis lassen sich oft von den Worten und Motiven für das Folgejahr inspirieren. Menschen schreiben und bebildern Tauf- und Konfirmationssprüche, erzählen über die Hochzeit und den Verlust von Menschen, immer in Verbindung mit guten Worten aus der Bibel. Nach dem

Lesen machten sich einige Menschen auf die Suche nach ihrem Wort und riefen in auswärtigen Kirchenbüros an oder gingen auf den Dachboden. Weil es der Witterung ausgesetzt ist, muss nichts ewig hängen, und es kann viel Wechsel geschehen. Das Motto des Projekts hängt zwischen den beiden Bäumen und bildet das Eingangsportal. Daneben hängt die Glocke, die mit einem Seil zum Schwingen gebracht werden kann. »Worte Wirken Wunder« ist mehr als ein Stabreim oder Wortspiel. In der Gartenkirche – wie in allen Kirchen und Gottesdiensten – soll Sprache wirken: Kreativ! Schöpferisch! Performativ! Lebensfördernd! Nicht umsonst beginnt die Schöpfung durch das Wort: »Es werde Licht! Und es ward Licht.« Eine der häufigsten Aussagen der Bibel: »Fürchte dich nicht!« – aus dem Munde der Engel oder Propheten hat im besten Fall eben diese Wirkung.

Informativ zu sein – das ist die unverzichtbare Aufgabe des Journalismus. Die Sprache der Urmütter und Urväter des Glaubens verwandelt, ermutigt, tröstet, ermahnt, erzählt, segnet, klagt, lobt. Sie kann dies auch singend oder stammelnd tun. Sie kann auch informieren, aber vor allem soll sie berühren; auch leiblich: Kopf, Herz und Hand. Über eine Schablone haben wir kurze Sätze auf die Pflasterung des Innenhofs und des Wegs gesprüht. »Steh auf und geh!«[21]

Die Gartenkirche als verlässlich geöffnete Kirche

Die Gartenkirche ist eine verlässlich geöffnete Kirche, ohne dass man ein Team zur Betreuung benötigt wie in den großen Innenstadtkirchen. Menschen kommen – wie in alle anderen Kirchen – aus unterschiedlichen Gründen.

---

[21] Oswald Bayers »Poietologische Theologie« bildet den theologischen Hintergrund: Psalm 33,9 bringt für ihn die poietisch-performative Kraft Gottes auf glückliche Weise zum Ausdruck. Reden und Handeln sind bei Gott eins. Der Schöpfer ist in Anlehnung an den ersten Artikel des Nizänischen Glaubensbekenntnisses »der Poet des Himmels und der Erde«. Über den Begriff des Poeten schafft Bayer eine große Nähe zu den sprachphilosophischen und theologischen Arbeiten Johann Georg Hamanns, dessen Werk in der geprägten Formel DEUS POETA (»Gott ist ein Schriftsteller«) zusammengefasst werden kann.

Manchmal um sich einfach auszuruhen. Kinder kommen zum Spielen oder Angucken der Hühner. Immer wieder kommen Leute, die für einen kranken Menschen beten oder um einen verstorbenen Freund trauern. Einiges erfahren wir manchmal per Mail oder im Gespräch, vieles selbstredend natürlich nicht.

Die Gartenkirche als Freiraum

Nach Ausbruch des Ukrainekriegs gab es in einer der großen Stadtkirchen Lüneburgs am gleichen Abend eine Friedensandacht. Am Folgetag erreichte uns die Anfrage, was wir für die Kinder und deren Ängste anbieten. Über den Mailverteiler konnten in kürzester Zeit viele Familien mit Kindern erreicht werden, die in ihrer Gartenkirche Tauben aufhängen und Kerzen anzünden konnten. Jemand anderes beschrieb Steine mit schönen Worten und legte sie an unterschiedlichen Stellen in der Gartenkirche aus. Eine Plastikfigur aus dem Dschungelbuch, der liebenswerte Balu, wurde immer wieder auf den Altar gestellt. Ob es ein Kind war? Gartenkirche heißt: Menschen kommen, Menschen gestalten, es wächst und gedeiht, einiges

wuchert und manches vertrocknet und wird welk. Anderes blüht unverhofft auf. Die Jahreszeiten geben der Gartenkirche auf natürliche Weise ihr besonderes Gepräge.

Als ein großer, drei Meter langer, abgebrochener Ast im Garten liegt, überlegen sich Kinder, was sie damit anstellen können. Sie erinnern sich an die Kinderkirche zu Paulus: »Glaube – Hoffnung – Liebe« – das passt auf den Ast und wird bunt verziert. Hinter dem Gartenzaun liegt er gut geschützt und sichtbar für die Kinder auf ihrem Schulweg oder Leute, die zur Bäckerei gehen. Dadurch, dass die Witterung das Ihre dazutut, gibt es genug Spielraum, Dinge wieder wegzuräumen oder zur Seite zu stellen. Gerade das Provisorische, Flexible ist die Signatur der Andachten und des Ortes. Die ziehenden Wolken sind ein Abbild dieser Bewegung.

Für den Konfirmandenunterricht dient die Gartenkirche oft als grünes Klassenzimmer, in der Pause natürlich auch zum Fußballspielen und Toben. Der Psalm oder das Vaterunser am Schluss entfaltet am Ende des Konfirmandenunterrichts in der Gartenkirche eine besondere Wirkkraft.

Viele Seelsorgegespräche finden in den Frühlings- und Sommermonaten mittlerweile in der Gartenkirche statt. Oft gibt es am Ende des Gesprächs – manchmal auch mittendrin – eine Führung durch den Sprüche-Parcours. Es wirkt.

Die hintere Gartenkirche, die Himmelwiese

Für einige Andachten wurde die vordere Gartenkirche zu klein. Hier passen um die 100 Leute rein. Im hinteren Teil des Gemeindegartens, wo Kinder gerne Fußball spielen, entstand so die hintere Gartenkirche, die Platz für um die 300 Personen bietet. Die Bezeichnung(en) sind noch im Fluss. Es gab den Vorschlag, das ganze Areal Gartenkirche zu nennen, mit einer vorderen Hofkapelle und hinteren Wiesenkirche. Im Raum schweben noch andere Namensvorschläge wie Himmelwiese (ohne S!) oder Birkenhain für den hinteren Teil. Das Gute ist, dass der Kirchenvorstand keine schnelle Entscheidung treffen muss. Es ist Zeit, um zu gucken, welcher Name sich durchsetzt, sozusagen »imponiert«. Der Hauptname steht: Gartenkirche! Und *nomen est omen*! Hier reimt sich vieles.

4. »Hier ist nichts anderes als Gottes Haus ...« – theologisch Grundsätzliches

»Wer Gott im Wald sucht, kann sich auch gleich vom Oberförster beerdigen lassen.« Über viele Jahrzehnte haben Geistliche dieses Sprichwort über die Naturfrömmigkeit vieler Kirchenmitglieder ironisch kommentiert. Heutzutage freuen sich einige Geistliche, wenn sie bei Beisetzungen im Friedwald neben der Försterin hergehen können und an diesem Ort nicht nur die Bäume oder Förster sprechen. Unterschiedliche Orte sprechen unterschiedliche Menschen unterschiedlich an. Für die eine ist eine gotische Kathedrale erhebend, für den anderen erdrückend. Gut, wenn Menschen sich von besonderen Orten überhaupt noch ansprechen lassen, Resonanz erfahren. Schön, wenn an den unterschiedlichen Orten biblische Worte und christliche Lieder erklingen und Menschen ansprechen.

Schon im Alten Testament werden bestimmte Orte hervorgehoben und profanen Bezirken gegenübergestellt – als Ort der Erinnerung und des Kultes, als Sehnsuchtsorte der Zukunft, Utopie einer anderen Welt, »himmlisches Jerusalem«.

Als der Erzvater Jakob vor seinem Bruder flüchtet, den er betrogen hat, hat er den wunderbaren Traum, dass sich der Himmel öffnet und an einer Leiter die Engel herab- und hinaufsteigen. Als Jakob erwacht, spürt er und sagt: »Wie heilig ist diese Stätte! Hier ist nichts anderes als Gottes Haus, und hier ist die Pforte des Himmels.« (1. Mose 28,17) Hier baut er noch kein Haus, aber ein Denkmal aus Steinen, und nennt den Ort Bethel, was übersetzt heißt: Haus Gottes. Jahrzehnte später wird er dahin zurückkommen, wohl wissend und darauf vertrauend, dass Gott ihn auch an den anderen Orten begleitet hat. Hieran erkennt man, dass der Begriff »Haus Gottes« schon immer im realen und im übertragenen Sinne gemeint ist. Die Geschichte von dem geöffneten Himmel ist die Gründungsurkunde der Gartenkirche – ein Himmelszelt!

Beide Tendenzen spielen in der biblischen und in der kirchlichen Tradition eine Rolle. Dazu gehören besondere, heilige Orte und Häuser, sogenannte Sakralstätten; genauso wichtig bleibt jedoch die prophetische Kritik an dieser »Lokalisierung Gottes«. Am Tag der Einweihung des Tempels fragt der weise König Salomo tiefsinnig: »Aber sollte Gott wirklich auf Erden wohnen? Siehe, der Himmel und aller Himmel Himmel können dich nicht fassen – wie sollte es dann dies Haus tun, das ich gebaut habe?« (1. Könige 8,27)

Theologie ist die Kunst des Unterscheidens, gerade wenn wir über Kirche als Gebäude nachdenken. Die Unterscheidung von Himmel und Erde, Gott und Mensch, Zeitlichem und Ewigem, Materiellem und Geistlichem. Es ist die Kunst, diese Dimensionen voneinander zu trennen und doch gleichzeitig aufeinander zu beziehen; Unsichtbares sichtbar zu machen, bei gleichzeitigem Bilderverbot.

Es war gut, dass die Reformation zunächst eine gewisse Form der Entsakralisierung der Kirchen befördert hat. Für Luther war klar: Gottesdienst lässt sich in der kleinsten Hütte feiern, und sei es im Kuhstall. Oder eben im Garten. Schön, wenn es nicht nur die Privatgärten der Wohlhabenden für exklusive Tauffeiern sind.

Wichtig ist, dass Menschen im Namen Gottes zusammenkommen, gerne in Kirchen, Gemeindehäusern, Wohnzimmern oder selbst im Kuhstall – im besten Fall nicht exklusiv, sondern öffentlich. Die Kirchenräume haben keine Heiligkeit an sich, sondern eine Funktion: damit man gemeinschaftlich Gottes Wort hört und ihm die Ehre erweist, gerne auch im Lobgesang. Gut, wenn man in Kirchengebäuden nicht nass wird und sitzen kann. Gut, dass Kirchenleitungen und Geistliche immer mehr verstehen, dass Kirche sich auch unter freiem Himmel ereignet. Dem Himmel ganz nah, den Raum in seiner Weite und Breite ausloten, seine Höhe und Tiefe, in seiner Offenheit und schutzbietenden Geborgenheit.

Die alten Sakralbauten sind und bleiben ein großer Schatz. Wie wunderbar, dass in der 600 Jahre alten St.-Michaelis-Kirche Kantatengottesdienste, Kindermusicals und die Vesperkirche stattfinden. Dass hier getauft wird und immer häufiger auch Trauerfeiern stattfinden. Schön, dass man zu vielfältigen Veranstaltungen gehen oder an einem Dienstagvormittag oder Freitagnachmittag ganz in Ruhe alleine dort eine Kerze anzünden kann. Herrlich, dass hier manchmal Kinder spielen und toben, dass der Hochchor dem Theater eine Bühne gibt und Konfis zu »What a wonderful world« eine Choreographie präsentieren. Die über 600 Jahre alte gotische St.-Michaelis-Kirche ist ein hervorragender Ort der Umfriedung und Stille; der Begegnung zwischen Gott und Menschen, ob im Gottesdienst oder beim Kirchenkaffee danach. Und wie schön, dass die Gartenkirche sich in der Stadt als ein Ort ohne Gebäude etabliert hat, an dem sich ähnliches und anderes als in der großen Kirche ereignen kann. Günstig natürlich, dass gleich neben der Gartenkirche ein Gemeindehaus liegt, in dem es Toiletten, Geschirr, Liederbücher, Strom und Stühle gibt.

Menschen können hier wie dort ihr eigenes Leben in eine größere Ordnung eingebettet sehen, ihren eigenen Anfang und ihr Ende verbinden mit dem, der das A und das O ist, der Anfang und das Ende. Es ist kein Zufall, dass das himmlische Jerusalem am Ende der Bibel, in der Offenbarung des Johannes, einerseits als Hütte und Stadt mit einer gewissen Architektur dargestellt wird, ebenso aber auch als Garten, der den Garten Eden zitiert.[22]

»Draußen ist mehr drin«. Dieser griffige Slogan ist nicht kompetitiv zu verstehen, sondern als Wortspiel – wie fast jede theologische Äußerung auch. Manchmal kann drinnen – in einer Kirche! – mehr drin sein als bei nasskaltem oder stürmischem Wetter. Es kommt eben drauf an ...

5. Die Gartenkirche hat eine Schwester

Die Gartenkirche hat eine Schwester. Die Waldkirche im knapp 20 Kilometer entfernten Amelinghausen. Der Initiator der Waldkirche ist der ehemalige Kirchenvorstandsvorsitzende der St.-Michaels-Gemeinde. In seinem Wald, der öffentlich zugänglich ist, hat Ties Möckelmann im Jahr 2014 zunächst für seine eigene Dankbarkeit und Trauer diesen Ort geschaffen. Wie die Gartenkirche ist die Waldkirche kein Gebäude. Ein uralter Buchenhallenwald bildet den Kirchenraum. Andacht, Trauer und Freude machen unter freiem Himmel die Waldkirche für jeden Besucher zu einem besonderen Ort. Wenn man bei Wikipedia Waldkirche eingibt, bekommt man folgende Information: »Waldkirche (Waldkapelle) steht für ein Kirchengebäude, das von Wald umgeben ist. Frühere Waldkirchen waren namengebend für zahlreiche Siedlungen, siehe Waldkirch oder Waldkirchen. Während Waldkapellen eher im katholischen Bereich beheimatet sind, ist der Kirchenbautyp vor allem noch im evangelischen Bereich verbreitet, die dann häufig auch als Waldkirche bezeichnet werden.«[23] Die Waldkirche in Amelinghausen unterscheidet sich wesentlich von den namensverwandten Waldkirchen. Das

---

[22] Offenbarung 22,2 »... mitten auf ihrer Straße und auf beiden Seiten des Stromes Bäume des Lebens, die tragen zwölfmal Früchte, jeden Monat bringen sie ihre Frucht, und die Blätter der Bäume dienen zur Heilung der Völker.«
[23] https://de.wikipedia.org/wiki/Waldkirche (letzter Aufruf am 17. September 2023).

zentrale Kreuz, die Bänke und eine Infotafel machen aus dem Waldstück eine *Waldkirche*. Die Infotafel vor Ort bildet einen gewissen Deutungsrahmen und bindet über einen QR-Code die Verbindung zur eigens geschaffenen Homepage.[24] Die Gartenkirche ist gespannt auf weitere Schwestern, die im bunten Garten Gottes bestimmt schon blühen, ohne voneinander zu wissen. Im Mittelalter gab es das Filiationssystem der Zisterzienserklöster. Einige Bewegungen liegen manchmal in der Luft.

6. O-Töne über die Gartenkirche

Die Gartenkirche gibt es nur, weil Menschen mitmachen. Deshalb sollen ein paar Stimmen hier Gehör finden. Vieles erfahren wir mündlich direkt, für diesen Artikel hatten einige Lust, ein paar Zeilen zu schreiben.[25]

»Es macht Spaß, die Glocke zu läuten, und die Musik ist so schön.« (*Flora E.*)

»Ich liebe den Blick durch die Blätter in den Himmel, und ich fühle mich im Gebet mit allem verbunden – keine Mauer, keine Sitzbankreihe trennt mich ab, ich liebe es, den Wind dort zu spüren, ich liebe diese kleine Gemeinschaft – das Dörfliche in der Stadt, ich liebe es, nur dreimal lang hinschlagen zu müssen, um anzukommen, ich mag, dass dort alles sein kann ... Klassik oder Jazz, Trompeten und Gesang, Lachen, Weinen, Glück und Elend, Ratlosigkeit und Übermut ... und auch Teenagergekicher ...« (*Marie E.*)

»Ich mag, dass es in der Natur ist, dass die Andachten dort nicht so lange dauern und dass der Weg dorthin nicht so weit ist wie der zur Kirche.« (*Anna E.*)

»Ich fühle mich dort immer bereichert, die Andachten sind angenehm kurz und knackig, es ist schön nah.« (*Oli E.*)

---

[24] www.waldkirche-reetzhof.de. Während ich an diesem Artikel schreibe, erreicht mich folgende WhatsApp eines Gemeindemitglieds: »Zufällig habe ich vorhin die Waldkirche entdeckt. Hier bin ich nun mit meiner Traurigkeit. Ein guter Ort, um zur Ruhe zu kommen. Und wie ich gelesen habe, die Schwesterkirche zur Gartenkirche.«

[25] Die eigens eingerichtete Mailadresse gartenkirche@sankt-michaelis.de hat sich als ein geeignetes Austauschmedium etabliert, einerseits um auf Veranstaltungen und Aktionen hinzuweisen, andererseits um Rückmeldungen und Anregungen zu bekommen.

»Wir lieben die Gartenkirche, weil sie leicht, unkompliziert und immer ein bisschen provisorisch daherkommt. Sie lässt uns Gottes Schöpfung hautnah erleben. Die Gastfreundschaft in direkter Nachbarschaft, auch ohne Mitglied der Gemeinde zu sein, ist immer wieder einladend. Jedesmal gibt es einen Impuls, der zum Nach- und Weiterdenken anregt und auf dem Spaziergang heimwärts besprochen werden kann.« (*Raphaela S. und Christof U.*)

»Hier kann ich durchatmen. Und meine Enkelkinder wollen immer mal die Kirchenhühner sehen.« (*Margarete R.*)

»Ich mag übrigens die Gartenkirche sehr gerne, u. a. wegen der Nähe zur Natur und der familiären Atmosphäre bei den Andachten. Tatsächlich habe ich mich mehrfach nach dem Tod meiner Mutter spontan dort aufgehalten, z. B. nach einem Friedhofsbesuch, meist nur für ein paar Minuten. Die Gartenkirche spendet Trost und Geborgenheit.« (Birgit G.)

»Die Gartenkirche ist für mich: Gott mit allen Sinnen erleben – fühlen, hören, SEINE Schönheit bestaunen ... Schöpfung genießen, dem HIMMEL näher zu kommen, Gemeinschaft in FREIheit (im FREIen), eine Zusammenführung von Mensch und Natur, von Geschöpf und Schöpfer ... ein Ort für DANK und LOB, direkt in den Himmel geschickt. Und auch ein Ort, um Menschen aus der Gemeinde einigermaßen regelmäßig intensiver zu erleben als in den sonstigen Gottesdiensten. Gesichter prägen sich ein, stellen Vertrautheit her. Sehr eindrücklich finde ich auch, dass viele Menschen dort bereits ihre Spuren hinterlassen haben: beim Anlegen und immer weiterem Gestalten des gesamten Grundstückes, in Wort und Bild an den einzelnen Stationen, kreativ auf vielfältige Art und Weise. Die Gründungsphase bleibt irgendwie weiterhin spürbar und erlebbar. In der Gartenkirche bleibt es auch letztlich immer ein wenig spannend. Bis zum Schluss, ob das Wetter denn mitspielt, das mag ich. Ist es überhaupt schon ein einziges Mal komplett ins Wasser gefallen, was geplant war? Manchmal wird auch mit dem Gewitter um die Wette gelobt, gedankt, gesungen und gebetet ... Es findet jedes Mal auf eine ganz besonders wohltuende Art und Weise statt, dass ich mich im wahrsten Sinne geerdet fühle. Gemeint, erneuert, belebt, beGEISTert!! Zwischen Himmel und Erde gut und wunderbar aufgehoben. Und nicht zuletzt wird es auch vielfach so herrlich persönlich. Ob es um den zeitweise verschollenen Kater geht, um kleine Anekdoten, die gerade zu Beginn der Andachten nie fehlen ... Danke für alle Mails, die uns bisher erreicht haben, in denen auch bereits das Besondere der Gartenkirche steckt: knackige Themen, herzliches Einladen, liebevoller Einsatz, unermüdliches Gemeindeleben! Steckt da eigentlich auch ein unermüdliches Team dahinter? Das ist auch so ein Geheimnis: Es wirkt stets alles so passend und unverkrampft gelingend. Einfach HIMMLISCH!« (*Miriam B.*)

»Da ist der Ort – seitlich begrenzt und das nach oben offene Himmelszelt, das ist für mich immer etwas besonders, und man ist der Schöpfung dichter, bei vielen Liedern, Texten auch unmittelbar damit verbunden. Das Format – es ist formloser, freier, die musikalische Begleitung wechselnd und die Begeisterung derer, die dabei sind und es mit Freude machen, das merke ich auch, wenn ich Mitwirkende zusammensuche (die kurzweilige Abwechslung von Lied und Text, das Einbeziehen vieler – zum Läuten, Lesen) ... und der doch andere, lockerere Kontakt der Teilnehmer, es wird eher verweilt, es kommt zu mehr Gesprächen, Austausch, und alleine ist es immer wieder ein Ort zur Besinnung, zur Ruhe kommen, genießen, Kraft schöpfen und überlegen, was es schon alles Schönes an Aktionen gab, und während Corona einfach ein guter, Halt gebender Ort. Aber besonders mag ich immer wieder das unter freiem Himmel.« (*Johanna I.*)

»Eigentlich weiß ich gar nicht so recht, wo ich da beginnen soll vor lauter Schwärmerei. Diese Wochenschluss-Andacht, deren Ei ja wohl von einem »Corona-Huhn« ausgebrütet wurde (wenn ich das mal so sagen darf), ist doch mittlerweile ein fester Bestandteil unserer Kirchengemeinde, gell? Nicht mehr wegzudenken, und zwar zu Recht! Ich sag' das jetzt mal nur für mich: Alles, wirklich alles, scheint wie gestrickt für mich. Es ist die richtige Zeit. Am Samstagabend so etwas wie Ruhe einkehren zu lassen, gemeinsam mit anderen ein Lied zu singen, das »Vaterunser« (ganz besonders das »Vaterunser«) zu sprechen, manchmal zu lachen, und immer mit ganz alten und ganz jungen Menschen und allen dazwischen, das tut mir gut. Und vielen anderen auch, da bin ich mir sicher. Die Bibel, nur mal so als Beispiel, ist wichtig, natürlich, aber es kommen auch mal andere Bücher zu Wort, das ist gut! Denn manchmal finden wir Gott ja auch bei Astrid Lindgren und anderen. So stelle ich mir Kirche vor.« (*Frank W.*)

Die Gartenkirche ist ein schönes Angebot, weil
- ... man »mal eben« für ca. 30 Minuten dorthin fahren kann.
- ... man so kommen kann, wie man ist (come as you are).
- ... wir dort immer netten Menschen begegnen. Auch wenn keine tiefen Gespräche entstehen, ergibt sich doch immer eine Gelegenheit, sich kurz auszutauschen.
- ... wir uns dadurch dazugehörig fühlen.
- ... wir uns draußen unter freiem Himmel Gott ein Stückchen näher fühlen. Früher kannten wir dies nur von Himmelfahrtsgottesdiensten. »Gottes weiter Raum« wird spürbar.
- ... zu Corona-Zeiten dies eine kostbare Möglichkeit war, Gottesdienst zu feiern – und vor allem dabei anderen Menschen nahe zu sein. Das gab Halt und Trost.

Das alles erzeugt ein Verbundenheitsgefühl, und man geht beseelt wieder fort.« (*Birgit V.*)

»Eine Andacht zum Anfassen! Samstagabend unter freiem Himmel bei Wind und Wetter – das ist einfach mal was anderes als ein Gottesdienst am Sonntagmorgen um zehn Uhr in der großen Stadtkirche. Selten habe ich bei Andachten oder Gottesdiensten so viele offene und fröhliche Gesichter, wache Augen und freundliche Stimmung gesehen und erlebt. Nachher und vorher steht man zusammen, zwanglos, so wie es gerade kommt. Es braucht keinen Kirchenkaffee, man redet einfach miteinander, wenn es sich ergibt. Alles wird etwas tiefer gehängt. Die Stimmung ist locker, es gibt keinen Talar, wir sitzen im Halbkreis, die Besucher:innen der Andacht werden persönlich angesprochen, können spontan etwas beitragen. Mitglieder der Gemeinde übernehmen unterschiedliche Aufgaben vom Läuten der Glocke, die in einem Baum hängt, bis zur musikalischen Gestaltung. Selbst die kleine Ansprache muss nicht unbedingt vom Pastor kommen. Überhaupt ist Ansprache eigentlich ein unpassender Begriff. Es sind eher persönliche Assoziationen als eine Predigt. Sie sprechen zumindest mich mindestens ebenso an wie die sonntägliche rhetorisch und inhaltlich fein polierte Predigt vom Kanzelpult. Kurz gesagt: Man findet sich in dieser Andacht unter Gottes Himmel zusammen. Man ist sich nah, es ist sehr persönlich, und ich fühle mich in diesen 30 Minuten wirklich als Teil einer kleinen Gemeinschaft.« (*Norbert B.*)

7. »Oben gibt es das Himmelreich, unten den Garten.«

»Oben gibt es das Himmelreich, unten den Garten.« So heißt es in einem chinesischen Sprichwort. Oben und unten kann natürlich aus theologischer Perspektive ausgetauscht werden, wenn von dem Paradiesgarten als Ursprungs- und Zielort gesprochen und gesungen wird. In der Gartenkirche hat man das Himmelreich immer mal wieder aufblitzen sehen – sei es, weil es zeitgleich mit dem Amen nach dem Segen donnert und kurz darauf blitzt; weil ein vierjähriger Junge fröhlich neben der unbekannten 91-jährigen Frau mit Krückstöcken singt; weil mit einer Spannbreite von über 90 Jahren bei den Teilnehmenden aus jedem Jahrzehnt mindestens zwei Leute dabei sind: Babys, Kinder, Konfis, Männer, Frauen, Großeltern, Familien und Singles, divers und queer, Krücken oder Rollstuhl – all inclusive. Staunend gucken die achtjährigen Hula-Hoop-Königinnen am Himmelfahrtstag, wie die 92-jährige Dame zum ersten Mal in ihrem Leben den Reifen um ihre Hüften kreisen lässt. Was für ein Ereignis, wenn die Kater beim Vaterunser um den Altar »schlawinern« und die Hühner die Nähe der singenden Gemeinde suchen. Wunderbar, wenn es blüht oder herbstlich leuchtet, der Mond über der lebendigen Krippenlandschaft aufgeht – rund und schön. Was für ein großer Zufall, dass Stunden vor der Andacht die Sieben-Tages-Inzidenz auf 49,2 sinkt und die Gemeinde singen darf. Himmelreich, weil jemand im Gedenken an den verstorbenen Freund hier Trost empfängt.

Da schwingen Jakobs Traum von der Himmelsleiter und seine Erfahrung mit: »Fürwahr, Gott ist hier, und ich wusste es nicht!« (1. Mose 28,16) In diesem Wissen und Vertrauen erklingt in der Gartenkirche gerne die kongeniale Übersetzung des fast 300 Jahre alten Chorals: *Tut mir auf die schöne Pforte* (EG 166).

1. Tut mir auf die schöne Pforte,
führt in Gottes Haus mich ein;
ach, wie wird an diesem Orte
meine Seele fröhlich sein!
Hier ist Gottes Angesicht,
hier ist lauter Trost und Licht.

2. Ich bin, Herr, zu dir gekommen,
komme du nun auch zu mir.
Wo du Wohnung hast genommen,
da ist lauter Himmel hier.
Zieh in meinem Herzen ein,
lass es deinen Tempel sein.

TO GOdehard – Bei Brot und Wein, zwischen Krippe und Oase das Leben feiern

Susanne Paetzold

Eine ökumenische Gruppe traf sich und ging raus in die Weite der Nachbarschaft. Der Anstoß war eine Projektbegleitung des »Haus kirchlicher Dienste«[26] im Bereich Gemeinwesen-Diakonie mit Impulsen zu einer vernetzten und aktivierenden Zusammenarbeit im Stadtteil. Dabei wurden

Gemeinsam in Ochtersum
Informationen über das Projekt und Einblicke in die Entwicklungen
https://www.gemeinsam-in-ochtersum.de/

mit den Ressourcen der Menschen vor Ort Lebensräume gestaltet. Neben den zahlreichen mobilen und lokalen Projekten, Menschen in der Nachbarschaft zu treffen und zu unterstützen, entwickelte sich im ersten Lockdown ein spiritueller Ort mit liturgischen Formen im alten Ortskern.

Die Pandemie hatte ihre eigene Dynamik. Ein verwaister Kirchplatz wurde zum Treffpunkt auf Abstand. Durch neue Baugebiete war die St.-Godehard-Kirche im alten Ortskern zu klein geworden. Die St.-Altfrid-Kirche mit Gemeindezentrum fand im neuen Viertel ihren Platz. 1978 wurde die St.-Godehard-Kirche geschlossen und dient seit 1987 als Depot der Denkmalpflege des Bistums Hildesheim.

Eine gestalterische Kraft schlummerte in den Menschen und das Bedürfnis, trotz Lockdowns dem christlichen Weihnachtsfest einen Ausdruck zu geben. Der erste Reflex war ein Stall. Private Förderer stifteten Baumaterial für den Stall und Tannenbäume im Kübel. Eine Künstlerin war gewonnen und sägte aus Baumstämmen menschengroße Figuren. Der Förster spendete das nötige Lindenholz. Gemeindemitglieder organisierten den

---

[26] Haus kirchlicher Dienste in Hannover, Abteilung Gemeinwesen. Die Initiative Gemeinwesendiakonie berät und begleitet Kirchengemeinden dabei, wie sie mit anderen Akteur:innen auf dem Dorf oder in einem Stadtteil gemeinsam ein sozial-diakonisches Projekt entwickeln können. Die Initiative Gemeinwesendiakonie verbindet und vernetzt Projekte. https://www.kirchliche-dienste.de/arbeitsfelder/gemeinwesendiakonie/startseite.

Transport der Bäume aus dem Wald. Aus Bäumen wurden einfache Sitzgelegenheiten. Vor Ort wurde jeden Tag geschraubt und gebaut. Mit alten Zaunelementen wurden der offene Platz eingefriedet, Licht installiert und eine Schwelle geschaffen. All das passierte ohne große Projektpläne und Finanzierungsanträge.

> »So etwas habe ich noch nie gemacht«, sagte die Künstlerin Doris Karlberger.

In der Not des Lockdowns entsteht aus den inneren Bewegungen der Menschen eine liturgische Bewegung: Gebete. Andachten. Geistliche Musik. Kinderprogramm. Gottesdienste. Immer in der Begegnung mit anderen und der Einladung, selber etwas mit- bzw. einzubringen.

Es finden sich ehrenamtliche Mitarbeitende als Team zusammen und übernehmen Verantwortung. Auf ihre Weise prägen sie den Ort und gehen in Resonanz mit tagesaktuellen Themen im Fluss des Kirchenjahres und zeigen ihren Glauben.

Der Stall ist da und bleibt. Ein spiritueller Draußen-Ort entsteht, weil es ihn braucht und die Menschen ihn suchen. Die Besuchenden, die im Regen Heiligabend gefeiert haben, werden den Moment mit diesem Ort verknüpfen. Die Erfahrungen der Krippe sind gegenwärtig.

An diesem Ort gibt es die Erlaubnis, ökumenisch Kirche zu sein und noch mehr: sich Kirche wieder zu nähern, Kirche mitten unter den Menschen zu erleben, Nähe und Distanz zu wagen, Kirche als zugewandt und offen zu erleben. Hier wohnt Gott unter den Menschen.

> Es gibt eine Sehnsucht nach spirituellen Formen. Eine Sehnsucht nach Gottesdienst.

Ja, der Stall ist noch da!

Ja, der Stall ist noch da!

Im Gespräch mit den Verantwortlichen Maren Heimann, Claus-Günther Kullig, Petra Rehlich und Margret Strake.

Der Stall wird auf vielerlei Weise zur Bühne, zu einem interaktiven Schreibort, zur Oase, zur Lounge mit Bücherregal und zum Gottesdienstort. An diesem Begegnungsort ist in allem eine christliche Grundhaltung zu spüren: Du bist eingeladen!

Der Ort und seine Atmosphären

An die Mauer der alten Kirche schmiegen sich Paletten-Möbel, ein Stall und ein kleiner Platz. Gerade so groß, dass es dort nie leer aussieht.

Über die Jahre steht fest: In der Advents- und Weihnachtszeit hat der Krippenplatz eine besondere Ausstrahlung. Familien kommen und machen Fotos für ihre Weihnachtskarten. Ein Reisebus spült während einer Krippenfahrt eine ganze Reisegruppe in die St.-Godehard-Straße.

Nach der Andacht der Sternsinger im Januar wandelt sich das Gesicht des Ortes. Die Krippenfiguren lagern in der Kirche. Es geht auf Ostern zu. Paletten-Möbel kommen hinzu, und die Kübel werden bepflanzt. Der Wein rankt inzwischen und Reben wachsen. Kreuzwege in der Passionszeit gestaltet mit dem Misereor-Hungertuch oder den Impulsen des ökumenischen Jugendkreuzweges. Ostern wird sichtbar mit einfachen Zeichen. Schmetterlinge werden gehäkelt. Als Hoffnungszeichen fliegen sie von TO GOdehard in die Häuser der Menschen. Es wird Sommer, und mit wenigen Ausstattungsstücken entsteht eine orientalische Oase. Es kommt Krieg, und die Menschen beten.

Der mit Kieselsteinen ausgelegte Platz bekommt wieder eine Bedeutung. Der alte Ortskern wird zu einer neuen Mitte. Ein Stadtteil definiert sich neu, ohne dabei in Konkurrenz mit den Veranstaltungen der Kirchen zu stehen, sondern aus ihnen heraus.

Die Verantwortlichen haben keine Ahnung, wie viele Menschen sich außerhalb der angekündigten Veranstaltungen den Ort ansehen, einkehren und innehalten.

Innere Motivation und hörende Haltung

Die Verantwortlichen erzählen begeistert von ihren Projekten und den Ideen für weitere Projekte. Ja, in ihrer Haltung nehmen sie sich die Erlaubnis, ökumenisch Kirche zu sein. Dabei geht es ihnen um Beziehungen und den unbedingten Willen, neue Menschen einzuladen, um von ihnen zu hören.

> »Wir wollen den Glauben weit nach draußen tragen und Zeugnis geben. Wir wollen Zeuginnen sein und den Glauben ins Gespräch bringen.«
> M. Strake

Alle Biographien sind traditionell kirchlich geprägt. Sie kommen aus einem kirchlichen Lebensalltag von Taufe, Krabbelgruppen, Kommunion/Konfirmation und Gesprächskreisen bis hin zu verantwortlicher Mitarbeit in Kirchenvorständen. Heute schwingt bei der Wahrnehmung der sich verändernden Kirchen ein bisschen Wehmut mit.

An diesem offenen Ort gelingt es den Verantwortlichen, sich der gesellschaftlichen Situation zu stellen. Sie bieten sich an und erzählen, warum sie in der Kirche sind. Sie zeigen, welche biblischen Texte ihnen wichtig sind, wie sie singen und beten. Das ist nachvollziehbar für viele Menschen in der Nachbarschaft. Bei Brot und Wein wird Kirche plausibel. In der Begegnung ist Kirche anschaulich, glaubhaft und spürbar.

Miteinander über den Glauben im Gespräch sein

Immer wieder kommen die Verantwortlichen zusammen und reflektieren das Erlebte. Jede neue Erfahrung bewirkt eine neue Handlung. Der Ort wandelt sich auf Zuruf aus dem inneren Antrieb heraus »Was machen wir als Nächstes?«. Dabei geht es nicht um einen Aktionismus. Die Planungen ereignen sich kurzfristig, gehen in Resonanz mit dem Alltag der Menschen und verweben sich mit dem Kirchenjahr. Die Themen liegen auf der Straße. Innerkirchliche Anlässe und gesellschaftliche Fragen bekommen hier einen Ausdruck.

> »Ich lerne von den anderen.« P. Rehlich

Ein wesentliches Merkmal aller Veranstaltungen ist es, den Raum für Gespräche über den Glauben zu öffnen. Die Mischung aus geistlichem Impuls und Zusammensein überzeugt. In den Themenreihen sind die Verantwortlichen stets auf der Suche nach interessanten Gesprächspartner:innen. Im Godehardjahr sind Ordensleute der Kommunität der Benediktiner der Einladung gefolgt. An diesem Ort kommen die Menschen leicht ins Gespräch und sind berührt vom Klosteralltag und ihren Berufungsgeschichten.

Gastfreundschaft und Verbindlichkeiten

Gastfreundschaft und Teilen sind hier ganz praktisch. Es ist alles da. Weintrauben und Erdbeeren hängen im Sommer zum Naschen an den Pflanzen. Heute steht dort ein Korb gefüllt mit Äpfeln. Bei Treffen im Winter steht heißer Punsch bereit, und eine Dose ist mit Keksen gefüllt. Bei Brot und Wein haben immer einige Besuchende zwei Gläser mehr in der Tasche für neue Besucherinnen und Besucher, die sich nicht auskennen und ohne Gläser kommen.

> »Und was mich immer wieder neu beeindruckt hat: Was aufgetischt wurde – es hat immer für alle gereicht.« S. Heiting

Verbindlich heißt auch: Es ist jemand anwesend, wenn ein offenes Angebot angekündigt ist. Am Freitag um 17 Uhr ist immer jemand da. Die Blumen werden regelmäßig gegossen. Menschen fühlen sich verantwortlich und beleben den Platz. Vandalismus oder Diebstahl haben sich hier noch nie ereignet.

Beteiligung und Mitgestalten

Der Ort wandelt sich von Jahreszeit zu Jahreszeit. Die Menschen in der Nachbarschaft beobachten das und entdecken selber Gestaltungsräume, in denen sie sich einbringen wollen. Angefangen bei Dekorationsartikeln, handwerklichen Fähigkeiten, Transportmitteln, der Ausleihe von Material und Büchern, dem Miteinbeziehen der Kita-Kinder bis hin zur inhaltlichen Gestaltung.

Als das Bistum Hildesheim das Godehardjahr feiert, kommt in die römisch-katholisch Gemeinden der bischöfliche Impuls »Mahl anders«. Angeregt durch die Erfahrungen aus Apostelgeschichte 2,42 – *Sie hielten an der Lehre der Apostel fest und an der Gemeinschaft, am Brechen des Brotes und an den Gebeten* – kommt die Empfehlung, in dieser Weise einen »Anderen Donnerstag« zu gestalten. Andere Menschen aus der katholischen Gemeinde gehen auf die Verantwortlichen zu und möchten »Mahl anders« am Krippenplatz ausprobieren. Seitdem feiern Menschen jeden Freitag um 17 Uhr »Mahl anders«, übrigens nicht als Alternative oder Ersatz für die Eucharistie. Ein Impuls zu einem biblischen Text, eine Naturbetrachtung, ein Gebet und im Anschluss Essen mit Brot und Wein. Mehr braucht es nicht an diesem Ort. So gehen die Menschen gestärkt ins Wochenende.

Beteiligung wird auch ohne Veranstaltung gedacht. Zu jeder Gestaltung gehören Impulse, die anregen oder zum Mitnehmen sind. Eine Zeit lang waren die Wände im Stall als Poesiealbum inszeniert. Menschen konnten ihre guten Gedanken und Wünsche hinterlassen. Bequeme Stühle luden ein auszuruhen, zu verweilen und sich selbst zu spüren.

Die Vielfalt der Angebote ist vor allem durch die Netzwerke der Handelnden möglich. Sie nutzen ihre privaten Beziehungen und gewinnen alles. An diesem Ort geht es nicht um ein Angebot zum Konsumieren, hier geht es um das Leben. Es gelingt, ein System der Patenschaft aufzubauen, dass wenigsten eine Person vor Ort ist, wenn das offene Angebot »Plauderlounge« angekündigt ist.

Was ist Gottesdienst an diesem Ort?

Gottesdienst ist Gemeinschaft und Zuhören, die Mischung aus Andacht und Zusammensein. Was bewegt die Menschen? Darum geht es. Es gibt keine Schwellen. Gepfelgt wird eine einfache Sprache. Die Veranstalter legen viel Wert auf einen spirituellen Impuls von Ehrenamtlichen. Was sie hören und erleben, führt zu neuen Themen

> »Hier nehme ich etwas für mich mit. Ich verstehe, was hier erzählt wird.« M. Heimann

und Formaten. Hier wird kein Material gesammelt, hier zählen der Moment und die Aussicht auf einen nächsten Impuls.

Gottesdienst ist Bibel teilen und Zeit teilen und gemeinsam essen.

Klangvoll wird es durch Musiker:innen aus der Nachbarschaft und aus der Gruppe der Ukrainer:innen. Auch hier tragen die privaten Netzwerke, und die Erfahrungen sprechen sich herum.

Gottesdienste aus den Kirchengemeinden werden an den Krippenplatz verlegt. Zu den ökumenischen Gottesdiensten mit Beteiligung der Pfarrpersonen kommen viele Menschen.

TO GOdehard wirkt

Unter freiem Himmel gibt es keine Mauern, die einengen. An diesem Ort gibt es die Erlaubnis zu gestalten. So entsteht ein Ermöglichungsraum. Die Ressourcen der Menschen sind gefragt und zeigen sich in Gastfreundschaft und Beteiligung.

Missionarisch: Hier wird über den Glauben gesprochen.

> »Der Ritus gefällt mir. Das Wiederkehrende. An der evangelischen Kirche gefällt mir, dass alle im Gottesdienst beteiligt sind. Der Ton ist ein anderer.« C.-G. Kullig

In Brot und Wein, den Schöpfungsgaben, genießen die Menschen die Gemeinschaft und schmecken, wie freundlich Gott ist.

Die Besucherzahlen machen deutlich, welche Themen die Menschen berühren. Advent und Weihnachten und St. Martin mit ihren elementaren Botschaften von Licht und Liebe und Teilen treffen den Nerv der Zeit, sind aktueller denn je und haben eine eigene missionarische Kraft. Österliche Festgottesdienste sprechen kirchlich hochverbundene Menschen an. Die Botschaft von Ostern und die Hoffnung auf Auferstehung sind relevant für alle.

Die beiden Ortsgemeinden haben einen gemeinsamen Kirchenort anerkannt und unterstützen ihn.

Der einfache Stall mit den offenen Toren.

Ein elementares Bild für Geborgenheit, Schutz, Wärme und Nahrung. Ich kann kommen, wenn ich es möchte. Ich bin willkommen. Dazu kommen die existenziellen Bewegungen, miteinander Brot und Wein zu teilen. Ja, es ist noch Platz. Lade deine

Nachbarin und deinen Nachbarn ein zu dem, was du liebst[27]. Hierhin kommen sie. Eine lebensdienliche einfache Symbolsprache, die den Menschen heute in ihren komplexen Alltagswelten plausibel erscheint.

Es geht um den Stall, nicht um das Hirtenamt. Es geht um Beziehung und Lebensausrichtung. Und um die Freiheit, selbst zu gestalten, selbst über Nähe und Distanz zu entscheiden, selbst Teil dieser besonderen Gemeinschaft zu werden und Kirche als das zu erleben, was sie sein soll: offen, einladend, den Menschen zugewandt.

»Es könnte etwas mehr sein«, höre ich und denke, nein, es ist gut. Aus dem ersten Impuls der Krippe ist so viel mehr geworden. Gott wohnt unter uns und gestaltet Ortsgeschichte.

TO GOdehard, der besondere Ort in Ochtersum – der heilige Ort in Ochtersum. Damit wird erfahrbar, was nach evangelischem Verständnis schon lange gilt: Der Ort wird ge-heiligt durch das, was dort von Gott her unter den Menschen geschieht.

> »Wo gehen wir als Nächstes hin, um andere Menschen anzusprechen?« P. Rehlich

---

[27] Eine Kampagne der anglikanischen Kirche »Back to church sunday« wurde in Deutschland durch das Netzwerk freshX in Kirchen der EKD aufgelegt.

»Du stellst meine Füße auf weiten Raum« – Impulse mit Schuhen

Sandra Heiting

Die folgenden Impulse sind entstanden in der Arbeit mit dem Misereor Hungertuch 2021/2022 *Du stellst meine Füße auf weiten Raum – Die Kraft des Wandels* von Lilian Moreno Sánchez.

Auf dem Gelände steht unterschiedliches Schuhwerk: alte getragene Schuhe. Sie »erzählen« aus ihrem bewegten Leben, von ihren Abenteuern und den Gedanken, die ihre Träger:innen zu den gemeinsam gegangenen (Lebens-)Wegen haben. Am Ende stehen ein Impuls, Fragen und eine Einladung zur Auseinandersetzung.

Menschen aus den Gemeinden folgen dieser Einladung:

Spuren aus unserem Leben

Machen Sie mit! Bringen Sie uns Ihre alten Schuhe: Schreiben Sie eine kurze Geschichte, lassen Sie Ihre Schuhe selbst sprechen. Oder hängen Sie Ihre alten Schuhe einfach an den Zaun. So werden hier auf dem Godehardplatz viele Spuren des Lebens sichtbar …

Mitmachaktion »Fußspuren«

Auf eigenen Füßen stehen …

Etwas hat Hand und Fuß …

Den Boden unter den Füßen verlieren …

Jemandem auf die Füße treten …

Eine Fußspur hinterlassen …

Impuls I: Meine Füße – meine Träume?

Füße tragen uns und bewegen den Körper. Sie geben festen Stand. Wir stampfen protestierend auf, beim Spielen und Tanzen drücken wir mit ihnen unsere Freude aus. Am Strand oder im Schnee hinterlassen sie unsere Spuren, beim Spazierengehen lassen wir uns in die Weite Gottes tragen und entdecken:

Du stellst meine Füße auf weiten Raum. (Psalm 31,9)

In welche unbekannten Räume, in welche Landschaften würdest du gern einmal deinen Fuß setzen?
Wo möchtest du Spuren hinterlassen?

Nimm dir einen Fußabdruck und schreibe deine Gedanken auf. Hänge deinen Fuß anschließend mit einer Pinnnadel an die Wand des Holzschuppens und entdecke, welche »weiten Räume« andere Menschen erkunden oder welche Fußspuren sie hinterlassen möchten ...

Gebet

Gott, du stellst meine Füße auf weiten Raum!
Du begleitest mich auf meinem Weg in die Weite des Raumes.
Du schenkst mir Wegbegleiter, die ein Stück mit mir gehen.
Gib mir Kraft loszugehen.
Gib mir Kraft durchzuhalten.
Lass mich die Welt ein wenig besser machen.
Ich vertraue dir und sage: »Du bist mein Gott.«

Impuls II: »Puschen«

Ich habe sie geliebt, meine rot-weiß gestreiften Puschen!

Von der Welt »draußen«, außerhalb meiner Wohnung, haben sie nicht viel gesehen. Vielleicht mal das Treppenhaus und den Keller, den Balkon bei gutem Wetter. Dafür sind sie nicht gemacht. Nicht für lange Wege, Spaziergänge, Autofahrten oder Shoppingtouren.

Ihr Material ist viel zu weich, keine harte Sohle, wasserdurchlässig, schmutzanfällig, jeder Stein wäre zu spüren. Würde wohl auch komisch aussehen, mit ihnen durch die Stadt zu laufen. Sicherlich hätte das Aufmerksamkeit erregt, andere zum Lachen gebracht.

Nein, das Reich meiner Puschen war zu Hause.

Mein Zuhause, ein geschützter Raum der Geborgenheit, des Miteinanders mit meiner Familie, in Jogginghose mit unfrisierten Haaren auf dem Sofa, gut oder schlecht gelaunt.

Meine Puschen kennen mein wahres Ich, das ich selten nach außen zeige. Sie waren an meinen Füßen, wenn ich geweint und gelacht habe, wenn ich krank war, wenn ich gute oder schlechte Nachrichten erhielt, wenn ich mich über Besuch freute, gestresst war oder die Seele baumeln ließ …

Die rot-weiß Gestreiften haben mich lange begleitet, nun trage ich ihre »Nachfolger«. Sie sind nicht so flauschig und weich, aber auch Begleiter im Alltag, die mit mir durch »dick und dünn« gehen und mich so kennen, wie sonst nur wenige Menschen …

Wer kennt mich eigentlich wirklich? Wem vertraue ich?

Impuls III: Schuhe – gemacht für das große Abenteuer!

Trekkingschuh, Slipper, sportlicher Herrenschuh – egal wie diese Schuhe genannt werden, sie sind einfach toll! Bequem, strapazierfähig, schnell trocknend. Mit ihnen habe ich die Welt entdeckt, auf kleinen und großen Reisen.

Sie teilten die Aufregung und Spannung mit mir, die Vorfreude und die Abfahrt, auch den Abschied und die Rückreisen. Sie haben mich getragen auf vollkommen unbekannten Wegen.

Überwältigt standen wir zusammen am Grand Canyon:

Ich schaute in die Weite und Tiefe, auf das Farbenspiel der Berge, den blauen Himmel und die Schäfchenwolken – und spürte den festen Halt, den meine Schuhe mir am Rand des nahen Abgrunds gaben.

»Du stellst meine Füße auf weiten Raum!«,
dort habe ich gemerkt, was dieses Psalmwort bedeutet.
Dankbar so einen Moment erleben zu können,
ergriffen von der Schönheit der Schöpfung,
mit festem Halt, nicht nur durch meine Schuhe.
In diesem Moment war Gott ganz nah.
Und es folgten unzählige weitere beeindruckende Abenteuer.

Die Sohlen meiner Schuhe sind mittlerweile abgelaufen, ein neues Paar steht bereit. Welche Abenteuer werde ich mit den »Neuen« erleben? Welche Wege werden sie mit mir gehen?
Die alten werde ich immer in guter Erinnerung behalten!

Gibt es einen Moment in Deinem Leben, in dem Gott Dir ganz nah war?

Du stellst meine Füße auf weiten Raum

Psalm Susanne Paetzold

V Liturgische Blüten und himmlisches Spiel

»*Geh aus, mein Herz, und suche Freud*«, singt Paul Gerhardt und lädt ein, miteinander die Schöpfung zu feiern. Die Fülle des Lebens, in der Blüte der Jahre, ein Farben- und Kräftespiel berührt unsere Herzen, das nicht ewig bleibt. In uns tragen wir berührende und langweilige Gottesdienstmomente. Es gehört zur Gartenarbeit, dass Verblühtes abgeschnitten wird, damit neue Blüten wachsen können. Also nur Mut, Verblühtes als Verblühtes in der Gottesdienstkultur wahrzunehmen und beherzt abzuschneiden, damit Neues wachsen kann. Es kann mit kleinen Samen und Pflänzchen beginnen.

Hier sind berührende Gottesdienstmomente und erprobte liturgische Blüten:

A Gebete und Psalmen
B Rituale in der Natur
C Spaziergänge
D Schwellengang
E Spielen und beten
F Segen

A »Aus der Tiefe rufe ich zu dir« – Gebete und Psalmen

Susanne Paetzold

Gebete und Psalmen in der Natur entfalten eine besondere Kraft. Die Gebetsgemeinschaft ist umgeben von den Atmosphären der Natur. Und die Natur inszeniert das Gebet mit.

Und: Der Körper betet mit. Die Sinne nehmen unmittelbar wahr, und die Worte und Fragen und stillen Momente sind mit dem Köper zu spüren.

Gegen den Wind kommen Menschen gemeinsam mit einem Kehrvers ins »Rufen«. Hier ist die Beziehung Geschöpf – Schöpfer unmittelbar zu spüren. Manche natürliche Atmosphäre wird sogar als »heiliger Moment« erlebt und zu einer intensiven Gebetserfahrung. Es entsteht eine Resonanz und das Gehörte wird gesehen, gehört oder gerochen. Bewegungen, Gesten und Haltungen unterstützen das Gebet.

Für die Zeit des Gebetes findet sich die Gruppe im Kreis zusammen. Die Liturg:in sucht sich einen Standort, bei dem sie gut zu sehen und zu hören ist. Eine Erhöhung mit sicherem Stand ist ratsam.

Hier eine Auswahl von Gebeten in der Natur.

Votum I

Wir stehen mit beiden Füßen in Gottes Schöpfung und feiern Gottesdienst.	*Hinstellen, Füße erden.*
Gott, dein Licht wärmt uns.	*Hände zum Himmel richten, Hände auf Herzraum.*
Wir hören Geschichten von Jesus, deinem Sohn.	*Hände hinter die Ohren halten.*
Von ihm lernen wir, füreinander da zu sein.	*Arme ausbreiten, Nachbarshände anfassen.*
Wir sind miteinander verbunden und gehalten durch	*Schunkeln im Kreis. Zurücklehnen und gegenseitig Halt finden.*
deine Heilige Geistkraft.	

Votum II

Stell dich in den Wind. *Jede:r findet eine Position.*
Lehne dich zurück. *Balance finden.*
Nimm wahr. *Spüren lassen.*
Ich bin da.
Du bist da.
Gott ist da.

Votum III

Gott des Weges, du bist da.
Jesus Christus, gehe mit uns.
Heiliger Geist, begleite uns.

Gebet unter freiem Himmel zur Einstimmung auf die Wanderung

Bevor es losgeht, beten wir für den Weg.
Finde eine Haltung, in der du gut stehen und hören kannst.

Finde einen festen Stand.
Erde dich
mit beiden Füßen.
Jetzt und hier.
Schließe für einen Moment die Augen und öffne die Sinne.

Gott,
gib uns Ohren, die hören …
Lausche auf den Klang deiner Schöpfung.
Stille
Lass uns hören auf die leisen und lauten Töne in der Welt
Und bei uns.

Öffne die Augen.

Gott,
gib uns Augen, die sehen …
Öffne die Augen und siehe den Himmel und die Erde.
Stille
Öffne die Augen und siehe die Welt um dich herum.
Stille
Lass uns staunen über die schönen Dinge in der Welt.
Lass uns klagen über die schwierigen Dinge, die wir sehen.

Hände auf die Brust und mit den Worten die Arme zur Seite bewegen.

Gott,
gib uns ein weites Herz, andere zu verstehen ...
Schaut euch an. Blinzelt euch zu. Lächelt einander an.

Gott,
gib uns Mut, unsere Wege zu gehen ...
Öffne unsere Sinne für jede Begegnung.
Öffne unsere Sinne für deine Nähe, Gott*Ewige.

Wir singen und gehen
Lied: *Gib uns Ohren, die hören* (LH 1, 25)

Eingangsgebet

Singt und spielt dem Herrn in eurem Herzen. (Epheser 5,19)

Kehrvers mit Bewegung:

Singt und spielt dem Herrn in eurem Herzen.	*Hände nach oben öffnen.*
Ich bin da.	*Hände vor der Brust kreuzen.*

Wenn ich summe, singe und klinge,
höre ich das.
Singt und spielt dem Herrn in eurem Herzen.
Ich bin da.

Wenn ich hüpfe, laufe und klettere,
spüre ich das.
Singt und spielt dem Herrn in eurem Herzen.
Ich bin da.

Wenn ich male, knete und baue,
sehe ich das.
Singt und spielt dem Herrn in eurem Herzen.
Ich bin da.

Und du bist da.
Und Gott ist da.
Singt und spielt dem Herrn in eurem Herzen.

Danke, Gott,
dass wir gemeinsam
singen, spielen und die Welt entdecken,
dass wir spielen vor dir,
Gott.
Amen.

Psalmgebet nach Psalm 104 mit Bewegungen

Liturg:in ist für alle gut zu sehen und zu hören.

Wir sprechen gemeinsam die Worte.
Ich spreche sie vor und ihr sprecht sie im Chor noch einmal.
Und wer mag, macht die Bewegungen mit.

Herr, wie sind deine Werke so groß und so viel
und die Erde ist voll deiner Güter.
Du gibst Essen zur richtigen Zeit.
Du öffnest deine Hand, und alle werden satt.

Wir stehen mit beiden Füßen auf der Erde. Gott, du gibst uns Halt.	*Füße aufstellen.*
Wir stehen in deinem Licht. Gott, du wärmst uns mit deiner Liebe.	*Arme nach oben strecken.*
Wir stehen unter deinem Himmel. Gott, du breitest ihn aus wie ein Zelt.	*Hände formen Zelt über dem Kopf.*
Wir säen und ernten. Gott, du lässt alles wachsen.	*Handbewegungen.*
Wir essen und schmecken. Gott, du sorgst für uns.	*Hand über Bauch reiben.*
Wir atmen und riechen. Gott, du öffnest unsere Sinne.	*Atmen und riechen.*
Danke, Gott* Ewige, du wendest dich uns zu und hilfst uns.	*Hände aufs Herz legen.*

Herr, wie sind deine Werke so groß und so viel,
und die Erde ist voll deiner Güter.
Du gibst Essen zur richtigen Zeit.
Du öffnest deine Hand, und alle werden satt.

Lobe den Herrn meine Seele.
Halleluja.

Nach Psalm 121

Alle lernen den Kehrvers und sprechen ihn im Chor.
Die Zwischentexe können auf mehrere Stimmen verteilt werden.

Kehrvers:
Ich schaue auf zu dir, Herr.

Woher kommt mir Hilfe?
Hilfe, kommt von dir, Herr!

Ich schaue auf zu dir, Herr.

Du hast Himmel und Erde gemacht.
Du lässt mich nicht straucheln.
Du wachst über mir.
Du bist mein Schutz, bei Tag und bei Nacht.

Ich schaue auf zu dir, Herr.

Du behütest mich vor allem Bösen
und wachst über mein Leben.

Ich schaue auf zu dir, Herr.

Du behütest mein Gehen und Kommen
heute und in alle Zeit.

Ich schaue auf zu dir, Herr.

Worte finden – Zeichen setzen
Gebet mit Steinen und einer Blume

In der Mitte steht eine Glasvase gefüllt mit Wasser.
Jede Person bekommt einen Stein.

L   *Aus der Tiefe rufe ich, Herr, zu dir. Psalm 130,1*

L   Wir singen und beten:
Alle   Aus der Tiefe rufe ich zu dir:
        Herr, höre meine Klagen.
        Aus der Tiefe rufe ich zu dir:
        Herr, höre meine Fragen.
        (LH 1, 84/fT 38)

L   Wir sind still und beten.
        Jede und jeder für sich.
        Mit jedem Stein werfen wir

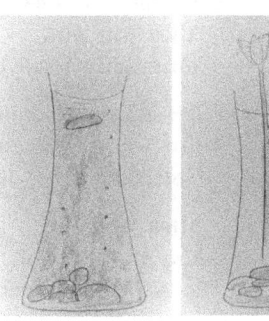

unsere Sorgen, Klagen und Fragen
in die Tiefe.

Steine werde einzeln, nacheinander in der Stille ins Wasser fallen gelassen.
Stein, Klagen und Fragen sinken auf den Boden des Wassers.
Je nach Anzahl der Beter:innen kann in die Stille gesungen werden:

Alle   Aus der Tiefe rufe ich zu dir: Herr, höre meine Klagen.

Wenn alle Steine am Grund des Wassers liegen:

L   Unsere Sorgen, Klagen und Fragen wiegen schwer.
Sie liegen am Grund. Unbeweglich.
Es braucht viel Energie, damit sich die Steine bewegen.
Das Wasser, die Steine und die Bewegung
schleifen manche Kante glatt und rund.
Das Schwere ist nicht weg. Es wandelt sich.

Es braucht eine andere Energie, die in Bewegung bringt.

L stellt eine einzige blühende Blume ins Wasser.

L   Aus der Tiefe rufe ich zu dir.
Herr, du hörst meine Klagen.

Alle   *singen zur Melodie*
Aus der Tiefe rufe ich zu dir:
Herr, du hörst meine Klagen.

Summen

L   Amen.

Schöpfungspsalm
....

Kehrvers mit Bewegung alle gemeinsam:

| Alles, was lebt, | *Arme bilden einen Kreis,* |
| kommt, Gott, von dir. | *Hände nach oben führen.* |

Ich spüre die Sonne.
Ihre warmen Strahlen kitzeln meine Nase.
Gott, du machst das Licht.

| Alles, was lebt, | *Arme bilden einen Kreis,* |
| kommt, Gott, von dir. | *Hände nach oben führen.* |

Ich sehe die Farben.

Meine Augen freuen sich am leuchtenden Grün.
Gott, du machst die Pflanzen.

Alles, was lebt, *Arme bilden einen Kreis,*
kommt, Gott, von dir. *Hände nach oben führen.*

Ich rieche den Duft der Blüten.
Mit jeder Blüte kommen die Farben ins Leben.
Gott, du machst den Duft und die Farben.

Alles, was lebt, *Arme bilden einen Kreis,*
kommt, Gott, von dir. *Hände nach oben führen.*

Ich atme die Luft.
Frischer Atem bewegt meinen Körper.
Gott des Lebens,
mit jedem Atemzug bist du in mir.

Alles, was lebt, *Arme bilden einen Kreis,*
kommt, Gott, von dir. *Hände nach oben führen.*

Lauschgebet in der Schöpfung

L Wir werden still und beten.

Alle HERR, *Arme öffnen und*
 nach oben richten.
 ich traue auf dich. *Hände vor der Brust kreuzen.*
 Neige deine Ohren zu mir *Hände hinter die*
 Ohren halten.
 und hilf mir. *Hände wie eine Schale halten*
 und empfangen.

Psalm 71,1a.2b

L Wir sind still und hören.

Alle HERR,
 ich traue auf dich. ...

L Wir sind still und lauschen.
 Lauschen auf die Welt um uns herum.

Alle HERR,
 ich traue auf dich. ...

L Wir sind still und lauschen
 auf den Klang deiner Schöpfung.

Alle	HERR,	
	ich traue auf dich. ...	
L	Wir sind still und stehen mit beiden Füßen mitten in der Schöpfung – mitten im Licht Gottes. Ich bin da und du bist da.	
Alle	HERR, ich traue auf dich. ...	
L	Wir sind still und spüren.	

Alle	HERR,	*Arme öffnen und nach oben richten.*
	ich traue auf dich.	*Hände vor der Brust kreuzen.*
	Neige deine Ohren zu mir	*Hände hinter die Ohren halten.*
	und hilf mir.	*Hände wie eine Schale halten und empfangen.*
	Amen.	*Hände an die Brust legen und einen Moment verweilen.*

Gebetsweg – »Vater-unser-im-Himmel-Spirale«

Jedes Wort des Vaterunsers wird einzeln auf eine Karte geschrieben. Die Karten werden wie eine Spirale auf die Erde gelegt. Zwischen den Worten muss genügend Platz zum Gehen und Innehalten bleiben. Das Wort »Amen« bildet den Mittelpunkt.

Schritt für Schritt und Wort für Wort wird das »Vaterunser« unter freiem Himmel gesprochen. Nach dem »Amen« wird ein Klangzeichen von der betenden Person angeschlagen. Der oder die nächste Beter:in kann sich bereit machen.

Im Anschluss ist Zeit, den inneren Bewegungen nachzugehen.

Welche Worte drängen sich heute besonders auf?

Hast du laut oder leise gebetet?

Unter freiem Himmel. An frischer Luft. Beten und Atmen gehören zusammen.

Ein Gebetsweg. Ein Weg-Gebet. Ein Lebens-Gebet.

Verändert sich die Beziehung zu Gott?

B Rituale in der Natur

In der Natur sind wir tief verbunden mit dem Leben, werden wir herausgefordert, begeistert und beruhigt. Kindheitserfahrungen in der Natur sind ein unermesslicher Schatz für unsere persönliche Entwicklung. Naturerfahrungen aus erster Hand sind für Kinder heute nicht unbedingt selbstverständlich und seltener als noch in der Elterngeneration.

Die Natur stärkt und gibt Kraft, weil die innere Natur des Menschen auf die äußere Natur trifft.

Die äußere Erfahrung wirkt und wird zu einer bedeutsamen inneren Erfahrung. In der Natur entdecken wir Ordnungen, Harmonie, Unordnung, Chaos; Neues wächst, Altes vergeht. Wir sind in Kontakt mit Lebendigem und mit uns selbst.

In unterschiedlichen Stimmungen nehmen wir unterschiedliche Naturräume besonders wahr: weite Wege, schmale Pfade, hohe Bäume, reißendes Wasser, Felder und Hügel. Der Blick fällt auf Wurzeln, Rinde, Totes, Zerbrochenes, Kantiges oder Weiches. Hier kommt es zu den elementaren Entdeckungen, wie Neues wächst und Altes vergeht.

In der Schöpfung fühlen sich viele Menschen Gott nah und sind verbunden mit dem Schöpfer.

Menschen der Bibel begegnen Gott an Orten in der Natur. Berge und Wüsten sind Offenbarungsorte für Jakob, Hagar, Mose und Elia. Jesu öffentliches Wirken beginnt nach einer Zeit in der Wüste und endet auf einem Berg.

Wir nutzen die Natur und nehmen uns Zeit, um Gottes Schöpfung zu erfahren.

Ein Ritual für alle Tage

Einführung

In der Natur entdecken wir Ordnungen und Unordnungen. Gottes schöpferisches Handeln, wie zu Beginn der Geschichte Gottes mit den Menschen erzählt wird, ist ein Ordnen. Aus dem Tohuwabohu (hebräisch), aus dem Chaos wird Kosmos.

Die Natur kann ein Ventil sein. Die Schöpfung kann einen Freiraum für Gefühle und Handlungen öffnen. Hier kann ich mich spüren, laut sein, albern sein, mich bewegen, meine Gefühle ausdrücken, mich treiben lassen, in ein Spiel finden, mich herausfordern und neue Erlebnisse sammeln.

Dieses Ritual gestaltet eine Unterbrechung und ermöglicht Raum für Veränderung.

Material: ein Seil 1–2 m pro Person, Zimbeln oder ein anderes Klanginstrument

Wir kommen im Kreis zusammen. *Seile liegen in der Mitte.*

Klang zu Beginn mit Zimbeln.

Gebet
....
Guter Gott!
Wir sind hier vor dir mit unseren Gedanken und Gefühlen.
Du kennst uns. Du weißt, wie es jedem von uns geht.
Wir brauchen uns nicht verstecken.
Wir bitten dich:
Hilf uns, unsere innere Ordnung zu finden.
Dein Heiliger Geist sei mit uns.
Amen

Jeder nimmt ein Seil.
Suche dir einen Ort, der dich heute, in diesem Moment berührt.
Wir gehen los.
Nimm ein Seil und lege einen Rahmen an diesem Ort.
Wir beginnen und gestalten an dem Ort, mit dem, was gerade da ist: Blätter, Steinchen, Stöckchen, Moos, Schneckenhäuser, Baumrinde, ...

Wenn du den Klang hörst, kommen wir wieder zusammen.
– Klang –

Wir kommen zusammen.

Das Bild in deinem Rahmen kann zu einem Symbol werden.
Nimm dir Zeit, das Bild zu verändern, so wie du es spürst.
Du kannst etwas wegnehmen, etwas ordnen oder etwas dazutun.
Du kannst es berühren, variieren und spielen.
Lege Hand an und setze ein Zeichen.
Gestalte DEIN Bild.

Wenn du den Klang hörst, kommen wir wieder zusammen.
– *Klang* –

Wir gehen von Rahmen zu Rahmen und schauen.
Wer mag, beschreibt das Bild:

Ich sehe ...
Mir fällt etwas auf ...
Mich berührt ...
Der Gestaltende hört zu, ohne einen Kommentar zum Gehörten zu sagen.
Wir danken für dein Bild.
– *Klang* –

Wir gehen zum nächsten Bild ...
Wer mag, beschreibt das Bild:
Ich sehe ...
Mir fällt etwas auf ...
Mich berührt ...

Der Gestaltende hört zu, ohne einen Kommentar zum Gehörten zu sagen.
Wir danken für dein Bild.
– *Klang* –

Wir gehen zum nächsten Bild ...

Ich danke allen für eure Bilder, für die persönliche Gestaltung.
Ihr kennt eure Bilder. Ihr wisst, was sich gewandelt hat.
Ihr wisst, was entstanden ist.
Ihr kennt eure innere Unordnung und die neue Ordnung.
Was spürst du? Wie fühlt sich Veränderung an?

Wir trennen uns von unseren Bildern für heute.
Wir verlassen den Ort, lassen es wirken und kommen wieder.
Jeder geht zu seinem Bild zurück und speichert das Bild in seinem Herzen.
Überlegt euch einen Titel für das Bild.
Nehmt das Seil hoch und kommt mit dem Seil in den Kreis zurück.

Wir kommen und legen die einzelnen Seile vor uns zu einem Kreis.
Die Seilenden werden miteinander verknotet.

Wunderbar sind deine Werke, HERR, das erkennt meine Seele!
Psalm 139,14

Wunderbar sind eure Werke. Ich danke für euer Tun und euer Zuhören.

In diesen Kreis legen wir in der Stille unsere Erfahrungen vor Gott.
- *Klang – führt in die Stille*
- *Klang – führt aus der Stille*

Alles, was euch bewegt, ist gut aufgehoben bei Gott.

Wer mag, teilt den Titel des Bildes mit uns.

Gebet

Guter Gott!
Wir sind hier vor dir mit unseren Gedanken und Gefühlen.
Du kennst uns. Du weißt, wie es jedem von uns geht.
Wir brauchen uns nicht zu verstecken.
Wir danken dir für die Bilder und Worte,
für Veränderungen und Wandel.
Wunderbar sind deine Werke, HERR, das erkennt meine Seele!
Bleibe bei uns mit deinem ordnenden, heiligen Geist.
Amen.

Wir nehmen das Seil auf und halten es in den Händen.
Wir sind im Kreis verbunden und verbunden mit Gott.
Wir singen jedem Einzelnen den Segen Gottes zu:

Segenslied zur Melodie von Kumbaya, my Lord:

Und Gott segne dich, Tho-mas. Und Gotte segne dich, Ma-ria.
Und Gott segne dich, Ni-els, nimm den Segen mit nach Haus.

Das Lied wird solange wiederholt, bis alle Namen gesungen wurden. Geht die Zahl nicht auf, kann kreativ ergänzt werden: uns al-le, unsere Fa-milie, ...

Am Ende der Erfahrung kann das Wort des Psalms als Zusage stehen.

Zusage

Wir sprechen dir – *Namen einfügen* – zu:
So, wie du bist: Mit deinen Launen, Fragen, Albernheiten, deiner Wut und Ungewissheiten bist du wunderbar gemacht.

Dank

Jede:r spricht laut oder leise den Vers:
Ich danke dir dafür, dass ich wunderbar gemacht bin;
wunderbar sind deine Werke, HERR,
das erkennt meine Seele!
Psalm 139,14

– Klang –

Wir wiederholen dieses Ritual zu einer bestimmten Zeit jeden Tag oder einmal in der Woche.
Wir gehen wieder hin, schauen, legen eine neue Ordnung, lassen es wirken und nehmen die Veränderung wahr.

Trauerritual in der Natur

Gefühle von Trauer und Schmerzen können vielfältige Auslöser haben. Trennungen, Abschiede, Tod, Versagen, Ängste, Krankheiten, Streit, Ungewissheiten, ...
Material: Zimbeln oder ein anderes Klanginstrument

Wir finden einen Ort für deine Trauer und Schmerzen.
Wir gehen in die Natur.

Wir finden eine Spur von Totem und Zerbrochenem.
Wir finden ein Stück in der Natur, was für mich Totes ausdrückt.
Wenn du den Klang hörst, kommen wir wieder zusammen.
– Klang –

Wir nehmen unsere Fundstücke und gestalten jede:r einen Ort des Gedenkens.
Wir gestalten unseren Raum mit dem Fundstück zu einem Denk-Ort.
Wir legen das tote Naturstück an den Denk-Ort.
– Klang –

Wir denken an einen traurigen, schmerzhaften Moment.
– Klang –

Wir erinnern schöne, leichte und unbeschwerte Momente.
Wir finden ein Hoffnungszeichen.
Was kommt mir dazu in den Sinn?
– *Klang* –

Ich lege etwas von meiner Trauer, von meinen Schmerzen zu meinem Denk-Ort.
Ich lege ein Hoffnungszeichen zu meinem Denk-Ort.
Ich lege etwas von mir zu meinem Denk-Ort.
Das kann ein weiteres Naturstück sein oder etwas aus der Hosentasche.
Das kann ein Gedanke sein.
– *Klang* –

In der Bibel wird von einer Frau erzählt. Hagar.
Hagar kann nicht mehr. In ihrem Schmerz läuft sie davon – in die Wüste.
Ein Engel findet sie und gibt ihr neue Kraft.
Aus dieser Erfahrung findet sie einen Namen für Gott: El-Roy.
Das bedeutet: Gott sieht mich.
Sie kann gestärkt nach Hause gehen.
1. Mose 16,13

Du bist ein Gott, der mich sieht.
Schaust mich an. Gott, der mich sieht.

Wir beten.
Wir stehen vor unseren Denk-Orten und erinnern.
Wir stehen mit unserer Trauer oder unseren Schmerzen vor dir, Gott.
Wir bringen unsere Gedanken in der Stille vor dich.
– *Stille* –
Gott, du siehst unsere Traurigkeit.
Tröste uns.
Schenke uns Kraft durch deinen Heiligen Geist.
Amen.

Die Trauer, der Schmerz und die Hoffnung sind verortet.
Besuche diesen Ort immer wieder und wieder, und er wird dir Kraft schenken.
Das Grab auf dem Friedhof kann auch so ein Ort sein. Dort bin ich in der Stille verbunden und kann etwas von mir dazulegen.

Gott sieht meine Tränen und kennt meinen Schmerz und meine Hoffnung.

Und du kannst singen:
Du bist ein Gott, der mich sieht.
Schaust mich an. Gott, der mich sieht.

C Spaziergänge

Zur Abenddämmerung

Wenn am Abend die Sonne sinkt, wird es kühler, die Luft wird feuchter, das Licht verändert sich, und mit ihm wandeln sich die Farben von Himmel, Blüten, Wiesen und Feldern.

Manche Naturerfahrungen lassen sich nur abends erleben: Wind, der aromatische Duftstoffe weiterträgt, oder manche Tiere, die erst dann aktiv werden. Der Tag wird leiser. Die Arbeit ruht, und es ist weniger Verkehr. Frische Luft und Bewegung sind ein Katalysator für biochemische Prozesse im Körper, die guttun. Durch die Bewegung kommt es zu einer besseren Durchblutung, der Stoffwechsel wird angeregt, Muskeln sind aktiv, und Körperzellen befreien sich von Schadstoffen. Spazierengehen sorgt für Stressabbau, gute Blutzuckerwerte, stärkt die Muskulatur und das Herz-Kreislauf-System. Spazierengehen kann eine Kraft entfalten und gegen depressive Stimmungen, Schlafstörungen und präventiv gegen manche Krankheit helfen.

Ein abendlicher Spaziergang kann helfen, den schnellen Alltag hinter sich zu lassen: Ich komme ins Gehen. Ich verlangsame meinen Schritt. Mein innerer Rhythmus verändert sich. Ich komme zur Ruhe. Ich öffne meine Sinne und kann mich neu verbinden mit mir selbst und mit Gott.

Ein Abendspaziergang auch bei Sturm, Regen oder Schnee kann zu einer persönlichen Gebetszeit werden. Damit ein Abendspaziergang zum Ritual wird, braucht es den gleichen Weg, den gleichen Ablauf, und freiwillig gehen einige aus der Familie diesen Weg mit. Es ist ein Wechsel von Gehen, Spüren, Innehalten und Singen.

Material für den Weg: Steine, Postkarten.

Spaziergang: Auf dem Weg des Friedens

L   Am Ende des Tages *gehen, schlendern, wandeln* wir unseren Weg.
Eine Bitte aus der Bibel begleitet uns jetzt am Abend.
Wir sprechen oder singen gemeinsam:

Richte unsre Füße auf den Weg des Friedens. (Lukas 1,79)

Wir gehen eine Weile.

Impulse zum Nachspüren und Gehen

Liturg:in wählt Impulse und Momente aus. Die Gedanken bleiben in der Stille.

Wie geht es sich heute?
Auf welches Tempo stellen wir uns ein?
Gibt es Dinge oder Ereignisse vom Tag, die mich bewegen?
Bewegt sich etwas in meinem Denken, in meinem Alltag?
Was kann ich tun, um meinen Frieden zu finden?

Zeichen setzen.

Das, was den inneren Frieden stört, benennen und mit einem Stein ablegen.
Was kann ich tun, um Frieden zu stiften?
Zeichen setzen.
Möchte ich jemandem etwas Gutes sagen?
»Schön, dass es dich gibt!« »Ich denke an dich!« »Ich freue mich!« »Danke!«
Möchte ich jemanden um Verzeihung bitten?
»Es tut mir leid …«

Jeder kann sich Postkarten für den Abend mit nach Hause nehmen, diesem Impuls folgen und Postkarten schreiben.

Im Frieden Gottes weitergehen

Wir sprechen oder singen gemeinsam:
Richte unsre Füße auf den Weg des Friedens.

L   Geht in den Abend und
    in die Nacht mit dem Friedensgruß.
    Sprecht euch zu:
    Der Friede Gottes sei mit dir.
    Amen.

Postkarten verteilen.

Liedruf: *Richte unsre Füße auf den Weg des Friedens*

Richte unsre Füße auf den Weg des Friedens

T + M Susanne Paetzold

Rich - te uns - re Fü - ße auf - den

Weg des Frie - dens,

rich - te uns - re Fü - ße auf ___ den

Weg des Frie - dens!

Abendspaziergang mit den Emmausjüngern

Material für unterwegs: Laterne, Paketschnur, Schere
Zu Hause: frisches Brot auf dem Tisch
Vorbereitung: Texte lesen und verteilen

L Beim Spazierengehen begegnen wir den Erlebnissen der Emmausjünger.
Wir sind auf dem Weg wie sie. Wir sind auf dem Weg mit dem, was zerbrochen ist, mit dem, was uns traurig macht, und mit dem, was uns fragen lässt.
An drei Orten auf dem Weg halten wir inne. Die letzte Station ist zu Hause an einem Tisch.
Christus begleitet uns auf unserem Weg. Als Zeichen führen wir eine Kerze in einer Laterne mit uns. Wir sind still heute Abend.

Kerze anzünden

Kerzenwort
Jesus spricht: Ich bin das Licht der Welt. Wer mir nachfolgt, der wird nicht wandeln in der Finsternis, sondern wird das Licht des Lebens haben. (Johannes 8,12)
Alle   Amen.

Lesung

Und siehe, zwei von ihnen gingen an demselben Tage in ein Dorf, das war von Jerusalem etwa 60 Stadien entfernt; dessen Name ist Emmaus. Und sie redeten miteinander von allen diesen Geschichten. (Lukas 24,13.14)

Erzählung

Erinnerungen auf dem Weg
Alles auf dem Weg nach Emmaus erinnerte die Jünger an die letzten Tage und den Tod von Jesus in Jerusalem.
Äste warfen Schatten auf den Weg. In den Schatten bildete sich ein Kreuz.
Dornen am Wegesrand. Sie erinnerten an die Dornenkrone, die Jesus auf seinem letzten Weg getragen hatte.

Steine am Wegesrand erinnerten an das Grab und den großen Stein, der die Grabhöhle verschloss. Sie unterhielten sich über alles, was sie in den letzten Tagen erlebt hatten.

Eigene Fragen
Gibt es Dinge oder Ereignisse, die sich wie ein Schatten über meinen Alltag legen?
Gibt es dornige, schmerzhafte Momente an diesem Tag?
Gibt es Dinge oder Momente, die dir schwer sind, wie Steine, die verschließen, die unbeweglich oder hart sind?
Wir nehmen die Fragen schweigend mit auf den Weg.

Gehen

Innehalten

Wir nehmen Stöcke und legen zwei zu einem Kreuz übereinander.
Mit einer Schnur binden wir die Stöcke zusammen.
Kreuze erinnern schwere Momente im Leben.
Kreuze erzählen von Hoffnung.
Wo möchtest du dein Kreuz aufstellen?
Wir stellen unsere Kreuze auf.
In einem stillen Gebet legen wir unsere Hoffnungen und alles Schwere Gott hin.

Gehen

Innehalten

Manchmal tut es gut, unterwegs zu sein.
Die Jünger erinnern sich.
Welche Erinnerungen hast du?
Erinnerungen an Menschen, die dich weitergebracht haben?
Erinnerungen an Momente, die dich berührt haben?
Erinnerungen an Momente, die dich traurig machen?
Wer mag, erzählt von seinem Weg.

Lesung

Und es geschah, als sie so redeten und einander fragten, da nahte sich Jesus selbst und ging mit ihnen. Aber ihre Augen wurden gehalten, dass sie ihn nicht erkannten. (Lukas 24,15.16)

Erzählung

Fast unbemerkt ist da jemand an deiner Seite. Er findet deinen Schritt und geht mit.
Er geht mit und hört zu. Nimmt Anteil und fragt. Er fragt nach und eröffnet eine neue Perspektive.
Stell dir vor, Jesus kommt zu uns. Er ist an unserer Seite, findet unseren Schritt und geht mit – unseren Weg.

Gehen

Lesung

Und sie nötigten ihn und sprachen: Bleibe bei uns; denn es will Abend werden, und der Tag hat sich geneigt. Und er ging hinein, bei ihnen zu bleiben. (Lukas 24,29)

Lied | *Herr, bleibe bei uns* (EG 483 im Kanon)

Zurückkehren

Wir kehren heim. Wir stellen unsere Laterne zum Brot auf den Tisch.
Wir sitzen am Tisch, wie die Jünger in Emmaus.
Es gibt frisches Brot.

Lesung

Und es geschah, als er mit ihnen zu Tisch saß, nahm er das Brot, dankte, brach's und gab's ihnen. Da wurden ihre Augen geöffnet, und sie erkannten ihn. Und er verschwand vor ihnen. Und sie sprachen untereinander: Brannte nicht unser Herz in uns, da er mit uns redete auf dem Wege und uns die Schrift öffnete? (Lukas 24,30–32)

Wir brechen das Brot

Wir nehmen das Brot und brechen es. Wir nehmen das Brot und teilen es.
Brot des Lebens. Wir schmecken das Brot des Lebens.
Wir lassen uns stärken von Gottes Wort und dem Brot des Lebens.
Wir gehen in eine neue Zukunft.

Dank

Wir sind unterwegs zu dir, Gott, in eine neue Zukunft.
Danke für die Wege, die du mit uns gehst. Fast unbemerkt.
Danke für die Kreuze, die du mit uns trägst.
Danke für die Fragen, die du an uns stellst.
Danke für das Brot, dass du uns gibst.
Wir sind unterwegs zu dir, Gott, in eine neue Zukunft.

Abendlied | *Der Mond ist aufgegangen* (EG 482, Str. 1+7)

Segen

Der HERR segne dich und behüte dich!
Der HERR lasse leuchten sein Angesicht auf dich und sei dir gnädig!
Der HERR erhebe sein Angesicht auf dich und gebe dir Frieden!
Amen.

#GehAusMeinHerz – Naturentdeckungen auf einer Wanderung mit Paul Gerhardt (EG 503)

Erfahrungen in der Natur sind ein unermesslicher Schatz für unsere persönliche Entwicklung.
In der Natur sind wir verbunden mit dem Leben, werden wir herausgefordert, begeistert und beruhigt. Die Natur öffnet Erfahrungsräume mit der Schöpfung, mit mir selbst, mit den anderen und mit Gott. Sie stärkt und gibt Kraft.
Bewegung tut gut, und Singen stärkt doppelt!
Auf dreifache Weise tut das Lied der Seele gut.
Paul Gerhardt hat das auf wunderbare Weise verbunden und im Sommerlied in Worte gefasst.
Im flotten Tempo gesungen wird *Geh aus mein Herz und suche Freud* zu einem Wanderlied.
Wie wäre es: im Rhythmus und Tempo des Liedes Schritt für Schritt gehen und singen.
Es lässt sich wandern – und das ganz schön zügig.
Wandert eure Wege und entdeckt auf diese Weise das Lied und Gottes Schöpfung.

Braucht ihr einen Wanderstock?
Braucht ihr einen Taktstock?
Sucht zwei Hölzer mit einem schönen Klang ...

Was spürst du?
Wie klingt es?
Wie lässt es sich wandern?
Beim Wandern braucht es Zeit für Pausen zum Ausruhen und Zeit zum Entdecken.
Paul Gerhardt fordert uns heraus:
»Schau an ...«

Natur-Memory

Sammelt vor Ort ca. zehn Dinge aus der Natur: Steine, Blätter, Früchte, Äste, Moos u.a.
Die Gegenstände werden auf einem hellen Tuch platziert und
mit einem zweiten Tuch verdeckt. Die Familie versammelt sich.
Das Tuch wird kurz aufgedeckt.

In dieser Zeit gilt es, die Dinge zu erkennen und sich zu merken.
Schau an!
Nun gehört auch beim Natur-Memory zu jedem Bild ein Gegenstück.
Alle schwärmen aus und suchen Gegenstücke zu den gesehenen Naturobjekten.
Sind alle wieder zurück am Tuch, werden zunächst die Fundstücke angeschaut und entdeckt.
Im zweiten Schritt wird das Tuch gelüftet und die Dinge unter dem Tuch mit den Fundstücken verglichen. Gemeinsam werden Gegenstücke zugeordnet und bestimmt. Fehlt noch etwas?
Gemeinsam ausschwärmen und weitersuchen.
»Die Bäume stehen voller Laub ...«
Mit Spiegeln die Perspektive wechseln und Baumkronen in den Blick nehmen und neu entdecken.

 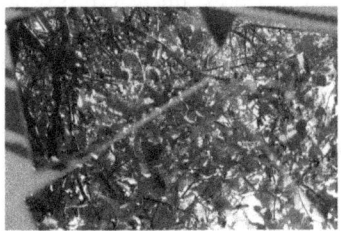

Auf den ersten Blick. Zeit für einen zweiten Blick:
Einzelne Blätter werden in einen aufklappbaren Diarahmen gesteckt. Gegen das Licht gehalten, lassen sich Struktur und Farben neu entdecken.
Auf diese Weise lassen sich auch Blütenblätter betrachten.

Am Ende der Wanderung teilen wir unsere Eindrücke.
Wie lässt es sich wandern mit einem Lied?
Was hast du gespürt?
Was hat dich besonders berührt?
Gibt es neue Entdeckungen?

Am Ende der Wanderung halten wir inne und staunen.
Staunen mit Paul Gerhardt über Gottes Schöpfungsgaben.
Wir stimmen ein, in die Worte, die Menschen seit alten Zeiten beten.
Es sind Worte aus Psalm 104:
Lobe den HERRN,

meine Seele!
HERR, wie sind deine Werke so groß und viel!
Du hast sie alle weise geordnet,
und die Erde ist voll
deiner Güter.
Lobe den HERRN, meine Seele! Halleluja!
Psalm 104, 24.35

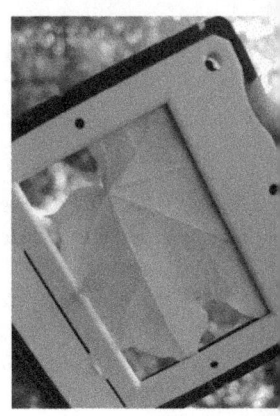

Dem Klang der Schöpfung nachspüren – ein Lausch- und Klangspaziergang

Auf diesem Spaziergang nehmen wir uns Zeit, werden langsam, achtsam und lassen uns berühren vom Klang der Schöpfung, der uns ins Klingen bringt.
Ich suche einen Ort, an dem ich Schöpfung erleben kann. Ich gehe mit offenen Ohren durch Gottes Schöpfung und bin ein Teil in ihr.
Der Weg sollte vorher ausgewählt werden, damit der Spaziergang im zeitlichen Rahmen bleibt und nicht an Konzentration verliert.
Der Spaziergang endet an einem guten Ort oder in einer Kirche.
Gehen und Lauschen

Wir kommen im Kreis zusammen, werden still und beten.
Gott, begleite uns auf unserem Weg. Amen

Umwelt wahrnehmen

Wir gehen langsam.
Lauschen auf unsere Schritte.
Lauschen auf die Welt um uns herum.
Wir bleiben stehen und hören.
Was habe ich gesehen?
Was habe ich gehört?
Was habe ich gespürt?

Wir beten.
Gott, öffne unsere Ohren für die Welt. Amen

Natur wahrnehmen

Wir gehen langsam weiter.
    Wir bleiben stehen und hören.
Was habe ich gesehen?
Was habe ich gehört?
Was habe ich gespürt?

Wir beten.
Gott, öffne unsere Ohren für den Klang deiner Schöpfung. Amen

Wir gehen langsam weiter.
    Wir bleiben stehen und hören.
Wir lauschen auf den Klang deiner Schöpfung.

Wir achten auf die Geräusche von Wind, Wasser, Tieren und Pflanzen.
Was habe ich gehört?
Was habe ich gespürt?

Wir beten.
Gott, öffne uns für deine Schöpfung. Amen

Mit der Natur klingen

Wir gehen weiter und sammeln:
Grashalme, auf denen man pfeifen kann.
Stöcke, die klingen.
Samenkapseln, die rasseln.
Steine, mit denen man klopfen kann.

Wir bleiben stehen und hören.
Wir probieren Töne mit den Naturmaterialien.
Eine:r nach der anderen hört und gibt seinen Klang in die Schöpfung.

Wir beten.
Gott, stärke uns durch deine Schöpfung. Amen

Mit der Natur verbinden

Wir gehen weiter und suchen einen guten Ort.
Wir bleiben stehen, bilden einen Kreis und werden still.
Wir sind geschaffen. Wir sind Geschöpfe Gottes mit ganz eigenem Klang.
Wir atmen ein.
Wir atmen aus. ...
Wir summen. Jede:r summt einen eigenen Ton.
Wir summen und finden einen gemeinsamen Ton.
Wir stimmen ein mit den Naturmaterialien.
Wir loben Gott mit summen und klingen.

Wir beten.
Gott, Schöpfer des Lebens, lass uns deine Freundlichkeit spüren.
Wir loben dich. Amen

Segenslied | *Möge Gottes Angesicht auf dir verweilen* (fT 199)

walk & pray

Mit biblischen Texten *gehen und beten*. Ein Format für Jugendliche und Erwachsene auf dem Weg.

Gehen und Hören. Gehen und Nachsinnen. Gehen und Gestalten. Mit-Gehen und im Gespräch teilen. Die Natur regt an. Etwas Handfestes aus der Natur lässt Schöpfung anfassen und daraus etwas gestalten. Biblische Texte bekommen einen weiten Resonanzraum. Es entsteht ein neuer Handlungsraum. Und Gebet. Es beinhaltet vier Bausteine, die je nach biblischem Text variieren können: Biblischer Text – Gehen in der Natur – Etwas Handfestes – Gebet. Hier sind vier Beispiele genannt.

Mit den Weisen auf dem Weg (Matthäus 2 i. A.)

Für diesen Gebetsweg braucht es Vorbereitungen. An einer Stelle werden folgende Worte mit Straßenmalkreide auf den Weg geschrieben: Aufbruchstimmung, Sehnsuchtsreise, Hoffnungen. An der Krippe liegen Stroh, Gold, Weihrauch und Rauchgefäß, Myrrhe-Harz-Stückchen und Salböl, Spiegelfliese, Kreidestift.

»Wir haben seinen Stern im Osten gesehen und sind gekommen, um ihn anzubeten.«
Matthäus 2,2b

    Wir warten auf Frieden.
    Nächtliche Vorzeichen stehen am Himmel.
    Siehst du Botschaften und Zeichen auf deinem Weg?

»Derselbe Stern, den sie im Osten gesehen hatten, ging vor ihnen her. Dann blieb er stehen.
Als sie den Stern sahen, waren sie außer sich vor Freude.«
Matthäus 2,9b.10

    Worte stehen mit Straßenmalkreide auf dem Weg:
    Aufbruchstimmung.
    Sehnsuchtsreise.
    Hoffnungen.
    Kommt ins Gespräch: Wo kommst du her? Hast du auch den Stern gesehen?

Vor der Kirche
»Sie gingen in das Haus und sahen das Kind mit Maria. Dann holten sie ihre Schätze hervor und gaben ihre Geschenke.« Mt 2,11

An der Krippe
Etwas Handfestes liegt bereit:
Stroh, Steine vergolden, Weihrauch anzünden, Myrrhe-Harz-Stückchen und Salböl

Gold funkelt für den König.
　Gibt es goldene Lebensmomente?
Weihrauch duftet dem Gott.
　Dein Gebet steigt auf zu Gott*Ewige.
Myrrhe duftet dem Sterbenden.
　Die Hand, die mich hält und streichelt.

»Und dies ist das Zeichen, an dem ihr das alles erkennt: Ihr werdet ein neugeborenes Kind finden. Es ist in Windeln gewickelt und liegt in einer Futterkrippe.« Lukas 2,12
In einem Strohhaufen liegt eine Spiegelfliese. Mit einem Kreidestift wird der Satz aufgetragen: »Ich steh an deiner Krippen hier ...«

Gebet

Gott, ich komme zu dir, so wie ich bin.
Mit meinen Fragen.
Mit meinen Hoffnungen.
Ich steh an deiner Krippe!
Staune.
Bete.
Verwandle mich.

Lied | *Ich steh' an deiner Krippen hier* (EG 37)

Mit Hagar in der Wüste (1. Mose 16,6b–15)

Etwas Handfestes: Lehm/Ton, dazu Holzbrettchen je Teilnehmende:n, Kuchenpappe als Unterlage für Skulptur, Handtuch zum Händetrocknen, Trinkwasser und schöne Gläser.

Auf dem Weg ist ein Brunnen.
Hagar ist auf der Flucht. An einer Wasserstelle macht sie Rast.
Hagar ist schon da. Der Engel findet sie.

Den Bibeltext hören | 1. Mose 16,6b–15

Der Engel findet dich!
Der Engel-Moment.
Eine elementare Frage an das Leben lautet:
Wo kommst du her?
Nimm dir Zeit und spüre auf dem Weg dieser Frage nach.

Der Engel findet dich!
Der Engel-Moment.
Eine andere elementare Frage an das Leben lautet:
Wo willst du hin?
Nimm dir Zeit und spüre auf dem Weg dieser Frage nach.

Gestalten und verweilen am Brunnen

Der Engel findet dich!
Dein Engel-Moment.
... und du kehrst zurück.
Der Moment prägt sich ein.
Etwas geht mit ...
Nimm dir Zeit und finde einen Ausdruck.
Forme mit Lehm oder Ton eine Figur.

Niedergeschlagen, hörend, mit neuer Perspektive oder wieder auf dem Weg.
Lege alle negative Energie in den Ton und mache ihn weich.
Es kostet Kraft. Es ist wie ein Kyrie.

Lege alle befreiende Energie in die Gestaltung.
Forme mit der geschmeidigen Masse eine Figur.
Es wandelt sich. Es ist wie ein Gloria.
Welcher Moment stärkt dich?
Hände im Brunnen waschen.

Rasten am Brunnen

Die Skulpturen auf einer Kuchenpappe als Unterlage auf dem Rand des Brunnens arrangieren.

Wie in einer Ausstellung stehen die Figuren nebeneinander, hintereinander, jede für sich und doch in Beziehung zu den anderen und zu Hagar.
Galeriezeit in Stille.
Wasser in schöne Gläser füllen und trinken.
Anstoßen auf die Ausdrücke.
Anstoßen auf die nächste Etappe.

Vom Ort verabschieden

Der Engel findet dich!
Dein Engel-Moment.
Schenke uns ein Wort von deinem Engel-Moment.

Finde einen Namen für Gott.

Schreibe ihn auf und lege ihn zu einer Skulptur.

Gebet

Du, Gott, siehst mich.
Du, Gott, hörst mich.
Du, Gott, bist mir nah.
Amen.

Lied | *Du, Gott, siehst mich. Du, Gott, hörst mich. Du, Gott, bist mir nah.*

(nach der Melodie von Du, Gott, stützt mich, LH 1, 66 von Dorothea Schönhals-Schlaudt)

»Kommt, folgt mir!« (Markus 1,16–18)

Etwas Handfestes: Strandfunde von Netzen und Tauen regen an über dessen Herkunft, Arbeit und Biographien nachzudenken. Wer hatte dieses Stück Seil in der Hand? Welche Wege und Strömungen liegen hinter ihm? Song: Heinz Rudolf Kunze, Meine eigenen Wege und eine kleine Bluetooth-Box.

Den Bibeltext hören:

»Als Jesus am See Genezareth entlangging, sah er Simon und dessen Bruder Andreas.«
Markus 1,16a

Da geht einer. Du beobachtest. Du zögerst.
Geht es dich an? Wo schaust du hin?
Er sieht dich. Er meint dich. Er ruft dich.
Dem Fremden begegnen.
Der Fremde spricht Worte, die ins Herz gehen.
Dein Blick zurück. Bist du Gott begegnet?

»Sie warfen gerade ihre Netze im See aus.«
Markus 1,16b

Du stehst mit den Füßen im Wasser.
Unbekannte Wege eröffnen sich für dich.
Gehst du volles Risiko?

Entscheidungen stehen an.
Handfestes kannst du betrachten.
Das Netz in deiner Hand löst sich auf. Es gibt viel zu flicken.
Dieser Teil des Netzes findet eine andere Verwendung.

»Jesus sagte zu ihnen: Kommt, folgt mir! Ich mache euch zu Menschenfischern.«
Markus 1,17

Jemand gibt dir einen Wert.
Jemand gibt dem Leben einen Wert.
In diesem Moment in Gottes Nähe gehen. Nachfolge.
Was hindert dich?
Was öffnet sich für dich?

Als hätten sie darauf gewartet.
Worauf wartest du?
Wonach sehnst du dich?

»Sofort ließen sie ihre Netze liegen und folgten ihm.«
Markus 1,18

Sie ließen ihre Netze liegen.
Sicherheiten, Bindungen, Gewohnheiten.
Entscheidungen. Vertrautes ablegen.

Wie haben sie die Netze hinterlassen?
sorgfältig zusammengelegt, hingeschmissen, fallen gelassen, ...

Im Alltag gibt es viele Entscheidungen zu treffen.
Sorgfältig abwägen, anderes einfach fallen lassen oder auch mal etwas hinschmeißen.
Welche Entscheidungen dienen dir in deinem Alltag?
Welche Entscheidungen dienen etwas Größerem?

Manchmal braucht es Impulse, Anstöße oder Begegnungen von außen.
Ganz anders, als du es erwartest.
In der Begegnung erweist sich eine neue Weite.

Wegmusik

»Eigene Wege sind schwer zu beschreiben. Sie entstehen ja erst beim Gehen«, singt Heinz Rudolf Kunze im Refrain des Liedes »Meine eigenen Wege«.
Geht ein Stück mit dem Lied und lasst es wirken.

Verweilt.
Spürt das Wasser. Netze knoten.
Weggemeinschaft finden.
Es gibt nichts zu verlieren.

Gebet

Wir singen und beten gemeinsam:
Da wohnt ein Sehnen tief in uns (fT 25)

Segen des Wassers
Du stehst mit den Füßen im Wasser.
Spüre den Boden unter den Füßen.

Spüre die Bewegungen des Wassers.
Spüre die Kraft des Wassers.
Siehe auf die Oberfläche.
Siehe in die Tiefe.
Blicke in die Weite.
Im Wasser ist Leben.
Über Wasser ist Leben.
Über dir
Himmel.
In allem stehst du.
Gott*Ewige mir dir.
Schöpferin des Wassers,
Quelle des Lebens.
Verbunden mit dem, der dich ruft:
Komm.

Gottes Wort bewege dich!
Jesus Christus erfrische dich.
Heilige Geistkraft belebe dich.
Gottes Segen sei mit dir!

»Sorgt euch nicht« (Matthäus 6,25–28.34)

Etwas Handfestes aus der Natur: ein Vogelnest, Nüsse, Früchte, Buchecker, Kräuter, Rosinen, Holzschalen, Lilie

Den Bibeltext hören:
....
Bergpredigt: Matthäus 6,25–28.34

Viele sitzen da und hören. Hören auf seine Worte und sehen ihre eigenen inneren Bilder.
Jesus als Lehrer mit seinen Jüngern.
In meiner Vorstellung sitzen die Menschen im Schatten eines alten Baumes, Grillen zirpen, es wird kühler, und der Wind kommt vom See zu ihnen herüber. Es ist eine lange Rede. Vom Glücklichsein in der Welt, von Salz und Licht, von Vater und Mutter im Himmel. Blumige Weisheitsliteratur.

Ist das etwas für dich?

Eine lange Rede.
Das Zuhören ist nicht leicht.
Gedanken schweifen ab.
Welche Bilder bleiben hängen?
Welche Bilder sind dir nah?

Vögel am Himmel.
Beobachte die Bewegungen.
Lausche auf ihren Gesang.
Erkunde das Nest. *Vogelnest herumreichen*
Frei und satt.
Unterwegs in der Weite.
Unterwegs im Jetzt.
Wie viel mehr ...

Gott hält eine Speisekammer bereit.
Kleine, nahrhafte Portionen.
Nüsse, Bucheckern, Beeren, Körner.
Ein Buffet einrichten und essen.
Sogar getrocknetes Obst schmeckt ...

Lilien auf dem Feld.
Suche eine schöne Wildpflanze.
Erkunde ihre Ästhetik, Formen, Eigenschaften, Besonderheiten …

Sieh hin.
Es geht auch um dich. Deine Eigenschaften, Besonderheiten.
Wie viel mehr …

Gott kümmert sich.
Gute Bedingungen sind geschaffen.
Und zwar das, was du brauchst.
Himmlisch.

Jeder Tag hat seine eigene Plage.
Sorge dich nicht. Lass dir das sagen:
Pflücke eine Blume und stelle sie ins Wasser. Nur eine. Und das immer wieder. Tag für Tag.

Gebet | *Vater-unser-im-Himmel-Spirale – siehe Gebetsweg Vaterunser Seite 226*

Lied | *Schenk uns Zeit* (fT 161)

D Schwellengang in die Natur

Geh hin und sieh! – Spiritueller Gang in die Natur am Ende einer Tagung (1. Mose 37,14)

Nach einer intensiven Zeit zwischen Input, Austausch und Begegnung an diesem anderen Ort, weit weg vom Meer, ist Zeit und Raum, mit dem Gehörten und Besprochenen in Resonanz zu gehen. Einen Moment innezuhalten an der Schwelle zwischen Tagung und Alltag. Gedanken aufräumen, clustern, filtern. Platz machen für Neues. Was ist heilig, was kann weg, was bewegt sich, was groovt in mir?

Im ersten Schritt: jede und jeder für sich.

Im zweiten Schritt: voneinander hören.

Mit Blick auf den Schwerpunkt »Segen« und zum Ende der Tagung lade ich Sie ein, in eine kleine persönliche Auszeit in die Natur zu gehen. Die Schöpfung als besonderen Segensraum wahrnehmen. Die Natur kann ein Spiegel sein. Alle Dimensionen des Lebens sind spürbar: Wandel vom Wachsen, Werden, Blühen, Vergehen und Weitertragen, Gezeiten, Ästhetik und vieles mehr.

Das sind alles Eindrücke, die uns berühren und uns ein Bild sein können.

Schwellenerfahrung

Bewusst über die Schwelle treten und wieder zurückkehren.

Innehalten mit einem kurzen Gebet.

Ich öffne mich
für die Liebe und Gegenwart Gottes
und seine heilende Wirkung und Gnade
in allem. Amen.

»Geh hin und sieh« – eine biblische Formel hat ihren Ort in der Geschichte von Josef.

»Geh hin und sieh« – diesen Auftrag erhält Josef von seinem Vater. »Geh hin und sieh nach, ob es den Brüdern und dem Vieh gut geht.« Mit dem »Geh hin und sieh« beginnt für Josef eine echte

Heldenreise. In seiner Biographie ist die Formel »alles glückte« in der Bibel am häufigsten genutzt. In allen Phasen des Lebens ist Josef gesegnet und verbunden mit Gott. In allen bedrückenden Situationen gibt es Handlungsoptionen für die nächsten Schritte im Leben. Im Rückblick wird erzählt: »alles glückte ihm«. Es ist eine Frage der Perspektive.

Geh hin und sieh –
Was glückt? Wo entdeckst du Spuren des Segens.
Geh hin und sieh – Spuren des Segens in deiner Arbeit.
Geh hin und sieh – Spuren des Segens in der Arbeit im Team, weil andere da sind.
Jetzt sind 45 Minuten für dich: »Geh hin und sieh nach ...«

Gang in die Natur

Rückkehr

Voneinander hören.
Was bringst du mit aus dieser Zeit?
Was nimmst du mit in die kommende Zeit?
Teile einen Moment, der dich beglückt, wo Segen spürbar ist für dich.
Nenne ein »Halleluja!«.

Abschied von dem Ort mit einem Gebet oder Segen oder Lied

E Spielen und beten

Kleine Leute in der großen Welt

Angeregt durch die Arbeiten des Street-Artist Slinkachu und das Projekt »Little People in the City« führen Spielorte in eine kreative Textarbeit zu Kyrie und Gloria.

Impuls

Kleine Leute in der großen Welt! Wir sind umgeben von Geschichten: Orte erzählen, Dinge irritieren, Botschaften liegen auf der Straße. Mit den kleinen Figuren entwickelt sich eine Form des Storytellings. Es geht um Hinschauen und Wahrnehmen: groß und klein – klein wird groß. Maßstäbe, Gewohnheiten und gebaute Umwelt scheinen auf den Kopf gestellt. Welche Themen liegen den Miniaturen zu Füßen? Was entdeckst du im Foto? Wie verändert die Miniatur deinen Blick auf die Umwelt? Welche Story ist heute besonders kraftvoll?

Dieser Impuls eignet sich auf Seminaren, Freizeiten, in der Konfirmandenarbeit für einen Gottesdienst o. Ä. Es kann in Einzelarbeit als Solo oder in Kleingruppen erarbeitet werden. Außerdem nötig ist je Gruppe/Person ein Handy. Die Natur bzw. die Umgebung wird auf ungewohnte Weise entdeckt, es werden Themen diskutiert und reflektiert. Klimawandel, Naturschutz, soziale Gerechtigkeit und Frieden können solche Themen sein. Die Teilnehmenden setzen sich in Beziehung zu Gott, dem Schöpfer, werden selber schöpferisch tätig und finden einen Ausdruck im Gebet.

Erarbeitungsphase

Die Teilnehmenden erhalten je eine gefüllte weiße Streichholzschachtel. In der Streichholzschachtel ist eine kurze Anleitung. Kurz: Spielt mit den Miniaturfiguren und der Umgebung und lasst euch inspirieren. Mit der Knetmasse werden die Miniaturfiguren an ungewöhnliche Plätze gesetzt und fotografiert. Es braucht etwas Zeit, um mit Miniaturfiguren, der Handykamera und dem Hintergrund zu spielen und die Wirkungen zu entdecken.

Zu einem großen Thema werden entsprechende Anleitungszettel für die Streichholzschachtel vorbereitet. Zu jedem gestalteten Foto wird ein kurzer Text verfasst.

Kleine Leute machen in ihrer Mikro-Welt auf die großen Probleme in unserem Alltag aufmerksam und werden zum Gebet. *Kleine Leute* können anregen, Utopien zu entwickeln und Träume konkret werden zu lassen.

Präsentation

Die Fotos und Texte bekommen im Gottesdienst ihren Platz. Als Kyrie und Gloria zu Beginn des Gottesdienstes, als zentraler Baustein im Verkündigungsteil oder als Fürbittengebet.

Die Fotos können als Aktion mit einem Hashtag auf dem Instagram-Kanal der Kirchengemeinde als Sommeraktion in der Trinitatiszeit oder in der Passionszeit oder zu anderen Anlässen veröffentlicht werden.

Über den Gottesdienst hinaus können in den »Schaufenstern der Gemeinde« (Homepage, Gemeindebrief, Schaukasten o. Ä.) einzelne Fotos und ihre Texte in einer Reihe veröffentlicht werden.

Material
- *Streichholzschachtel*
- *Knetklebemasse, z. B. von UHU-Patafix*
- *Miniaturfigur im Maßstab H0 erhältlich im Modellbauhandel*
- *Anleitungszettel*
- *Anleitungszettel wird gefaltet und fixiert die Materialien*

F Segen

Die Natur ist in besonderer Weise ein Spiegel für Segen. Hier ist Lebenskraft zu sehen, zu spüren und zu schmecken. Gott wendet sich uns zu und versorgt uns. Segen als Zeichen der Verbundenheit mit Gott und der Teilhabe an der göttlichen Lebensfülle und Lebenskraft.

Die Natur wandelt sich und reagiert auf komplexe Einflüsse. Sie findet Wege in Formen, Farben, Funktionen, Oberflächenstrukturen und Nischen, dass sich Leben durchsetzt. Deshalb ist sie eine Lehrmeisterin für Gebet und Segen. Diesen Segen kann man schmecken, riechen, hören und fühlen.

Die Natur kann uns mit ihren Bildern inspirieren für den Segensraum Gottes.

Segen hat zwei Bewegungen: Segen wird zugesprochen – Segen wird empfangen.

Nach einer Erfahrung in der Natur können alle Beteiligten Worte und Zeichen für Segenswünsche finden. Worte, die streicheln. Licht, das neue Energie schenkt und wärmt. Wasser, das reinigt und belebt. Erde, die Halt gibt und wachsen lässt. Kompost, der zu Neuem wird usw.:

Schmecket und sehet, wie freundlich Gott*Ewige ist. *Psalm 34,9*

Segensmomente wahrnehmen

Segensmomente schillern, knistern, leuchten, tragen, bewegen, wandeln, verändern, gehen tief, riechen, klingen, ...
Welche Worte kommen dir in berührenden Momenten in den Sinn?
Erzähle, wenn du magst ...

Erd:Segensbitte

Mit deinem Segen bereite den Boden.
Nähre uns.
Fülle uns.
Pflanze uns.
Halte uns.
Für alles, was wachsen will.

Regen: Segensbitte

Es regnet.
Regentropfen fallen auf die Erde.
Kitzeln die Nase.
Blätter bilden ein Dach und sammeln.
Kleine Bäche bilden sich.
Wurzeln schlürfen Wasser.
Wasser, so wichtig zum Leben.
Segne uns,
wie der Regen,
erfrische uns,
belebe uns,
wirke in uns.

Angekommen.

Der Weg war ...
Herausforderungen ... und Einladungen ...
Er nimmt Kraft und baut wieder auf.
Gehe gestärkt deinen Weg.

Der Herr segne dich und behüte dich.	*Hände über den Kopf des Nachbarn halten.*
Der Herr beschütze dich vor allem Bösen.	*Hände in den Rücken des Nachbarn legen.*
Der Herr behüte dein Gehen und Kommen.	*Hände anfassen.*
Jetzt und alle Zeit.	*Hände gemeinsam nach oben führen.*
Amen.	

Aaronitischer Segen | 4. Mose 6,24–26

Der HERR segne dich und behüte dich;
der HERR lasse sein Angesicht leuchten über dir und sei dir gnädig;
der HERR hebe sein Angesicht über dich und gebe dir Frieden.

Abkürzungen Liederbücher

LH 1 Liederheft Kirche mit Kindern 1, KIMMIK Praxis 36, hg. v. Michaeliskloster Hildesheim
LH 2 Liederheft Kirche mit Kindern 2, KIMMIK Praxis 50, hg. v. Michaeliskloster Hildesheim
LuL Lautes und Leises, Lieder für große Kinder, hg. v. Michaeliskloster Hildesheim
fT freiTöne
EG Evangelisches Gesangbuch, Ausgabe für die Evangelisch-lutherischen Kirchen in Niedersachsen und für die Bremische Evangelische Kirche
KKL Immer und überall Kinderkirchenlieder, 2023 Landeskirchenamt der Evangelisch-lutherischen Kirche in Bayern

Literatur

Baltruweit, Fritz/Schliephake, Dirk, Krippengeflüster, Hannover 2011.

Bayer, Oswald, Gott als Autor. Zu einer poietologischen Theologie, Tübingen 1999.

Coenen-Marx, Cornelia, Die Neuentdeckung der Gemeinschaft, Vandenhoeck & Ruprecht, Göttingen 2021.

Ende, Natalie (Hrsg.), Wundermut, Kinder in der Kirche – Religiöse Spielräume, Zentrum Verkündigung der EKHN, Frankfurt am Main 2023.

Ende, Natalie (Hrsg.), Im Grünen – Gottesdienste, Wege und Projekte in der Natur, Zentrum Verkündigung der EKHN, Frankfurt am Main 2017.

Gebhard, Ulrich (u. a. Hrsg.), Naturerfahrung und Bildung, Springer VS, Wiesbaden 2021.

Gebhard, Ulrich, Kind und Natur, Springer VS, Wiesbaden ^{4}2013.

Hirsch-Hüffell, Thomas, Die Zukunft des Gottesdienstes beginnt jetzt, Göttingen 2021.

Hüther, Gerald/Quarch, Christoph, Rettet das Spiel! Weil Leben mehr als Funktionieren ist, btb Verlag, München 2018 (= Hüther/Quarch, Spiel).

Krenz, Arnim, Kinder brauchen Seelenproviant – Was wir ihnen für ein glückliches Leben mitgeben können, Kösel-Verlag, ^{5}2018 (= Krenz, Kinder).

Meyer-Blanck, Michael, Inszenierung des Evangeliums. Ein kurzer Gang durch den Sonntagsgottesdienst nach der Erneuerten Agende, Göttingen 1997 (Meyer-Blanck, Inszenierung).

Pohl-Patalong, Uta, Bibliolog Impulse für Gottesdienst, Gemeinde und Schule Bd. 1: Grundformen, Kohlhammer Verlag, Stuttgart 2009 (= Pohl-Patalong, Bibliolog).

Renz-Polster, Heibert/Hüther, Gerald, Wie Kinder heute wachsen. Natur als Entwicklungsraum, Belz-Verlag, Weinheim und Basel 2013.

Rosa, Hartmut, Religion braucht Demokratie, Kösel Verlag, München 2022.

Schwarzer, Alexandra, schaukelfee & klettermax, Seilspielgeräte im Wald für Kinder, Pro Business, Berlin ^{2}2011.

Späker, Thorsten, Natur – Entwicklung und Gesundheit, Handbuch für Naturerfahrungen in pädagogischen und therapeutischen Handlungsfeldern, Schneider Verlag Hohengehren, Baltmannsweiler 2017 (= Späker, Natur).

Steffensky, Fulbert, Schwarzbrotspiritualität, Radius, Stuttgart 2006 (= Steffensky, Schwarzbrot).

Verzeichnis der Beitragenden

Johanna Bierwirth ist Pastorin im Gemeindeverbund Radolfshausen im Kirchenkreis Göttingen-Münden.

Irmela Büttner ist Pastorin in Achim.

Dr. Ulf Elmhorst ist Diakon und Dipl.Sozialpädagoge und arbeitet in Neustadt a.Rbge. In der evangelischen Jugendarbeit sind seine Schwerpunkte die Arbeit mit Teamenden und das Konfirmandenferienseminar (KFS).

Sandra Heiting ist Diakonin und Dipl. Sozialpädagogin/Sozialarbeiterin. Berufsbegleitend hat sie einen Masterabschluss in Kulturmanagement (M.A.) abgeschlossen. Seit dem 01.02.2022 ist sie als Lehrbeauftrage für besondere Aufgaben (LfbA) an der Hochschule Hannover im Studiengang »Religionspädagogik und Soziale Arbeit« tätig. Ihr Schwerpunkt: Ästhetische Kommunikation und Religionspädagogik.

Uwe Herde ist Pastor der Ev. Luth. Landeskirche Schaumburg-Lippe. Er arbeitet seit vielen Jahren geistlich unter Menschen, als Gottesdienstberater und Pastor. Die Leidenschaft für die Fotografie und das Improvisationstheater ergänzen seine Arbeit.

Stephan Jacob ist Pastor in Lüneburg.

Susanne Paetzold ist Diakonin und arbeitet als Referentin für Kindergottesdienst im Michaeliskloster. Als Kirchenpädagogin, Wildnis- und Erlebnispädagogin und Bibelerzählerin hat sie sich vertieft und viele Jahre erfahrungsorientiert mit Kindern in den Innenstadtkirchen Hildesheims gearbeitet.

Wolfgang Popp ist Pfarrer in Pappenheim.

Raus
aus dem Alltag
in den weiten Segensraum Gottes

Raus
aus den Begrenzungen
in den weiten Schöpfungsraum Gottes

Raus
in Krisenzeiten
mit heilsamen Worten